宋钦宗赵桓	宋徽宗赵佶	宋神宗赵顼	宋英宗赵曙	宋仁宗赵祯	宋真宗赵恒	宋太宗赵光义	宋太祖赵匡胤
宋端宗赵昰	宋恭宗赵㬎	宋度宗赵禥	宋理宗赵昀	宋宁宗赵扩	宋光宗赵惇	宋孝宗赵昚	宋高宗赵构

两宋十六帝

历史绝对不简单

宋璐璐 ◎ 著

陕西新华出版传媒集团
三秦出版社

图书在版编目(CIP)数据

两宋十六帝 / 宋璐璐著. -- 西安：三秦出版社, 2014.5（2022.3重印）
（历史绝对不简单）
ISBN 978-7-5518-0783-8

Ⅰ.①两… Ⅱ.①宋… Ⅲ.①皇帝—生平事迹—中国—宋代—通俗读物 Ⅳ.①K827=44

中国版本图书馆 CIP 数据核字(2014)第 097501 号

两宋十六帝

宋璐璐　著

出版发行	陕西新华出版传媒集团　三秦出版社
社　　址	西安市雁塔区曲江新区登高路 1388 号
电　　话	（029）81205236
邮政编码	710061
印　　刷	河北浩润印刷有限公司
开　　本	710mm×1000mm　1/16
印　　张	16.25
字　　数	200 千字
版　　次	2014 年 5 月第 1 版 2022 年 3 月第 3 次印刷
印　　数	6001-11000
标准书号	ISBN 978-7-5518-0783-8
定　　价	48.00 元
网　　址	http://www.sqcbs.cn

前　言

从古至今，中华民族历经数千年的风云变化，刀光剑影早已暗淡，鼓角争鸣业已远去，秦皇汉武的霸业亦归入尘土，银台金阙的浮华也日渐沉寂。轻轻地将岁月的尘埃拭去，五千年的历史才会清晰地显现出来。

然而，如果想要了解中国历史，尤其是各个朝代的历史脉络，并不是一件简单的事情。不过，人是历史的主宰，若能了解具有代表性的君王、后妃、名将、谋士等重要人物，那么就能轻松地理清各朝代的历史发展。

春秋战国时期，群雄争霸，百家争鸣，史书翻开了新的一页。不管是春秋霸主齐桓公，还是卧薪尝胆的越王勾践，为了各自的霸业都在不懈地努力着……

两汉时期虽已成为历史，但其对后代的影响，却随着车轮的滚动越发清晰。品读两汉时期十八位杰出帝王的丰功伟绩，体会他们的治国才略与经典人生。

自古以来，帝王需要名将辅佐、谋士的相助，方能成就霸业；而名将与谋士，也需要帝王的慧眼识珠，才能发挥所长，功成名就。在三国这个纷乱的时代，这十二位名将与十二位谋士具有怎样的传奇经历？

三国两晋时期的美女都带有当时战乱割据的特点，貂蝉成了连环计的主角，西施成就了夫差的美名。似乎每个美女都有一段可歌可泣的传奇故事，似乎每一段传奇都由一位美女所铸成。且看这十二美女的人生经历与内心的悲欢离合。

唐朝是我国历史的巅峰时期，开创了中国历史的新纪元。在唐朝三百年的统治时期，出现了多位杰出的帝王，让我们穿越时光，走进斑斓的岁月，去品味帝王的传奇经历。

宋朝是一个经济富饶、文化繁荣的时代。回首两宋十六帝的传奇人生，感受宋朝皇宫中的雄浑质朴之风、智谋天下之术……

有人说明朝是最为黑暗的时代，也有人说它是捉摸不定的时代。不妨将明朝皇帝请出来，让他们为你"讲述"当时的历史剧目……

清朝十二帝与清朝十二后妃的人生经历，展现了作为皇帝的治国经略，作为后妃的悲欢离合，同时也显示了清朝荣华兴衰的发展。从他们的身上，你可以看到人生的辉煌，也能够看到人性的阴暗……

本丛书共分为《春秋战国十君王》《两汉十八帝》《三国十二名将》《三国十二谋士》《三国两晋十二美女》《大唐二十帝》《两宋十六帝》《明朝十二帝》与《清朝十二后妃》九册，详细地讲述了发生在那个年代的故事……

目　录

第一章　乱世中的真英雄——宋太祖赵匡胤 ……… 1
　帝王档案 ……………………………………………… 2
　人物简评 ……………………………………………… 3
　生平故事 ……………………………………………… 3
　　天降奇缘　"香孩儿"问世 ………………………… 3
　　乱世中闯出英雄 ……………………………………… 5
　　陈桥兵变穿黄袍 ……………………………………… 8
　　摆一个赛过鸿门宴的酒局 …………………………… 11
　　为稳固皇权　偷撤凳子耍心计 ……………………… 13
　　未能实现的宏伟目标——统一大业 ………………… 14
　　千古之谜 ……………………………………………… 16

第二章　枭雄君主继位成谜——宋太宗赵光义 ……… 19
　帝王档案 ……………………………………………… 20
　人物简评 ……………………………………………… 21
　生平故事 ……………………………………………… 21
　　太宗光义登基前奏 …………………………………… 21
　　替太祖伐汉收功 ……………………………………… 23
　　攻辽失败　险成俘虏 ………………………………… 24
　　以文治国 ……………………………………………… 27
　　勤勉执政　宽松敦厚 ………………………………… 29

贬抑祖系 ……………………………………………… 31
确立宗嗣 ……………………………………………… 33

第三章　少有大志的皇帝——宋真宗赵恒 …………… 37

帝王档案 …………………………………………………… 38
人物简评 …………………………………………………… 39
生平故事 …………………………………………………… 39
　少有大志　三十而立 ………………………………… 39
　内修文治 ……………………………………………… 40
　勤政治国　外睦友邻 ………………………………… 42
　抑直任佞 ……………………………………………… 45
　罢相选相 ……………………………………………… 47
　迷信昏聩 ……………………………………………… 48

第四章　一代明君——宋仁宗赵祯 …………………… 53

帝王档案 …………………………………………………… 54
人物简评 …………………………………………………… 55
生平故事 …………………………………………………… 55
　狸猫换太子的身世传说 ……………………………… 55
　从"学政"到亲政 …………………………………… 57
　赐纳和患 ……………………………………………… 60
　夭折的新政 …………………………………………… 63
　荒政民敝 ……………………………………………… 65
　他最大的人格魅力是宽容、仁慈 …………………… 67

第五章　体弱多病的皇帝——宋英宗赵曙 …………… 71

帝王档案 …………………………………………………… 72
人物简评 …………………………………………………… 73

生平故事 ………………………………………… 73
　　捡来的皇位 …………………………………… 73
　　两宫的矛盾 …………………………………… 75
　　英宗生父的称呼问题 ………………………… 78
　　任用贤臣 ……………………………………… 79
　　外忧内患 ……………………………………… 81
　　英宗和高皇后 ………………………………… 82
　　英宗病逝 ……………………………………… 84

第六章　满怀壮志的皇帝——宋神宗赵顼 …… 85

帝王档案 …………………………………………… 86
人物简评 …………………………………………… 88
生平故事 …………………………………………… 88
　　受命即位 ……………………………………… 88
　　立志图新的少年天子 ………………………… 90
　　实行变法　富国强兵 ………………………… 91
　　风云涌动的变法 ……………………………… 94
　　政治斗争的牺牲品 …………………………… 96
　　击垮神宗的心病——对夏战争 ……………… 99

第七章　艺术天才和政治白痴——宋徽宗赵佶 …… 103

帝王档案 …………………………………………… 104
人物简评 …………………………………………… 105
生平故事 …………………………………………… 105
　　宠幸奸臣的轻浮皇帝 ………………………… 105
　　喜欢艺术　迷信道教 ………………………… 108
　　爱好女色的风流皇帝 ………………………… 111
　　被金人掳走 …………………………………… 113

第八章 被迫做俘虏的窝囊君主——宋钦宗赵桓 117
帝王档案 118
人物简评 119
生平故事 119
哭着当上皇帝 119
犹豫不决 122
国灭被虏 127

第九章 忍辱偷生的君主——宋高宗赵构 131
帝王档案 132
人物简评 133
生平故事 133
受苦的皇帝 133
不想抗争 138
得过且过 142
主动让位 144

第十章 南宋能力最强的皇帝——宋孝宗赵昚 147
帝王档案 148
人物简评 150
生平故事 150
战与和 150
得与失 157
父与子 160

第十一章 有精神障碍的皇帝——宋光宗赵惇 163
帝王档案 164

人物简评 ································· 165
生平故事 ································· 165
 立太子之路 ··························· 165
 东宫的"孝子" ························· 166
 父子关系恶化 ························· 168
 无良皇后世人唾 ······················· 169
 天下第一不孝子 ······················· 172
 李氏的凄惨下场 ······················· 173
 随光宗病情而变化的南宋政局 ··········· 174

第十二章　有德无才的君主——宋宁宗赵扩 ······ 177

帝王档案 ································· 178
人物简评 ································· 180
生平故事 ································· 180
 拥立即位 ····························· 180
 外戚专权 ····························· 183
 工于心计的美女皇后 ··················· 185
 首次北伐 ····························· 186
 重臣专权 ····························· 187
 无主见的君主 ························· 191

第十三章　出身于贫民家庭的皇帝——宋理宗赵昀 ··· 195

帝王档案 ································· 196
人物简评 ································· 197
生平故事 ································· 197
 贵人磨难多 ··························· 197
 平民变皇帝 ··························· 199

阴狠帝王 ……………………………………………… 201
　　中兴大业 ……………………………………………… 203
　　梦想破灭 ……………………………………………… 205
　　生活消沉 ……………………………………………… 207

第十四章　最后一个有葬身之地的皇帝——宋度宗赵禥 …… 209

　帝王档案 ………………………………………………… 210
　人物简评 ………………………………………………… 211
　生平故事 ………………………………………………… 211
　　幸运和不幸的复合体 …………………………………… 211
　　被立太子的风波 ………………………………………… 212
　　补救先天缺陷 …………………………………………… 215
　　沉迷于酒色　荒弛朝政 ………………………………… 217
　　任用奸佞　政治腐败 …………………………………… 218

第十五章　不是好皇帝的好和尚——宋恭帝赵㬎 …… 221

　帝王档案 ………………………………………………… 222
　人物简评 ………………………………………………… 223
　生平故事 ………………………………………………… 223
　　权臣误国 ………………………………………………… 223
　　众叛亲离 ………………………………………………… 226
　　用人不淑 ………………………………………………… 228
　　任人摆布 ………………………………………………… 230
　　一代高僧 ………………………………………………… 231
　　诗文惹来横祸 …………………………………………… 232

第十六章 集合抗元军队的象征——宋端宗赵昰 …… 235
帝王档案 …… 236
人物简评 …… 237
生平故事 …… 237
端宗继位 …… 237
建立流亡政权 …… 239
流亡中的抗争 …… 240
南宋最后一位帝王 …… 242
以身殉情的施娘娘 …… 244
爱国名将文天祥 …… 245

第一章

乱世中的真英雄——宋太祖赵匡胤

帝王档案

☆姓名：赵匡胤，香孩儿

☆民族：汉族

☆出生日期：公元927年3月21日

☆逝世日期：公元976年11月14日

☆配偶：贺氏、王皇后、宋皇后

☆子女：4子6女

☆在位年数：16年（公元960年~公元976年）

☆继位人：赵光义

☆庙号：太祖

☆谥号：英武圣文神德皇帝

☆享年：49岁

☆陵墓：永昌陵

☆生平简历：

公元927年3月21日出生于洛阳夹马营，祖籍河北涿州。

公元948年，为后汉枢密使郭威幕僚。

公元951年，担任后周禁军首领，周世宗柴荣即位后，升任殿前都点检。

公元960年，以"镇定二州"的名义，代周称帝，建立宋朝，定都开封，在位长达16年之久。

公元963年，平荆南收高氏图书，以丰富三馆。

公元965年，平定蜀国，孙逢吉奉命赴成都收图籍13000卷。

公元976年，平南唐，又命太子等人收吴越图书万卷。

公元976年10月，患重病，一切军政要事都是他的弟弟赵匡义代理。

公元976年11月14日，病死，享年49岁。

公元977年，葬于永昌陵。

人物简评

　　乱世中的真英雄，赵匡胤当之无愧。可以说他是白手起家，通过自己多年不断的努力和拼搏，终于在乱世中闯荡出一片属于自己的天地。他开创了宋朝，是宋朝的奠基人，一生都在拼搏，取得不少战绩，唯一的遗憾是统一大业还没有完成便离奇地去世了，给人们留下了诸多神奇的故事。那么宋代的创始人赵匡胤是如何在乱世中闯荡出一个新王朝的呢。

生平故事

天降奇缘　"香孩儿"问世

　　赵匡胤出身于军人家庭，其高祖赵眺、曾祖赵珽、祖父赵敬、父亲赵弘殷在当时都是很有名气的军事家。赵匡胤祖籍在河北涿州，其父亲始迁于洛阳后，母亲杜氏在洛阳夹马营生下了他，虽说他的祖辈都是小有名气的军事家，但真正让这一家发迹的是从他父亲这一代开始。

　　作为一位推动历史发展和时代进步的杰出人物，赵匡胤有很多的故事，首先从一场天降的姻缘说起。

　　公元916年，这年的冬天特别冷，大家都想待在家里，不愿意出去。一个拥有激情和梦想的年轻小伙子，打算见识一下外面的世界，闯荡自己的人生，希望能借此机会实现自己的抱负，于是便冒着严寒从家乡保州（今河北保定）出发。这个年轻的小伙子就是太祖赵匡胤的父亲赵弘殷。当赵弘殷来到定州安喜（今河北定州市）常山地界时，没想到迎接他的是一场非常罕见的大雪，远方的道路也都已被大雪堵塞，面对如此壮观的雪景场面，怀揣满腔激情的他，此时此刻也只好暂停前进的步伐。

一阵寒风吹过，让本就饿得前胸贴后背的赵弘殷，冻得瑟瑟发抖，于是他来到离他最近的一户庄院门前避雪。尽管该庄院被大雪覆盖着，但仍然能看出来它的气派。该户人家姓杜，主人名字叫杜爽。世居常山的杜家，在四乡八里都比较有声望，这不仅跟杜家的家境殷实有关，更重要的是跟杜家世代好善有关系。当乐善好施的杜家看到赵弘殷来到庄院门前时，毫不犹豫地给他弄了些食物以及睡觉的地方。

没想到大雪接连下了好几天，仍然没有停止的迹象。赵弘殷不得不在庄院上就这样耽搁了下来。通过这些天的相处，杜家人发现了一个奇怪的现象：虽然赵弘殷的衣衫褴褛，但他却长得状貌俊伟，不仅言谈谨慎而且手脚勤快，怎么看都不像是一般人家子弟，于是便把此事报告给了主人杜爽。

当杜爽听了家人的报告后，心里略感惊喜，马上去看赵弘殷。真是不看不知道，一看吓一跳。杜爽见到赵弘殷时，看他所表现出来的气质，跟家人所说并无差别，更是加深了对他的喜爱，于是极力挽留他能多住些时日，此后，都是以贵客之礼款待。赵弘殷看见他们一家人也都很和睦，而在这里能好吃好喝，增强自己的体质，让他更好地闯荡外面的世界，何乐而不为呢。当然，最重要的是，他不忍心拒绝杜家如此热情的款待，毕竟杜家还是有恩于他，于是他便在杜家住了下来。

在这期间，赵弘殷还向杜家人吹嘘自己祖辈都是做大官的，大夸自己的身世。以至于杜家人被他忽悠得眼冒金光，分不出东南西北，就像是遇见贵人了一般。当然，杜家并不是所有人就此轻易相信他说的话，就这样又过了一个多月，杜家通过对他认真考察后，一致认为赵弘殷绝非俗人，将来一定能出人头地，成就一番大事业。为了留住这个人才，杜爽想了很多办法，最终做出一个非常大胆的决定：把自己年方及笄的女儿四娘子嫁给赵弘殷，招他为女婿。真可谓，舍不得孩子留不住才啊。

对于赵弘殷来说，这回他可算是捡到了宝啊，没想到自己刚到外面来

闯荡，就抱回了一个美人啊。当然，这宝可不是每个人都能有幸寻到的，就算是寻到了，也需要有那个能力才行。杜家人如此美意，赵弘殷当然不会拒绝了。

没过多久，赵弘殷和杜四娘子就成亲了。当然，赵弘殷并没有继续赖在岳父家吃香的喝辣的，因为他并没有忘记自己出来时的梦想，这只不过算是他出门闯荡的开门红吧。成亲不久后，赵弘殷便带着妻子杜四娘离开了安喜县，前往当时的河北地区，准备投奔亲戚赵王王镕，他的仕途生涯从此便真正开始了。

当赵弘殷转战于疆场开拓功名的同时，他的妻子杜氏却过着非常艰辛的生活。尽管如此，妻子并没有多大怨言，只是因条件艰苦，她的长女和长子都先后夭折了。直到成婚后的第十年，即后唐天成二年（927）二月十六日，杜四娘才生下次子赵匡胤。

对于赵匡胤出生时的情况，史书上曾留下很多具有传奇色彩的记载。传说杜氏当年在生赵匡胤时，产房中金光闪闪，还带着扑鼻的异香，三日不散，与寻常产房中的血腥之气迥然不同。赵匡胤被称为"香孩儿"也是由此而来。事实上，这些故事大部分是那些史学家为了拍帝王的马屁而杜撰的，版本有很多种，例如：有的说祖坟上冒青烟，有的则说出生时有香味、放金光等等。之所以这样说，无非是想增加帝王的神秘感而已。

乱世中闯出英雄

赵匡胤在少年时，家境非常贫寒，父亲赵弘殷为了在江湖上闯荡出一番成就，曾经一度携带妻儿东奔西跑，过着非常辛酸艰苦的外漂生活。

王朝频繁地更替，一家人都随着赵弘殷职务的变迁而过着四处迁徙的日子，让杜氏由一个殷实人家的小姐渐渐变成一个性格坚毅有胆有识的成熟魅力女人，这样的生活，让她治家不得不更加严谨循礼。但是她并没有被艰苦的生活所打倒，反而对儿女的教育更加上心。

调皮的赵匡胤从小就不爱读书，再加上生活的状况让他经常换学校，经常认识新同学，这使得他提高了交际能力。不爱读书并不代表不喜欢学习，只是学习的兴趣不一样而已。或许是从小就过着迁徙的生活，这让他天生就对戎马武术非常感兴趣，希望自己有一天能够练就一身驰骋在辽阔的疆场上的本领。

公元944年，17岁的赵匡胤已经逐渐成长为一个俊俏帅气的小伙子，他父母开始为他成家的事而操心了，选来选去，最后在父母安排下，他和比他小一岁的贺氏结成伉俪。贺氏是赵弘殷的护圣营同僚贺景恩的女儿。结婚后的第二年，也就是公元945年，赵匡胤为了梦想毅然离家外出闯荡，开始走上父亲年轻时的道路，寻找那份属于自己的事业。

公元950年的一天，来到河北邺都的赵匡胤，恰巧赶上后汉枢密使郭威奉命征讨李守贞，为了讨伐成功，正在此处大量招兵买马，于是他就鬼使神差的投到了郭威的麾下。他没有想到，自己投奔的郭威即将成为皇帝，从此好运接连不断地向他走来。

公元951年，郭威发动了兵变，把后汉灭掉后，建立了后周王朝，成为了后周皇帝。赵匡胤也因在战争中取得不错的战功而被提拔为禁军东西班行首，主要负责宫廷的禁卫。

广顺三年初，幸运之神再次眷顾到他，时任开封府尹的柴荣突然想在下属中挑选几位得力干将，经过精挑细选后，看中了赵匡胤。赵匡胤因此又升任为开封府马直军使。柴荣是后周皇帝郭威的养子，因郭威膝下无子，又觉得柴荣也是个不错的人才，早有心让这个养子来管理自己辛苦打下的江山，也就是说让柴荣继承帝位。这样一来，赵匡胤误打误撞就成了未来皇帝的亲信，他人生的根本转变也即将拉开序幕。

公元954年2月，后周皇帝郭威驾崩，子承父业，养子也是子啊，年轻的柴荣登基。虽然登基典礼很低调，但毕竟是一位帝王登基，难保消息不会泄露出去，本国人知道是应该的，怕就怕那些虎视眈眈想要吞并周国的敌人。俗话说世上没有不透风的墙，消息很快就从汴梁城传到北汉王那

里了。早想灭掉后周以报郭威杀子夺国之仇的北汉王刘崇认为报仇的机会终于降临了。刘崇之所以认为这是一个不错的复仇机会，是因为他觉得柴荣年轻势弱，没有什么战争经验，只要抓准这个时机，再联合契丹一起发动大军袭击后周，那么后周必败无疑。俗话说心动不如行动，错过这个村就没有那个店了。

当然，后周的柴容也不是吃素的，只要你敢来战，我就敢应战，于是，北汉与后周的战争就这样拉开了。

两国军队在高平一带正面激烈交锋，双方开战没有多久，本以为会拼个你死我活的，没有想到后周大将樊爱能和何徽竟然率军临阵倒戈奔逃，这无疑让柴荣雪上加霜，本就没有多少胜算，此时更是让自己身陷重围。柴荣毕竟是一国之王，不可能就这样轻易投降，大不了拼个鱼死网破，谁也别想好过。眼见局势如此危急，若是再没有救兵来的话，后周说不定就这样被北汉给灭了。这时，只见赵匡胤第一个站出来引兵突围，即使左臂中箭了仍然不断向前冲杀，和柴荣的妹夫张永德各自率领两千兵士冲锋陷阵。众将和士卒在他们的引导指挥下奋力向前、勇不可当。在大家这般努力拼命的情况下，战局开始逆转，不仅反败为胜，还把北汉重镇太原城给围了好一阵子。真是个厉害家伙呀，不仅在危难之中舍命英勇救主，也让赵匡胤自己大展拳脚，过足了戎马生活的瘾，好好露了一回脸。战争胜利后，柴荣班师回京，立即把赵匡胤封为殿前都虞侯、严州刺史，让他负责整顿禁军、广训精兵，从此，赵匡胤正式成为柴荣的左膀右臂。满腹韬略的赵匡胤并没有因此而骄傲，反而不断笼络一大批精兵良将，扩大自己的羽翼。

正所谓，站得高才看得远。伴随着权力的不断增长，赵匡胤的眼光也变得越来越长远，不仅仅局限于现状了，思想方面也有了很大的改变。经过这些年在帝王身边的接触，让他深深体会到乱世中不可无亲信的道理。于是，他更加重视培养自己的势力，并借机把自己的人，如罗彦环、田重进、潘美、张琼、王彦升等安插到军中担任要职，如此多的眼线，一旦碰到什么对自己不利的问题，都能及时应付。

赵匡胤心里很明白，就算是人缘再好，如果没有真本事，始终还是升不了官，更降伏不了身边的人。因此，他开始苦练本领，一根盘龙棍被他耍得龙飞凤舞，常常在两军阵前借此大显身手，使很多人对他信服。本就富于胆略的赵匡胤此后更是浴血奋战，所向披靡，官位也随着功劳越来越大而水涨船高，很快便成为皇帝的爱将。

除了广交将领士卒、联姻世家大族，赵匡胤还不断地搜罗人才和谋士，也就是如今所说的智囊，如：赵普、吕馀庆、沈义伦、李处耘、楚昭辅等。没过几年时间，这个当初的流浪汉就已经把自己的势力经营得有声有色，极具规模了。

公元957年，赵匡胤再次因军功而荣升为义成军节度使、检校太保、殿前都指挥使；公元958年，又晋升为忠武军节度使，名声越来越响亮，地位越来越显赫。

公元959年6月，年仅39岁的周世宗柴荣溘然长逝，恰恰就在此时，赵匡胤再一次被幸运之神光顾，权力的顶峰向他袭来。

陈桥兵变穿黄袍

公元959年6月，周世宗柴荣病故，其七岁的独生子柴宗训继承帝位，伴随着柴荣的过世，后周王朝开始出现"主少国疑"的场面，一时间朝廷里人心惶惶，政局开始动荡不安。拥有敏锐目光的赵匡胤意识到自己要时来运转了，他急忙加紧活动，逐步把整个殿前司系统所有重要职责均安排给自己的亲信担任。

公元960年的正月初一，朝中忽然传来了辽国联合北汉大举入侵后周的消息。此时的柴宗训还只是一个小孩子，只要自己有吃有喝有玩就行，根本不懂什么事。当时把持朝政的符太后乃一介女流，没有什么主见，孤儿寡母茫然不知所措。

事实上这都是赵匡胤与他的谋臣们使的一个诡计而已，故意编造这样一个谎言，其目的就是想带领自己的人马离开朝廷，然后借机起兵造反。大过年的本该好好热热闹闹，喜庆连天，结果后周帝王大臣们都被他搞得人心惶惶。这招够狠，也确实收到不错的效果，当时的宰相范质也算是比较混的了，每天掰着手指、皱着细眉思来想去，认为朝中大将只有赵匡胤才可以化解这次危难，于是也不管自己的身份，直接跑去求赵匡胤。富有心计的赵匡胤早就料到这一天迟早会来的，早就设好了套子等着他往里钻，可是范质却并不知道这是要命的"陷阱"而不是救命的"馅饼"。果不其然，范质一来就说明自己的来意，而赵匡胤却故意借兵少将寡，不能出战，以此拒绝。把希望都放在赵匡胤身上的范质，当然不可能就这样失去这块救命的"馅饼"，最后，范质狠下心来不得不委以赵匡胤最高军权，可以随意调动全国兵马。赵匡胤偷偷乐坏了，没想到范质这么容易就上当了。而范质只是希望这个功绩显赫的赵匡胤能帮后周渡过这次危难。两天后，赵匡胤统率大军向河北进发。

　　好戏就这样开演了：当赵匡胤的主力军队到达距汴梁城只有40里的陈桥驿（今河南封丘东南陈桥镇）时，就有人在军队中快速传开："主上年幼，未能亲政，我们这些人出生入死为国家打仗，他会知道吗？""有道理，我们的赵点检不仅为人仗义，而且英武盖世，战绩大家也是有目共睹的，不如我们先将点检拥为帝王，然后再进军北伐，把他们杀个片甲不留。就算死了，至少还有点检他们都清楚，死不足惜。"

　　这样的议论在军队中散播得极快，大家都对此议论纷纷，全都有神无主的，不知道到底该怎么办。而赵匡胤却假装自己什么都没听到，独自在营帐中饮酒而睡，耐心地等着这场戏的高潮部分。自导自演得还真不赖，一场即将改朝换代的精彩大戏正在热播中。当夜，军中起了一阵骚乱，兵将不停地交头接耳、议论纷纷，而主帅赵匡胤却喝得"烂醉如泥"，赵匡胤的心腹谋士赵普提议众将领一起连夜召开紧急会议。会议的主要内容就是商量怎样"逼迫"赵匡胤当皇帝。

第二天，天刚蒙蒙亮，正在睡梦中的赵匡胤被一些呼喊声吵醒，他微眯着睡眼，披着大衣，走出大帐，望着眼前的景象，自己也是吓一跳，不知道是故意装的，还是没想到这一天这么快就来临了。只见高怀德等几位将领捧着刚刚做好的黄袍，不由分说就往赵匡胤的身上披，然后众人拜跪于地，三军高呼万岁，响彻云霄。一群将校此时也是手执兵器，列队于帐前，齐声喊道："诸将无主，愿策点检为天子！"美梦成真的赵匡胤却假装继续推辞，谋士赵普便上前拽着赵匡胤的衣服说道："主帅素来爱兵如子，此次拥立如不应允，大家都会落个大逆不道的罪名，死无葬身之地，将军你还是答应了吧！""对！答应吧！"全体将帅齐声呼喊着。

赵匡胤再三推辞，众人只能以死相挟，最后赵匡胤借用刘邦的故事约法三章："既然你们都拥我为天子，那么必须要听我的命令，否则我会不答应的！"将士们异口同声地说："我们愿意听你的！"赵匡胤努力压抑着内心的激动，大声说："那好，现在我宣布两条纪律：第一，返回京城后，不得抢掠财物，扰乱百姓；第二，少帝与太后都是我所侍奉的，后周公卿大臣都是我的平辈，你们不可以伤害他们，通常改朝换代，都是大杀大抢，但这次你们不可以这样做，若有违反，格杀勿论！"大家一听，更确定了自己明智的选择，跟着这样一个明君，日后必定前途无量。于是大家赶紧答道："遵命。"戏演到这儿，大家就不难看出，赵匡胤多有心计和谋略了，也可以说他把这部戏导演得非常完美，自己为此也是十分满意。

当天下午，赵匡胤便率领部队浩浩荡荡地返回汴梁，本来是去外面抗战的，没想到这才出去没多久又回来了，而且排场也不一样了。汴梁城中的人们看其军队排场的宏伟，显然也意识到发生了什么事。人们面面相觑，疑惑重重，此时的京城中，仅有一个有能力也有欲望反抗的，那就是与赵匡胤格格不入的侍卫司副帅韩通，然而他现在已经没有机会了。赵匡胤在率领部队回京城时，就派了一个叫王彦升的将领，快马加鞭地直奔韩家，把韩通夫妇和三个已经成年的儿子，全部杀死在家中。再加上留守城内的殿前都指挥使石守信、都虞侯王审琦都是赵匡胤的心腹，他们早已把朝廷内部的障碍全部扫清，恭候多时。

京城中的文武百官对于此情此景也无可奈何，无计可施，为了保命，也只好见风使舵，列于殿前，要求恭帝禅位，欢迎新皇帝登基。孤立无援的后周小皇帝与他的年轻寡母在被逼无奈的情况下，只好"颁下"禅让诏书。通过隆重的禅让仪式之后，赵匡胤登基称帝。赵匡胤称帝后，陪他一起同甘共苦的原配夫人杜四娘便被封为皇后。因当时赵匡胤所领的军队驻扎在一个名叫宋州的地方，故改国号为"宋"，改年号为建隆。

从此，历时320年的大宋王朝就这样开始了。

后周王朝是在一场被动的兵变中形成的，而如今终结它的又是一场兵变。不同的是，这一场新的兵变并不是出于被动，而是主动。不管是被动也好，主动也罢，兵变对于乱世中的人而言并不会感到新奇了。陈桥兵变和随之而来的新王朝，给后人留下许多耐人寻味的故事。

摆一个赛过鸿门宴的酒局

中国自古以来就有"飞鸟尽，良弓藏；狡兔死，走狗烹"的传统，无论是从越国文种自刎到秦朝蒙氏父子被害，再到汉初三杰之一的韩信被杀，似乎每一个朝代的开国之初，都会有一批重臣被最高统治者以各种各样的理由或杀或囚，像范蠡、张良那样急流勇退的聪明人实在是太少见了。

鲁迅先生说："中国人的德性就是人一阔脸就变"，将这句话放在赵匡胤身上也是很贴切的。达成心愿，当上皇帝的赵匡胤开始对自己的部下翻脸了。因为他清楚自己之所以能登上帝位，也是仗着手里的王牌——一支强大的军队，所以他不得不重视那些手握重兵的将帅，担心他们也会造自己的反，因此他每天吃不好睡不香，晚上还做着同样的噩梦。这好不容易才登上的帝王之位，决不能被别人夺去。于是，他开始想各种办法，怎么除掉这些威胁自己帝位的人，或者说怎么让他们都乖乖的服从于自己。于是，他自导自演的一部好戏又开始上演了。

　　公元961年秋天，在一个明月当空，月光如水的晚上，赵匡胤精心准备了一席丰盛的晚宴，邀请石守信以及几个手握重兵的军事将领到自己的皇宫内，饮酒欢歌。石守信他们当然不知道自己已经被这位大导演看上了，并且还不知不觉在这部好戏中扮演大导演早已安排好的角色。当众人酒兴正浓的时候，赵匡胤突然撤退了左右，故意长叹了一口气，诚恳地对石守信等人说："诸位爱卿，假如没有你们的极力拥戴，我怎么可能成为皇帝？因此，我对你们感恩不尽。然而你们又有谁知道当皇帝的痛苦呢？坦白说我还没有你们快乐。从当上皇帝的第一天起，我就没睡过一个安稳觉，每天都在做着一个相同的噩梦。"石守信等人放下酒杯，赶紧问是什么梦。赵匡胤平静地说："我梦见你们都成了皇帝。"诸位将领听后立马就明白了太祖的意图，皆惶恐不安，大惊失色，慌忙答道："陛下何出此言？现在天命已定，谁还敢对万岁怀有二心？"太祖感叹道："这话虽没有错，但却不能这样说，我当然知道你们没有二心，但难保你们的部下不会有些贪图富贵之人，假如有一天，他们也把黄袍强披在你们的身上，然后逼你们做皇帝，那时你们该怎么办呢？"

　　众将领听罢，面面相觑。大家都明白"子胥功高吴王忌，文种灭吴身首分"的道理，一不小心就会惹上杀身之祸，于是一起跪倒顿首说："我们从没想过这些，还请陛下给指明一条生路。"赵匡胤见状暗喜，然后他慢悠悠地说："人生就犹如白驹过隙，转眼即逝。你们所追求的无非是多积金钱，吃喝玩乐，再给子孙们留下些基业，让他们也过上好日子罢了。你们何不放弃兵权，出守大藩，买些好的田地和宅子，替子孙们置备下百世产业，多弄些歌儿舞女，天天饮酒作乐，一辈子就这样过，岂不快哉！我还和你们结成儿女亲家，君臣之间，两无猜忌，上下相安，以终天年，这样不是很好吗？"众将领听罢，终于是彻底清楚了皇帝的意图。第二天，他们便都以各种各样的借口和理由提请罢免兵权。赵匡胤在众臣面前装得非常惋惜，内心不知道有多高兴，马上就应允了，还假惺惺地对他们好生

安慰了一番，又送给他们每人大量的金银财宝，最后以节度使的名义把他们打发去守外镇了。好一个赛过鸿门宴的酒局，就这样轻易把大将们的兵权解除了，也把自己的一块心病去除了，由此可见太祖的谋略有多深远。

这场精心安排的酒局之后，诸将功臣便彻底失去了兵权，赵匡胤开始选拔一些没有什么资历，也没有什么威望，便于自己掌控的人担任禁军头领。与此同时，他还采取了诸多措施不断分化和削弱他们手中的权力，将军权掌握在自己的手中，以防自己的故事被他人重演。

为稳固皇权　偷撤凳子耍心计

一场巧妙的酒局轻易地解除了重要将领们手中的兵权，但赵匡胤并没有就此高枕无忧了，他的心还只放了一半，武的解决了，那么还得解决文的。他要是想把另外一半心也放下了，便得除掉他心中的另一块心病，那就是如何掌控那几位权倾朝野的宰相，为此他也是费尽心机。

在当时权制的封建社会里，皇帝之下便是宰相了，大家也都知道宰相的权力是一人之下、万人之上，可以统率百官，总掌朝政，能与皇帝"坐而论道"，真正的权倾朝野。相权过重，难免会对皇权造成一定的威胁。所以，历代帝王总会耍各种手段，玩各种花招，来削弱宰相的权力，宋太祖更是为此用心良苦。

赵匡胤黄袍加身被拥上皇位后，立即封范质为昭文相，王溥为史官相，魏仁浦为集贤相。他们三人都是五代时期的旧臣，尤其是范质，他可是周世宗柴荣的托孤重臣。为此，宋太祖对他们都有很深的忌讳，当初重用他们，无非是为了笼络人心，迫于时局的需要而已。如今，随着时间的推移，宋太祖对他们的权力以及百官之首的身份备感不安，终究不是自己的心腹，难免会夜长梦多。

在一个非常寒冷的冬天，早朝上的宰相范质上殿奏事，太祖仍然照例赐座。太祖说："我最近视力有些模糊，眼睛有些昏沉，请把奏章拿近来我看。"范质想都没想便离开了座位，没想到这一离开座位，便再也坐不回来了。当范质走近太祖时，那些太祖早已暗中嘱咐的宦官，趁机撤去了宰相的座位。等范质转过身回来后，他刚坐的那把椅子居然不翼而飞了，当下就明白了一切。此后，宰相们只能同寻常官员一样站着与皇帝说话了。

为了彻底分割宰相手中的权力，高明的宋太祖先后设置了"二府"与"计相"。二府，指的是中书省之外，还有一个枢密院，形成中书省与枢密院两府相互牵制的局面。在五代时期，枢密院的权力在宰相之上，意思是宰相之中的宰相。宋太祖时，将枢密院的权力改为执掌调兵大权，凡军国机务、兵防、边备、戎马等政令，都由枢密使主持，与宰相对峙。太祖又巧设制度，每当入朝奏事时，就让两府错开，互不相见，各说各的。这样一来，皇帝就可以在双方的奏折中对比分析，掌握实情。宰相的兵权因此而被分割了。

旧制时，宰相统辖军、政、财权。宋太祖时，设三司使，夺其财权。所谓的三司，原属于旧制官职，主要负责盐铁、度支、户部，平衡全国的财政收支。太祖故意把三司的地位提高，号称"计省"，由三司使来主持三司的政务，他的地位仅次于宰相，因此也被称为"计相"。宰相的财权就这样被剥夺了。

经过一番处心积虑的大改革，宋太祖觉得自己的宝座已经稳固了，终于可以睡个安稳的觉了。

未能实现的宏伟目标——统一大业

皇位坐稳了，就到实现自己宏伟目标的时候了。宋太祖本拟想按照"先南后北"的顺序实行统一大业，然而公元968年8月，北汉皇帝刘钧（刘崇之子）死，其养子刘继恩即位，没想到刘继恩的皇位还没坐热，就被混入北汉内部的宋朝密使刺杀身亡，之后刘钧的另外一名养子刘继元即位。此时的宋太祖觉得北汉内乱，有机可乘，便临时改变"先南后北"的计划，命李继勋、党进、曹彬等带兵讨伐北汉，大胜北汉兵于洞过河之后，又紧逼太原，烧其延夏门。于是北汉开始向辽求助，辽将耶律达里奋力救援，而宋军当初并没有做好和辽军作战的准备，结果吃了大亏，大败后的宋军只得仓皇退回。

第一次北伐失败的宋太祖并没有就此罢休，这次战役失败使他很不甘心，在公元969年正月时，亲自率大军征讨北汉。4月，辽两路出兵来支援，紧接着，辽北大王乌珍率领的第二批援兵又急速赶到，如此气势让疲惫的宋军士气大减。跟随宋太祖的臣子李光赞见此情形便极力劝宋太祖班师回朝，宋军再次无功而返。此后，宋太祖和辽媾和，开始转兵南向，又重新回到了"先南后北"的战略方针上。

公元974年10月，宋太祖借南唐后主李煜拒命入朝为理由，派10万大兵征讨南唐。宋将曹彬趁南唐没有严密防备，越过湖口，在池州以西渡江登岸，把南唐沿江各地守军全部歼灭。然后又攻占采石矶（今安徽当涂县西北20里），以迅雷不及掩耳之势，包围了金陵（今江苏南京）。

11月12日，宋军又从三面攻击江宁城，南唐后主李煜派5000士兵连夜偷袭宋军北寨，结果以失败告终。李煜只得奉表投降，南唐因此灭亡，可怜的后主李煜和他的爱妃小周后从此便开始了艰辛的历程。

公元975年，宋平南唐之后，迫于宋朝的压力，很多小国都臣服于宋朝，南方吴越等小国也决定向宋朝臣服。眼看着一个个地方被慢慢地统一，宋太祖突然又记起了北汉那块土地。公元976年，宋太祖再次出兵征伐北汉，不甘心的他就是想要拿下北汉，来完成自己的统一大业。想想也是，眼看着嘴边的肉，谁不想把它弄到自己的盘子里啊。于是便命令党进、潘美、杨光美、牛思进、米文义等兵分五路进攻太原，又以郭进等依次进攻忻、汾、代、沁、辽、石诸州，浩浩荡荡气势磅礴的大军，所向披靡。

然而，幸运女神并不会每次都降临在他的头上。谁也没有想到，在即

将大获全胜的时候，太祖赵匡胤却猝然离世，不明不白地去世了，12月宋军只得撤回，三伐北汉都以失败而结束，赵匡胤的宏伟目标——统一大业，只能留给他的儿子去完成了。事实是，由于他死得太过突然，还没选好皇位的继承人，后来是自己的弟弟帮他完成了统一大业。

千古之谜

公元976年10月20日凌晨，正在征讨北汉即将完成统一大业的赵匡胤突然驾崩，年仅49岁。消息一传出，朝野都被震惊了，人们对于这突如其来的变故，各有说辞，议论纷纷。太祖英年暴逝，加上太宗不合情理的继位，更让其扑朔迷离，令人迷惑不解，于是历史上一宗离奇的千古悬案就这样出现了。

传说，在开宝九年十月二十日一个大雪纷扬的晚上，太祖命人召来时任开封府尹的弟弟晋王赵光义入宫饮酒。或许是觉得身边的太监和宫女太多而不方便兄弟之间的谈话，赵匡胤便命他们退出，因此这些人退出后只能远远地看着这兄弟二人对坐饮酒，至于他们两个在席中到底说了些什么，就没有人知道了。候在宫外的宫女与宦官们在烛影的摇晃中，模糊地看见赵光义时不时地避席，也就是离开座位说话，以表尊敬，好像是在躲避或在谢绝，三更时分他们突然听到了太祖用玉斧"咚咚"戳地的响声。随即，赵匡胤就睡着了，鼾声如雷。当天夜晚，赵光义也住在宫内。到五更时分，太监突然发现赵匡胤已经莫名其妙地驾崩了，而到底是何时驾崩的，如何驾崩的，这些人居然一点动静都没有听到。很快，在赵匡胤灵柩前的赵光义继位为帝。宋国的开国帝王就这样蹊跷离奇地离开人世，也留下了"烛影斧声"的千古之谜，至于这谜底，只能让后人们各自思来想去了。

赵匡胤过世后，灵柩被停放在万岁殿，由皇弟、后妃、皇子、文武大臣每天哭灵致祭。第二年4月，也就是977年，灵柩运往皇陵——今巩义市芝田乡安葬。一起护送灵车的官员、卫士、仪仗队伍以及皇宫妃嫔等共3千多人，25日到达陵地。当地还有一种这样的传说：到正午下葬时，忽然听见"喧唧"一声，一只可爱的小白兔腾空飞跳过来，正撞着铜锣。又听"扑通"一声，一条硕大的鲤鱼从空中跌落到鼓上。这时，东边山上突然又蹦出一个石人，面向灵柩似在默哀，这些征兆就如同上帝已经知道赵匡胤死了，于是便有人传说这是"上天示兆、神人来吊"。因此，后来每年给宋陵的祭品上都会有鲤鱼和全兔。东面的山也改名为"石人山"，而"玉兔敲锣鱼打鼓，山上石人奠君主"的说法也一直流传至今。

第二章

枭雄君主继位成谜——宋太宗赵光义

帝王档案

☆姓名：赵光义，又名为赵匡义、赵炅

☆民族：汉族

☆出生日期：公元939年

☆逝世日期：公元997年

☆配偶：尹氏、符氏、李皇后

☆子女：9子7女

☆在位年数：21年（公元976年~公元997年）

☆继位人：赵恒

☆庙号：太宗

☆谥号：神功圣德文武皇帝

☆享年：58岁

☆陵墓：永熙陵

☆生平简历：

公元939年11月20日，出生于开封府浚仪县崇德北坊护圣营官舍。

公元955年，随父亲赵弘殷一起南征，屯驻于扬、泰等州。

公元957年，跟随周世宗与赵匡胤，攻打下瓦桥关和瀛州、莫州。

公元961年，被太祖任命为开封尹，同平章事。

公元976年，登基皇位。

公元979年，灭北汉，结束了五代十国的分裂割据局面；收复易州、涿州等地。

公元986年，攻辽失败，险成俘虏，受箭伤。

公元997年，因箭伤病发去世，享年58岁。

人物简评

枭雄赵光义，性格宽松敦厚，却始终都无法摆脱自己篡位的阴影。有勇有谋的他替太祖伐汉收功，得到大家的一致好评。但他也吃过败战，在攻辽的战役中，差点变成俘虏。勤勉执政的他坚持以文治国，苦心经营了十多年，更加巩固了宋朝的统治基础。他晚年的生活并不太好，主要是为传位的问题而困惑，最终因箭伤发作而驾崩。不管怎么说，他都是一位不错的君主。

生平故事

太宗光义登基前奏

宋太宗，原名匡义，后来改名光义，即位两年之后又改名为炅。他是太祖的弟弟，母亲是昭宪皇后杜氏。于公元939年出生，到公元997年，因病去世，享年58岁。

多年闯荡，使得赵匡胤在后周混得风生水起，功名显著，地位也逐渐高升。比他小12岁的匡义都还只是一个供奉官都知，没什么资历，也没有什么声望的小人物，相比之下，差距较大。匡义也是出身于武将的家庭，父兄也都是大将。因此，从小就受他们的影响，酷爱学习弓马，并且勇敢地参加一些战阵的事情。他16岁那年，跟随父亲赵弘殷一同南征，在扬、泰等州屯驻。他还多次和敌将交战，敌将一般都被他射落在马下。赵匡胤当时在六合驻兵，听说他的弟弟这么能干，心里特别开心。匡义18岁时，跟随着周世宗和匡胤，将瀛州、莫州和瓦桥关攻打下来之后，22岁的赵匡义为帮兄代周,起了不可忽视的作用。他内外相通,与军士们结交,安抚了大家的心。匡义和赵普部署,让诸位将领列队将匡胤的营帐重重包围,然后将黄袍披到他的身上。由于匡义勇敢地充当了一次前台的主角,才让蓄谋夺位已久的赵匡胤可以充分地扮演一个特别超脱的角色。

赵匡胤登上皇位之后,就立即将匡义任命为殿前都虞候,担任睦州的防御使。太祖于公元960年5月亲征泽、潞,讨伐李筠,派匡义临时担任起大内都点检,留守于汴京。匡义于8月领泰宁军节度使之职。10月时,太祖亲自南征,镇压据扬州谋反的李重进,匡义又被任命为大内都部署,依然留守京师。公元961年,太祖将匡义任命为开封府尹、同平章事。为了避讳,匡义更名为光义,匡美也更名为光美。

杜太后对光义十分疼爱,但是要求也格外地严厉。每次光义外出的时候,太后都要求他和赵普在一起,而且将日影刻画好,一起约定归来的时间,光义也是个很孝顺的孩子,从来都没有违背母命,也许是不敢。杜太后之所以要光义经常和赵普接触,不单单是为了让光义向赵普学习处事之道,最重要的是因为赵普是太祖最倚重的国家重臣。很显然,如果能与他结交,就能巩固提高光义的地位。这都是杜太后为赵光义长远考虑的用心良苦。

对于赵光义来说,担任开封府尹,有非常重大的实际意义。开封府尹对国家的军政要务起着上呈下达的重要作用。却不曾想到,他在开封府尹的位置一坐就是16年。在这期间,他学到了很多知识,同时也锻炼了实际处理政务的能力。他利用开封府尹的职位,在开封府中招才纳贤,聚集了一大批的幕僚,文武皆备。加上广置党羽,内外交通,光义在开封府的势力也渐渐地庞盛起来,威望也是水涨船高,这为他今后争夺地位及治国安邦打了坚实又牢固的基础。

赵匡胤是个为人很厚道的人,对光义这个弟弟也是情义甚重。有一次,光义生病,身为皇帝的匡胤,亲手为他针灸。光义忍不住地失声叫痛,匡胤可能是为了给弟弟分担病痛,也取艾自灸。遇到什么军国大事,也经常和他一起商议。

但是,就算牙齿和舌头再好,也难免会出现牙齿咬舌头的事。作为政治家，他们二人并不是时时刻刻都亲密无间，多多少少都会有一些矛盾。他们的矛盾也可以通过这样的事情看出来：光义还在开封府任职的时候，有个青州人带一个十几岁的小女子来到京城，恰巧被光义撞见了，光义见到这个小女子秀美出众，便想买下来，但是那个青州人却是死活也不肯答应。这时候，光义的手下有个叫安习的人，此人自告奋勇地向他保证能够将此事办成。首先安习耍了一些小手段，然后将青州的那位女子偷偷买到了开封府。不巧这件事后来被太祖知道了，于是下令追捕安习。可怜的安习怎么都没想到，此举虽然讨了光义的欢心，却莫名其妙地得罪了太祖匡胤，于是他便藏身于晋王宫里不敢再出门，直到光义登基以后，才敢露面。太祖之所以严捕安习，摆明了是对光义的一种警告。

替太祖伐汉收功

公元976年11月14日，宋太祖赵匡胤突然逝世，光义受遗诏于灵柩前继承皇位。关于光义继承皇位有很多说法，有的人说他是为了篡权夺位而把赵匡胤给杀害了，不然的话，继承皇位的应该是赵匡胤的儿子，而不是赵匡胤的弟弟。历朝历代，都是子承父业，这种弟弟继承哥哥皇位的还真是很少见很新奇的。再加上赵匡胤死得太过突然，大家有这样的猜疑也是情理之中。

也有的人说，是因为光义的母亲杜太后对光义疼爱有加，故而在临终前叫赵匡胤将来退位后把皇位传给光义，而赵匡胤为了让杜太后安心而去，便答应了。杜太后还命赵普把这些话写成誓书，然后藏入一只金匣里，交给宫里可靠的人掌管，这就是后人所说的"金匮之盟"。

宫廷疑案，本来就玄机重重，但不管大家怎么说，赵光义都无法摆脱篡权夺位的嫌疑，这是赵光义的一块心病，也是他最郁闷最无奈的事。

不管杜太后遗诏的事情是真还是假，从正统封建世袭制的角度来说，赵光义以皇弟的身份继承皇位并不是名正言顺的。而且在太祖当初平定诸侯国的统一战争中，赵光义也没有任何的建树和战绩。

想要稳固自己的地位，也为了证明自己有这个才能，赵光义就必须树

23

立起自己的威望。太宗赵光义登基之后，把南唐平海节度使陈洪进封为检校太师。

之后，吴越王钱俶决意上表，将自己所管辖的土地、户籍以及军队全部献出，并且把吴越的国号也一并的削去了。钱俶的上表，太宗也没有亏待他，把他封为淮海国王，其子弟等多人也都封了官职。反对纳土官吏的吴越旧地，受到太宗坚决的镇压。这时候的宋朝，可以说已经完全把南方各地统一了，随后，太宗便把主要的兵力转向北方的北汉和辽朝。

宋太宗于公元979年，下令再次向北汉进攻。将潘美任命为北路都招讨制置使，率领勇将崔彦进、刘遇、李汉琼、曹翰、田重进、米信等，四路一同出兵，分别攻进太原，将太原城围得水泄不通。宋太宗吸取了以往的失败教训，从中总结出了一些经验，将邢州判官郭进任命为太原、石岭关都部署，一同阻截了辽朝的援军。

现今刘继元是北汉的主人，当他看到了宋军来攻的时候，急忙派人向契丹求援。公元975年时，辽朝曾经和宋廷签订过合约。只因为当时的宋朝为统一南方而忙碌，所以对辽采取和好的态度，避免两面都被敌方所攻击。契丹也是被内部事务忙得无法脱身，于是在这样的情况下，双方都保持着和好的关系。其实太宗早就预料到契丹一定会出兵援助北汉，因此，在四月间下诏亲征，率领廷美等将领到太原督战，同时在太原城外筑起了围墙，以此切断城内的一切物资供应。双方苦战到五月的时候，在缺少粮食和援军的情况下，北汉的指挥使郭万超潜行出城，投奔宋营，接着刘继元帐下的诸多将士也都纷纷出城投降。北汉因此灭亡，所谓五代十国的割据局面到此就结束了。

攻辽失败　险成俘虏

太宗大胜了北汉以后，没有就此罢手，而是乘着灭北汉的余威，乘胜追击，于公元976年6月份的时候，亲自率领大军进抵易州。辽刺史刘宇原本就是汉人，所以他直接献城投了宋营。后来，太宗留下千人的兵力协助刘宇守易州，开始向涿州发起进攻，辽涿州的判官刘厚德也是一名汉人，所以打开了城门接受投降。

宋太宗认为这是一个好的开始，他觉得轻易就连续拿下了两座城，旗开得胜。于是满怀信心地乘着胜利之势率兵进抵辽之南京（今北京市）城南，命崔彦进、宋偓、孟玄哲、刘遇四将分别率兵四面攻城。没想到这次居然碰到一个不要命的守将——耶律学古，他具有非常顽强的抵御力，太宗见状只得亲自督战。由于宋军围伐时间太久，军心疲惫，久久都不能攻下。辽朝这时正在悄悄地派援军来救。据探报，辽军已经到达高粱河。太宗命大军拔营齐起，前去高粱河迎敌。还没有到河边，就看到数万的辽兵越河而来，双方摆开阵势，金鼓齐鸣，战旗飞舞，宋军奋起激战，辽兵伤亡惨重，渐渐后退。太宗见辽军快撑不下去的时候，随即命令宋军加紧猛攻。就在这时，却意外发现又有两队辽兵，左翼是耶律斜轸，右翼是耶律学古。二人都是辽国有名的将士，有自己的用兵之道，对于突然的来势，宋军显得措手不及，因抵挡不住，节节败退。耶律学古就趁机直取太宗，太宗急忙命令左右护驾，但是诸将已经被辽兵分割散乱难以顾及，太宗仓皇而逃，还好辅超、呼延赞等人及时赶到，奋力掩护，这才保住了太宗，一同南奔向涿州。

太宗为了扭转高粱河的惨败局面，于公元986年正月，诏议亲征，想要挽回自己的面子。但是前次亲征的惨败，尤其是高粱河之战险些成为辽军俘虏的遭遇，令太宗依然心有余悸。这时，李至乘机进谏，他说："现如今京师已经是天下之根本，皇上不得离开辇毂，只需要命令将领出征即可，这样还会显得从容。"太宗听了他的一番话，就顺水推舟，下令出动30万的大军，兵分三路，分别从东、西、中北上攻辽。曹彬、米信发兵雄州，潘美、杨业（原名刘继业，归宋后恢复本姓杨）出雁门，田重进出飞狐。

起初的发兵给辽军来了个措手不及，宋军的捷报频频。但是由于宋军在指挥上的失误，导致三路大军各自作战，一时节节败退。战至陈家谷杨业父子率军奋力抵抗，但是因为援军迟迟没到，所以人员死伤惨重，杨业命其子杨延昭突围出去，向大将军潘美求援。战罢宋军大部分溃败，辽军乘胜追击，杨业也身负重伤，后来被辽军俘获，面对辽军的威逼诱惑，杨

25

业不以为然，最后绝食而死。

杨业战败身亡，宋边境危机。云、应、朔诸州官兵弃城而逃，辽军不费一兵一卒占领三州。辽军士气如虹，乘胜突入宋境，深入德（今山东德州）、深（今河北深县）、邢（今河北邢台）等州，烧杀抢掳，宋朝边民损失惨重。宋太宗得知杨业战死，深感痛心，下诏追封杨业为太尉、大同军节度使，并送布帛千匹与杨家。大将军潘美、监军王优，贻误战机，至宋军大败，分别处以降官三级和革除官职的处分。军事方面，宋太祖远超宋太宗。宋太祖赵匡胤行伍出身，身经百战，作战经验丰富。宋太宗赵光义没有指挥重大战役的经验与能力。但他却自诩高明，刚愎自用，为控制军权，大战前亲自拟定阵图，以致前线官兵为其所困，战事鲜有胜绩。

公元988年8月，祁州和涿州、新乐分别失守，宋北部边境岌岌可危。宋太宗苦无良计，召集群臣商议对策，但是宋太宗对出兵没有一点把握，经过对辽的战争失败，信心已经不复当初。朝中的大臣也都纷纷议论，有的主和有的主战。主和派以宰相李昉为主，分别引用汉唐的历史来劝宋太宗屈己求和。求和就意味着屈辱，这让宋太宗无法接受。宋太宗又找来赵普等人说："恢复我大宋的山河，是朕一贯的心愿。伐辽失败的原因是由于将军指挥不力。"张洎等主战派见状也纷纷进言献策，主张任贤修政、省官畜民、加强边地武将的兵权、挑选青年的壮士补充兵力，为再次北上伐辽做好充分的准备，将失复之地重新收回。太宗听了大喜，但是却没有具体的实施。

到了太宗晚年时期，边陲的战事连续失利，四川地区也相继爆发了起义，宋太宗的施政方针不得不转为重内虚外。至此，宋太宗对辽转变了战略方针，将攻变守，又派遣使节同辽商议和解。辽朝的萧太后对宋朝数次的北伐一直都耿耿于怀，她见此，一方面命令大军摆平阵势威胁宋军，另一方面接纳带领党项族各部叛宋的李继迁。在这种内忧外患的情况下，宋太宗只好采取防守的策略，命令大军疏通边地的河道，在宋军驻扎的河北沿边的平原，东从泥沽海口起到保州（今河北保定）西北，加固了900里边地的河渠塘泊，储水十余尺深，作为天险固守。沿线调派了3000余士兵、百余艘兵船，分设125铺、28寨戍守，加强对边地的巡视，以防止辽国骑兵的偷袭，又命将士遇到辽兵袭击必须坚壁清野，不允许出兵，如果不得已出兵，也只能披城布阵，临阵的时候不许相杀。这样一来，让将士面对辽兵束手无策，边地的将士也都得过且过，"如果遇到敌人，就关闭城门为上计"，长此下去导致边地宋军的战力大降，面对辽兵往往有心无力的抵抗，宋军越发势弱。

以文治国

从五代开始起，宋太宗是第一位非武人坐天下的皇帝。在他登基之初也重武，是因为在当时的形势之下，需要他来完成太祖统的一大业，既然武运不昌，那就转而重文，说不定也是一个不错的方法。经过多此的伐辽后仍然没有取得胜利，太宗也失去了往日的锐气；但是在以文治国的方面，他确实有很多值得让人称赞的地方。开创、修补、完善宋朝的各项典章制度都是他的功劳，这些制度在他在位期间基本都已经成为定制，同时也为宋朝奠定了军事、政治、经济、文化各个方面制度的基础，这样也就不至于像五代各朝那样短命夭折。两宋之人多言"祖宗之法"，这个"祖宗之法"指的就是宋太祖宋太宗而言，其中太祖的法度主要是集中于政治军事方面，而太宗不仅进一步地完善了太祖法度，而且还在经济文化等方面建立了一系列的法度规范。

隋唐时代虽然开创了科举制度，但是真正完善它的确是在北宋。到了宋朝初期，门阀制度不复存在，科举向文人以及知识分子广泛开放，只要诗赋文章达标，都可以录取。宋太宗将取士的规模渐渐地扩大，以至于每次的科举考试录取的进士名额远远地超过了唐代及宋太祖。到了公元973年以后，殿试基本上都成了定制。为了更进一步完善此制度，殿试之后在殿前"唱名"，由皇帝分别赐与"进士及第"、"进士出身"、"同进士出身"的功名。太宗时实行考卷糊名弥封法，有效地防止了考官利用试卷作弊。宋太宗十分重视科举考试，因此对它也是十分的严格，一定要亲自复试。

太宗非常重视文化事业的发展，自五代以来，昭文馆、集贤院、史馆为三馆，在右长庆门东北，仅有数十间小屋，条件较差，每逢受诏撰述都要移到其他地方。到太祖时期，还是没有过多的改变。太宗即位的第二年，亲自到三馆视察，虽早有耳闻，但是当他亲眼看到这般寒酸的状况时，忍不住对左右的侍从感叹道："这样怎么能够蓄天下图书，侍天下贤俊呢？"随后即刻下令，把左升龙门东北车府地变更成为三馆新址。命中使监督督促工匠，日夜兼作。新三馆的梁宇殿阁，都是太宗亲自规划拟定的，恢弘的气势，精美壮观，都能够和皇宫的建筑相媲美了。一年后工程竣工，定名为崇文院。

到了太宗晚年时期，崇文院以及秘阁的藏书已经十分丰富。较为自负的太宗微笑着对大臣们说："朕即位之后，想尽一切的办法从多方收拾，抄写购求，现如今终于有数万卷之多。千古治乱之道，并在其中矣。"

太宗在广泛搜求各类图书的同时，他还先后组织了一批知识分子编纂了好几部大型类书。公元977年3月，太宗刚刚登基几个月就命翰林学士李昉、扈蒙等十多人一起编纂《太平御览》和《太平广记》等书。但可惜的是，因为年代久远和朝代更替的关系，宋太宗时期所收集的绝大部分图书，至今已经佚失；幸运的是，当时编纂的《太平御览》《太平广记》以及《文苑英华》这3部书得以保存，给后人研究中国古代的历史文学提供了相当珍贵的资料。

太宗十分喜欢读书，在五代以来帝王当中比较罕见。这跟太宗的父亲赵宏殷有着非常大的关系，赵弘殷和他的长子赵匡胤都是习武之人，但是这个军人家庭却希望今后能有个学识渊博的读书知礼之人。当年赵弘殷在淮南任总兵时，攻破的州县并没有先取财务，而是设法搜求各种古书，交给匡义，并且经常督促他好好学习。因此匡义精于文业，同时还学会了很多的才能。他不但会作诗，还精通音律，擅长书法，喜欢对弈。

太宗经常会去崇文院读书，并且让亲王和宰相们一同翻阅，当遇到书中的疑难问题时，还会亲自解答。有的时候，还会把降王李煜等人一同召来参观。太宗指着汗牛充栋的图书对南唐后主李煜说："听说你在江南也是好读书之人，这里的简册，有很多都是你的旧物。近来还有读书吗？"李煜怀着亡国之痛，唯有顿首逊谢。公元992年9月，太宗为了让武将见识一下文儒之盛，于是便召马步军都虞侯傅潜、殿前都指挥使戴兴等人到秘阁纵观群书。

勤勉执政　宽松敦厚

宋代皇帝从太宗时期开始很注意从历史上汲取政治统治的经验教训。公元983年11月，太宗对大臣说："朕翻阅前代的书籍，发现君臣之际，大都情通则道合。所以，众臣有事都不要隐瞒，言论也都可以采用。朕励精求治，众卿等作为朕的耳目，若是施政有缺失，应当悉心上言说明，朕绝对不以居尊自恃，使人不敢说话。"

太宗是个执政勤谨的人，为了把宋王朝的统治基础巩固得更加牢靠，他亲自选拔人才，通过召见当面问答，以观察他们的才能，最终重用提拔优秀者。他近臣说："朕每次看见布衣缙绅中有才志受推戴的，就会替他们的父母感到高兴。"每天早上太宗都会到长春殿上朝，听完百官的政务报告，就开始到崇政殿去批阅奏章处理政事。有时候一口气忙到中午，饭都来不及吃。

大家今日犹可见到太宗当时所写的碑刻、匾额，他的书法根基不浅，再通过名家指点，勤加练习，所以才会有较深的功力造诣，并不是仅凭自己的身份和地位而随处题字。知道太宗对书法感兴趣，便有人荐举在书法方面颇有家传的赵州隆平主簿王著，太宗一听非常开心，召为卫尉寺丞、史馆祗候，并令他详定韵篇，后来又迁为著作郎，充翰林侍书。

皇帝大都有游猎的爱好，而太宗的爱好是读书写字作诗等，并不喜游猎，事实也的确如此。公元988年9月，他对身边的侍臣说："朕每念古人禽荒之戒，自今除有司顺时行礼之外，更不于近甸游猎。"下令将五坊中所饲养的鹰犬等动物全部放生，并下诏令天下不要再来进献。有人还不相信，以为太宗只是说说而已，自古以来，哪个皇帝不喜欢别人进贡的猎物。公元992年10月，大将折御卿进贡一些花鹰，太宗立即让人放生了。没想到太宗不是说说，而是来真格的，可谓是言出必行，令人敬佩啊。

太宗对宗教基本上是宽容的态度。在北宋开国后，为了争取得到南方

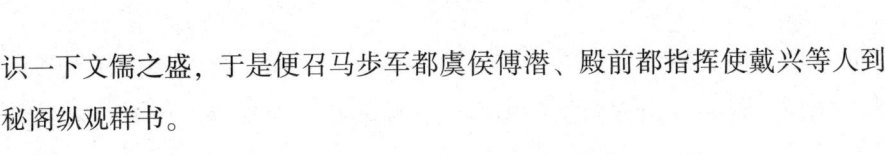

29

各阶层的大力支持，对佛教采取了适量的保护政策，这是因为佛教在吴越、南唐、后蜀等南方割据小国中十分地盛行。太宗觉得佛教"有裨政治"，故而特意提倡，在五台山、峨眉山、天台山等处大力修建寺庙，并且还在首都开封设立了译经院释译佛经。从太祖开宝年间开始在益州雕印的大藏经，直到太宗时才完成，并印发了我国第一部佛经总集。宋朝建国时，各地僧徒还不到6万人，到太宗时竟然增加了4倍多，达到24万人。太宗本人是重道教而轻佛教的态度。

宽松敦厚是太宗执政的方针。然而，为了更好地维护社会的安稳，太宗在刑狱方面也亲自处理了一些案件。他下诏在禁中设立一个审刑院。各地上奏的案件，必须先由审刑院交付大理寺，待刑部断复后，再交审刑院认真详议后裁决。而审刑院并不归宰相统领，直接由皇帝掌管。公元981年4月，太宗下诏："诸州大案，长吏不亲自处理，往往胥吏旁缘为奸，拖延经年不能结案。自今长吏每五日处理一次案子，查证确实者即可决断。"

为了避免全国有拖延不决的案子，于是便规定了办案的3种时限：大案40天，中案30天，小案10天，不需追捕而容易处理的3天之内解决完。同时规定，囚犯如需讯问，必须要聚集官署一块参与，不能直接委托胥吏拷掠。这一政策实施，确实让不少人为之叫好。公元993年，东京城郊有一个农民跑到官府击登闻鼓，为的仅仅是丢失了一只猪。太宗听说后，便命人赐给那农民钱一千，以此偿还其猪钱。一旁的宰相对太宗这一招有些不知所云，宰相惊讶的眼神自然没逃过太宗的火眼金睛，于是他对宰相说："像这样的小事如果也要费力气去断案，是不是太可笑了。但是推此心以临天下，就可以使天下无冤民。"

太宗总结唐五代以来宦官专权的经验，对宦官驾驭非常严格，不让他们有干政的机会。作为剑南两川招安使的宦官王继恩，领兵平定王小波、李顺的起义，中书省便建议让王继恩担任宣徽使。没想到太宗并没有接受这个建议，说："朕读前代史书，宦官干预政事，乃国之大忌，所以历朝严禁宦官干预政事。宣徽使就是参政的开端。只能授以别的职衔。"宰相说王继恩立有大功，非宣徽使不足以赏酬。太宗听后，更加动怒，于是连

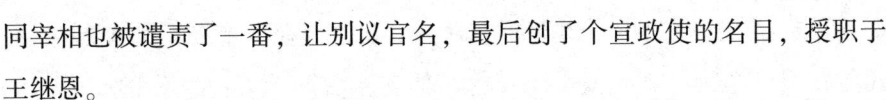

同宰相也被谴责了一番,让别议官名,最后创了个宣政使的名目,授职于王继恩。

太宗任用的几位宰相都比较正直坦率。生性刚直的寇准,有一次对太宗奏事,太宗听后不高兴,站起身要走,寇准却拉住皇帝的衣袖,让他再坐下,直到事情议决以后才罢休。太宗不禁感叹地说:"不愧是真的宰相啊!"

贬抑祖系

自从太宗登上皇位之后,勤政爱民,十几年兢兢业业。在他当上皇帝之后一大部分的精力都用来确保皇位,严防变乱。他要防范的第一是武将的专权,第二是他的自家人。

高粱河这场战役当中,武功郡王赵德昭,也就是太祖的儿子,从征幽州。宋军节节败退之时,太宗和主力部队失散了,军将们怀疑失散的皇帝可能是遇难了,觉得军国不可无主,于是便商量着将德昭立为皇帝。幸好后来知道太宗还活着,这件事情最后也不了了之了。虽说事情并没有成功,但是却一不小心被太宗知道了,恰好触犯了他的忌讳,所以心里一直耿耿于怀。

从前作战,回京之后都会按照功劳的大小来颁发奖赏。但是这次太宗回京几日后,仍然不见行太原战斗之赏,军中开始纷纷议论,诸将的心中也难免会有一丝的怨气。德昭心直口快,为了安稳浮动的军心,于是向太宗进谏,给各位军将叙功行赏。话还没说完,太宗就怒气冲冲地说:"战败回来之后还有什么功劳?还如何行赏赐?"德昭分辩道:"虽然征辽失利,但是却平定了北汉,再说各军也不可一概而论,陛下应当分别考核,论功行赏。"太宗听后更加生气,怒吼道:"等你自己当上了皇帝,再进行赏赐也不晚!"德昭听后惶恐不安,默然走出皇宫。原本他所处的地位就十分的微妙,现在又眼见叔父摆明了猜疑他有夺位的野心,他独自回到自己的住处,默念道:父母英年早逝,无依无靠,虽然有继母宋氏与弟弟德芳,但是太宗当上了皇帝之后,宋氏就被迁往西宫,进出的行动都被限制；弟弟的年纪也尚小，还不懂事理。想到这，就觉得自己满腹的幽怨，可是却无可倾诉，顿时就生了短念。他问左右的侍者："你们有带刀的吗？"左右侍者连忙回答宫中是不让带刀的。德昭走出房门四处寻觅，就看见茶酒阁上有一把切水果的刀子，他便趁人不备，拿了刀子回到房间内，关闭房门，直接就朝着自己的颈上刺去。等到别人开门救他的时候，德昭已经倒在血泊当中气绝身亡。宫人急忙去报告太宗，太宗大吃一惊，深觉不可思议，立即前往探视，见到德昭形态惨烈，忍不住抱住他的尸体大哭道："傻孩子，我就只是说了你几句，你竟然这样做！都是我的错啊。"于是下令将德昭厚葬，并且颁诏将德昭追赠为中书令，追封其为魏王。德昭的身后留下了5个儿子。

在太宗即位时期，廷美的儿子和太宗太祖的儿子一样都被称为皇子，女儿则称作公主。公元979年廷美被封为齐王，后来又加封秦王。廷美和光义一样，当年也当了开封府尹，同时兼中书令，所在职位于宰相之上。外界都在说帝位将会由廷美、德昭、德芳依序相传。在德昭自杀了一年之后，德芳也不清不楚地死去，享年23岁，这才令廷美惶恐不安。

忽然有一天太宗接到当年为晋王时的旧臣赵熔、柴禹锡、杨守一等人的密奏，弹劾廷美，称他妄自尊大，想要自立，有个叫卢多逊的宰相和廷美的关系十分密切，有可能会沟通情事。恰恰这话触动了太宗的疑忌，于是即刻召集赵普来密议。赵普说："臣也算是开国的旧臣了，曾经受过昭宪太后的遗诏，所以备受朝廷的恩遇，但是因为臣的性格比较直率，反而被权幸所谗。"

在太宗还未即位的时候，就有人告发赵普对晋王光义讥讪毁谤，赵普也曾上疏自辩，但是被太祖将奏疏贮藏在了金匮之内。但是太宗却并不知情，所以一直都对赵普怀有戒备心理，现在听赵普这么一说，立刻命近侍找到赵普之前的上疏，于是彻底感悟了，便急忙将赵普宣入宫中，并对他说："谁没有过错误？朕虽然不到五十，但是早已尽知四十九年会出现的是非。从今天开始，朕会赏识对朕忠心的臣贤。"于是便授予赵普司徒兼侍中，封为梁国公，并且命他继续密察廷美一事。赵普同廷美原本是没有什么恩怨的，但是一来是为了报复卢多逊曾经向太祖揭告自己的门人贪污受贿的旧怨，二来是为了讨太宗的欢心。所以只能拿廷美下手。没过多久，便察得卢多逊私遣堂吏和廷美的事，便上奏说卢多逊期望太宗晏驾，让廷美即位，廷美在私下还给卢多逊赠送过弓箭之类的物品。

对此太宗大发雷霆，即刻下诏把卢多逊降为兵部尚书，下御史狱，同时将参与这件事的其他官僚捕获，命令翰林学士承旨李昉等讯鞫，卢多逊以及赵白等人都纷纷伏罪。此外将廷美降职为涪陵县公，全家都迁往房州（今湖北省房县）。可怜的廷美只得对着孤灯，凄凉中他突然想起曹植的七步诗，但是却如何也想不通："本是同根生，相煎何太急！"因此气郁成疾，日渐消瘦，不到一年，他就这样病死房州。此事奏达朝廷之后，太宗忍不住呜咽流涕，并对宰相说："廷美从小就刚愎，长大之后越发的凶恶，因为他是朕的至亲，所以不忍心处置他，让他暂时迁到房州，闭门思过，等过后再恢复其旧职，不曾想他这么快就去世了，实在是太痛心了！"接着下诏将他追封为涪陵王，并赐谥曰悼。

从那之后，再没有人同太宗争夺皇位。为政治斗争的需要，此时太宗不惜扭曲事实，硬说廷美和自己其实不是一个母亲。那时候太宗的弟兄五人有四个人都已经死了，连杜太后也已经不在了，对于太宗的话也没有谁敢去辩驳的。

确立宗嗣

太宗的长子叫元佐，是李妃所生的。元佐打小就聪明伶俐，和太宗长得特别像，太宗一直都很喜欢他。元佐长大以后，学习了武艺，并且非常擅长骑射，曾经跟随太宗北征太原、幽蓟，回京之后加职太尉，拜检校太傅，晋封为楚王。在叔父廷美触犯太宗的时候，元佐也全力营救，多次为廷美求情免罪，却屡次遭到太宗的严厉呵斥。当元佐听到廷美的死讯时，悲痛万分，最终酿成了狂疾。一旦身边的侍卫们稍微有点差错，他就会拿刀砍杀他们；那些下人们从门前经过的时候，经常也是弯弓射之。太宗知道以后亲自训诲，但他依旧我行我素，甚至越来越严重。为此，太宗真是伤透了脑筋，请来太医为其治疗，才稍微有一点的好转。太宗倍感欣慰，

大赦天下。

九月初九重阳节到了，太宗的兴致非常好，赐近臣到李昉的家中宴饮，并且召请诸王在苑中宴射。因为元佐的病还未完全康复，所以就没有让他参加。到了晚上，诸位宴罢离去，不经意间路过元府，恰好碰到了元佐在门外，他知道这件事之后，十分恼怒，竟然在院子里放起了大火，大火向着殿阁亭台蔓延烧去，一时间烟雾滚滚，冲天的火光，待到众人去营救的时候，大半都被烧毁了。大火一直烧到天明，都没有被扑灭。太宗听说楚王宫中失了火，心中猜到十有八九是元佐所为，就命人将元佐押赴中书，派御史勘察，元佐诚实以对。太宗怒不可遏，派王仁睿传话说："你身为亲王，享不尽的富贵，为什么要如此凶悍，国家的典宪，我不能自私地违背，父子之情，就此了断。"元佐的弟弟陈王元佑和宰相近臣都一同去营救，但是太宗挥泪道："朕每读书，见到前代帝王子孙不遵守家教者，何尝不惋惜愤恨，但是没有想到我的家中也有这样的事情！"可怜的元佐就这样被削去了封号，贬为庶人，安置在均州。宋琪等人率百官伏阙拜表，恳请太宗宽恕他的病狂，让他留在京师。也许是太宗真的被气糊涂了，怎么说都不允许。宋琪等人再三奏请，这才下诏将已经行到黄山的元佐召还京师安置在南宫，另派人监护，不得通外事。楚王府中的官僚也都全部上表请罪，太宗说："连朕的教诲他都不听，难道你们诤谏引导就会有用吗？"

公元995年，开宝皇后即太祖的妻子宋氏病死，太宗不穿孝服，连群臣亦不命临丧。当年元侃被太宗立为太子。诏命颁下，太子行告庙礼，还宫路上，京师市民争相观看，齐声欢呼"少年天子"。太宗知道此事后，心里非常不开心，召寇准入见，对他说："人心都归太子，把我放在什么地位上？"寇准拜贺道："陛下选定可以托付神器者，今太子果然得到民心拥戴，这正是社稷之福啊！"太宗这才转忧为喜。太子入宫，后嫔六宫前来庆贺，太宗颇为开心，还破例召寇准一块饮酒，直喝得大醉才肯罢休。

至此，太宗皇位的继承问题终于算是得以解决。元侃就是后来的真宗。自真宗至南宋高宗，6代8个皇帝都是太宗一系子孙。除了高宗赵构，因无子，过继太祖七世孙，即秦王赵德芳的六世孙立为太子，是为孝宗，

之后的八个皇帝又转入太祖一系。北宋南宋分别有9个皇帝，匡胤、光义兄弟并称"祖宗"，他们的后代各有8个做了皇帝。兄弟二人轮流当皇帝，他们的后代也轮流往复，不多不少，巧合的是北宋是在太宗一系手里灭亡的，南宋是在太祖一系手里灭亡的，真可谓是平分秋色啊。

公元997年3月，宋太宗因箭伤发作，不治而死。

第三章

少有大志的皇帝——宋真宗赵恒

帝王档案

☆姓名：赵恒，初名德昌，后改元休、元侃

☆民族：汉族

☆出生日期：公元968年12月23日

☆逝世日期：公元1022年

☆配偶：潘氏、郭皇后、刘皇后

☆子女：6子2女

☆在位年数：26年（公元995年~公元1021年）

☆庙号：真宗

☆继位人：赵祯

☆谥号：文明武定章圣元孝皇帝

☆享年：55岁

☆陵墓：永定陵

☆生平简历：

公元968年12月23日，出生于洛阳。

公元983年，封韩王。

公元988年，改封襄王。

公元995年，复立之为皇太子，兼判开封府，赐名恒。

公元997年3月，继承皇位，改年号为"咸平"。

公元1004年，与澶渊定盟和解，史称"澶渊之盟"。

公元1021年，患病，命太子赵祯继位。

公元1022年，驾崩于汴京宫的延庆殿，享年55岁。

人物简评

宋真宗从小聪明伶俐，得到父亲太宗的喜爱。少年时就有很大的志向，才华横溢，得到太祖的赞赏。宋真宗登基后，大展宏图，坚持内修文治，勤政治国，外睦友邻。

宋真宗为了与契丹、党项的握手言好，虽然付出了巨大的代价，但也让边境没再发生动荡。然而，立志图强的他，在晚年患病后经常忘事，轻信了小人丁谓的花言巧语，罢了忠臣寇准的相职之位。还希望"天书"能缓解他的病情，为他带来好运。却没想到，"天书"不仅没能带来好运，反而引发了一系列的祸事。

生平故事

少有大志　三十而立

宋真宗，是太宗的第三个儿子，母为元德皇后李氏。真宗原名德昌，后改名为元休、元侃，至道元年（995），立为皇太子，改名恒。

真宗赵恒睿智灵敏，从小讨太祖和太宗的喜爱。他在7岁时，就开始读四书五经，看一眼就能成诵。又喜欢和诸兄弟玩一些战阵游戏，常自称高高在上，发号施令的元帅，而且言谈举止超凡。据说有一次随太祖入万岁殿，他调皮地坐在太祖的御座上随意玩耍，东看看西瞧瞧，有些爱不释手的样子。太祖见状，旋即爱抚地问他："这是皇帝的宝座，孩儿愿做皇帝吗？"年幼的赵恒竟回答道："天命有归，孩儿亦不敢辞。"使太祖大为惊喜，没想到小小年纪，竟能说出这等之意。当他再长大点时，太宗便让他练习草书，他却说："草书之迹，诚然妙秘。但孩儿听说王者事业，功侔日月。临政处事，应毫无隐讳。一照之心，一览无余。若学草书，恐临事有误，谨愿罢习。"这番话更让太宗为之叹异，果然不是凡人，当真是少有大志啊。

太平兴国八年（983），赵恒16岁，与其兄元佐（原名德崇）、元僖（原名德明）一起接受官职册封，获职检校太保、同中书门下平章事，改名为元休，封韩王。

雍熙三年（986）七月，赐名元侃。端拱元年（公元988年）正月，进为荆南、湖南节度使，改封襄王。淳化六年（公元995年）八月，复立之为皇太子，兼判开封府，赐名恒。

至道三年（997）二月，太宗患病，谋立新皇帝的明争暗斗在朝廷内部悄然开始了。赵恒被立为太子后，因不小心得罪了身为宣政使的宦官王继恩，为其忌恨。自从太宗病重之后，王继恩便暗地里串联了参知政事的李昌龄、知诰胡旦等，并与李皇后通谋，企图立元佐为太子。

三月二十九日，宰相吕端进宫询问疾病的情况，看见太宗危在旦夕，想必也坚持不了多久了，又看见身旁奉侍太宗的只有李皇后、王继恩等人，唯独没有看见赵恒，怀疑事情有变，急忙退至中书，密写"大渐"二字，派心腹吏人匆忙趋于东宫，督促赵恒赶快进宫。不久，太宗驾崩，在宰相吕端等诸多大臣的辅佐下，赵恒在太宗灵前即位，时年30岁。庙号为真宗。要不是吕端的及时通信，恐怕坐在龙椅上的便是元佐了，总算是有惊无险。

内修文治

真宗登上龙椅后，下诏制说："先朝庶政，尽有成规，务在遵行，不敢失坠。然而缵图伊始，惧德弗明，所宜拔茂异之才，开谏诤之路，惠复疲羸。庶几延宗杜之鸿休，召天地之和气。"这表明了他锐意兴革、立志图强坚定的决心。

　　为了能够得到大部分人的支持，真宗想了一个非常妙的方法，首先下令把京官的政治待遇都提高，并规定朝官和未朝官同样叙迁磨勘，同样穿绯、紫色官服。礼遇先朝诸大臣，加宰相吕端右仆射，召拜他的两位老师李至、李沆为参政知事，拜宿将曹彬为枢密使兼侍中，又以富有才华谋略的户部侍郎向敏中、给事中夏侯峤为枢密副使，共典军政。尊太后李皇后为皇太后，仍居住在西宫的嘉庆殿，后徙之万安宫。同时把生母李氏追尊为贤妃，进尊号为皇太后，追谥元德，后附葬太宗于永熙陵。将曾经参与谋废立的参知政事李昌龄、知诰胡旦以及宦官王继恩等人相继贬黜，并流放至远郡。然后诏御史台谕告内外文武群臣，自今人君有过、时政或亏、军事臧否、民间利害，并许直言极谏，抗疏以闻。公元998年正月，改元咸平。

　　咸平元年十月，真宗进行了一次十分重大的人事调整。罢免吕端、李至宰相之职，擢户部尚书张齐贤与李沆并为相，擢枢密副使向敏中为参知政事。擢翰林学士杨砺、宋湜为枢密副使，共参国政，罢免参知政事的温仲舒为礼部尚书。接着便着手整顿吏政，解决机构臃肿、贪污腐败、官吏冗滥、选举作弊等比较突出的问题。

　　真宗采纳了宰相张齐贤的建议，始定外任官职田制度，规定职田数量以差遣为类别，作为补贴各级官员的俸给，极力提倡廉政。然后裁撤合并叠床架屋的官僚机构，罢置盐铁、度支、户部副使，把盐铁、度支、户部合并为一使，以此提升三司的办事效率。又严格筛查官吏的举荐、任用、迁转、考核制度。

　　咸平二年，真宗诏令各部、台、院举荐升朝官任知州，被举荐者三任而有政绩，才能作为善举而议奖赏。否则被举者若犯贪赃罪等，举荐者亦连坐。真宗还命宰臣誊录内外官员历任功过，编册进呈，以备委任官员时参考。咸平四年四月，真宗在崇政殿亲自考核京官，开创了宋代京朝官磨勘引对的先例。

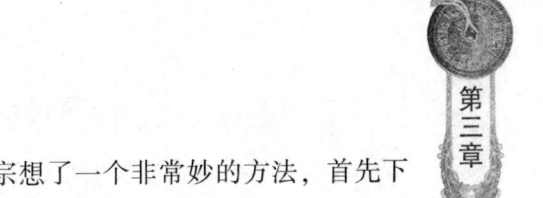

为了大量地选择优秀人才以及网罗有名人士，真宗把改革科举制与发展学校教育摆在非常重要的位置。在《劝学文》中，曾以"书中自有黄金屋，书中自有颜如玉"如此极端的利禄观作为劝学手段，让众多的读书人纷纷趋于科场，希望有一天能够出人头地。学校教育自宋初以来，官学就比较稀少，主要以书院为教学形式的私学渐渐兴盛流行起来。真宗对此类型的书院，也给予了很大的扶持。

在实行政治改革的同时，真宗也努力积极寻求着经济富强的道路。在他登基的当年五月，便下诏说："国家大事，足食为先。"民以食为天，以国家没有9年的储蓄而备感担忧，令两府大臣讲求丰盈之术。他还对大臣说："经国之道。必以养民务穑为先。"诏三司每逢岁稔之年，要增广市籴以实仓廪。重申转运使的主要职责之一，便是劝课农桑。咸平二年（999），命度支郎中裴庄等官员分赴江南、两浙等地，发官廪赈恤受灾饥民，蠲除田赋。诏令有司减去罢免各种无名力役，暂缓土木营建，以休养民力。又令陕西沿边地区广兴屯田，把士卒戍边和耕种相结合，还诏令全国，只要是民户有能力开荒垦地的，所有的开荒田都不必加租税，准许无田税农户请佃荒田垦种，5年后从轻定纳赋税。为了使民户有能力进行生产，又推广三司官员马元方创制的"预买绢"法。意思是在每年春季民力乏绝的时候，官府借贷户缗给农户安排生产、生活，等秋收后以绢输官偿债。

勤政治国　外睦友邻

真宗本人也是继承父亲的优点，以勤政为要。每天的日程和太宗也大同小异：每天清早先在前殿接见中书、枢密院、三司、开封府、审刑院各部门的请对官员。听闻奏事，能立即决定的便马上给予答复。早饭过后便开始处理各司奏事，批阅奏章，直到吃午饭。下午则是看书学习，也会安排各项例常的活动，晚上则多召儒臣进讲，询访为政得失、探讨经史等。

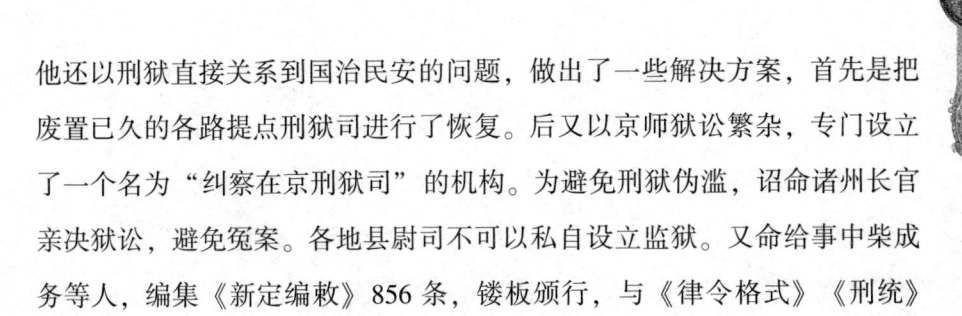

他还以刑狱直接关系到国治民安的问题，做出了一些解决方案，首先是把废置已久的各路提点刑狱司进行了恢复。后又以京师狱讼繁杂，专门设立了一个名为"纠察在京刑狱司"的机构。为避免刑狱伪滥，诏命诸州长官亲决狱讼，避免冤案。各地县尉司不可以私自设立监狱。又命给事中柴成务等人，编集《新定编敕》856条，镂板颁行，与《律令格式》《刑统》并行。

与此同时，真宗还下诏严格约束皇亲国戚以及宦官。例如：他的姑母秦国长公主为她的儿子王世隆求官正刺史，被真宗婉辞拒绝，说："正刺史系朝廷公议，不可。"他的妹妹鲁国长公主为翰林医官赵自化求升秩，也被他拒绝。驸马都尉石保吉家中发生家仆偷盗一事，石保吉面请真宗，乞加重罪，又打算在他家里设刑问罪。真宗以国家自有常法为由，不允，命交有司处决。

由于真宗在即位之初的几年中，能锐意兴革，广开言路，勤政治国，所采取的措施大部分都促进了当时社会经济的发展，故而全国人口由他即位后不断攀升，由他登基初年的400多万户增加到近800万户，短短几年，人口总数增了将近一倍。渐渐出现了后世所称的"咸平之治"小康生活的局面。

除此之外，在加强国内统治的同时，真宗也十分密切地关注同邻邦的关系。北邻的契丹政权和西邻的党项政权是当时宋朝最为主要的外部威胁。

自太祖以来，宋朝北部的主要威胁始终都是契丹政权。太宗也曾举兵讨伐，期望能把宋朝北部的国防重地、在五代石晋时割让给契丹的幽、蓟诸州都收复回来，但每次的结果都是大败而归。此后宋朝对契丹便主要采取守势而不进攻，通过以险设防的方针，开辟边地河道、水塘，种植水田，以作消极防御。

就在此时，契丹方面好像洞穿了宋朝的用意，一向以守为主要战略的，这次居然是先发制人，于公元1004年进犯宋土。契丹军疾风暴雨般的疯狂进攻，使得宋朝朝廷内部惊慌不已，不知所措，为了保证真宗的安全，大臣王钦若等请真宗逃往金陵（今南京）避难。在这关键时刻，宰相寇准主张积极抗战，力请真宗勇敢北上前线，率兵亲征。虽然真宗有些害怕应征河北之战，但又认为南逃之事也不怎么可取，只能硬着头皮勉强答应了寇准的建议。这年十二月，真宗从京城出发，北上澶州。真宗在澶州北城门楼，接见了众将帅。城下诸军，看见皇上亲自来此征战，不由得情绪高涨，欢声雷动，备受鼓舞。这时先后集结到澶州周围的宋军达几十万人，将士们只等朝廷发布号令，便立马奋勇前进驱逐强敌，复仇雪恨。在河北前线各地的军民听闻真宗亲征，也纷纷发动攻势，出击敌人。

这时深入宋境的契丹军，数战受挫，给养变得十分困难，士气也变得非常低落。与此同时，辽圣宗耶律隆绪与萧太后采纳了宋朝降将王继忠（咸平六年望都之战被擒降敌）的建议，派人传信给真宗，提出罢战议和之事。这正中了真宗的心意，他立即回书表示，宋朝也并非喜欢打仗，希望彼此都能停战，以安定民心，派殿直曹利用为使议和。契丹复派使韩杞面见真宗，得出以索还后周世宗时收复的关南故地为罢战条件。真宗也非常害怕割地议和，让后人唾骂，嘱曹利用只要不割地，可不惜重金与之言和。曹利用问究竟可允许给契丹多少，真宗想都没想便说道："若必不得已，虽百万亦可。"后来在寇准的坚决阻止下，才没给那么多，双方以宋每年给契丹银绢30万两匹达成协议，罢战言好。

党项（后来的西夏）政权见契丹与宋罢战言和，也遣使入宋，奉表称臣。真宗对党项首领李德明厚加赏赐。为确保宋朝西部边防安全以及防止德明反复，真宗向党项提出归还灵州、派子弟入宋为人质等7项条件，不料却遭到德明的坚决拒绝。真宗不得不再作让步，放弃了这些要求，于景德三年（1006）十月，授德明为定难节度使，封西平王。又先后开放设置保安军榷场（今陕西志丹县）、延州榷场（今陕西延安市）等，与之开展贸易。此后，每逢岁旦圣节，德明都遣使宋朝，贡献也是络绎不绝。真宗对德明，也不断封官加爵，厚与赏赐。

真宗通过巨大的代价，换取了与契丹、党项的和好关系，使宋朝的西部和北部边防暂时相安无事。

抑直任佞

澶渊之盟后，真宗一直担忧的外部威胁得到暂时缓解，然而没想到的是朝廷内部的矛盾却不断升级、日益激化。

战后没多久，真宗便把主和派王钦若迅速召回京城，给以资政殿学士的宠遇。王钦若见真宗此时这么宠爱自己，也想借机更上一层楼，于是便伺机进谗真宗，说前天澶渊之盟其实是城下之盟，城下之盟古来为耻。寇准之所以主张皇上亲征，实际上是拿皇上作"孤注"，而"孤注一掷"也是皇帝的奇耻大辱云云。这些话，让真宗的心头蒙上了一层阴影，以至于让他接连几天都是闷闷不乐，寝食不安。

真宗原本就不怎么喜欢寇准的耿直，之所以起用寇准，主要是因为让他帮自己渡过难关。否则，真宗不可能让自己不喜欢的人来当宰相。在听了王钦若的谗言后，真宗便在景德三年（1006）二月，以寇准"过求虚誉，无大臣礼"为借口，罢免了他的相职之位，出知陕州（今河南三门峡市）。擢参知政事王旦为相，王钦若知枢密院事。并加王钦若资政殿大学士之号，位诸臣之首。这个得意忘形的王钦若，达到自己的目的后，心里别提有多开心了，可惜真宗却并不了解他的真正意图啊。

景德五年正月初三，担任宰相的王旦率群臣入宫早朝，当诸臣奏事完毕，皇城司来人报说，在宫城左承天门南角，发现像书卷一样的黄帛两丈多，黄帛上面隐约有字。真宗于是对众臣说："去年十一月，我曾梦见神人，说今年正月当降《大中祥符》三篇，想必正是天书下降了。"宰相王旦等即跪拜称贺，说是"天书"降临，应该前去奉迎。真宗君臣一行便步至承天门，焚香望拜，取回"天书"，由知枢密院陈尧叟启读。内容的大概意思是，真宗能以至孝至德诏承先业，治理天下，今后更应清静简俭，善始善终，永保宋祚。读毕，真宗再拜，接过"天书"，藏于金匮。然后大摆宴席邀请文武群臣共同饮酒赏舞赏歌，还把京朝官员都加恩升爵，令改元大中祥符，改左承天门为左承天祥符门。之后，"天书"接连不断地出现，真宗也忙碌于东封西祀。这时的真宗完全已经被迷信得不知东南西北了，仅仅是因为自己曾做了那么一个梦，其实只要他稍微多用点头脑，相信也不至于频繁出现这种"天书"的现象，而导致自己失去理智。

真宗非常崇奉祥瑞，又沉湎于封祀，朝内一班大臣为了讨得真宗的欢心，也极意屈奉迎合，利欲熏心的他们都希望真宗能给自己加官进爵，以稳固自己手中的权位。

第一个倡导祥瑞封祀之说的便是王钦若，他竭尽精思，挟符瑞以邀恩宠，反正之前耿直的寇准已经被他逼出京城了，现在也只有他才是真宗身边的红人。而真宗在失去了直言进谏的寇准后，就好像失去了灯塔一般，盲目的相信身边那些做作大臣的谎言。大中祥符五年（1012）王钦若被拜为相，兼枢密使。由于王钦若状貌短小，项有附疣，被人讥讽为"瘿相"，再加上他为人又十分阴险狡诈，只管一味迎合皇帝的意思，与其他几个狼狈为奸的奸臣一道被称为"五鬼"。

然而，这么多的"祥瑞"不但没有给赵恒和他的帝国带来什么好处，反而是天灾人祸不断，以至民心惶恐不安。如果真宗这时候也能及时反省，那说不定今后又将是另一番局面了。

从大中祥符九年的夏季起，京畿、河北、陕西、京西、京东以至江淮、两浙、荆湖的大片地区发生蝗灾，各地关于蝗情的奏报接连不断送进皇宫。为此真宗整日愁眉不展，忧心忡忡，几次或亲自或遣官分赴各道观，建道场来祈祷上天，乞求保佑。又多次下诏灭蝗。但灾情不但没有减轻，反而继续扩大，蝗虫泛滥，百姓苦不堪言，却又没有什么有效的办法能消灭这些可恶的蝗虫。这年七月的一天，真宗刚刚坐下要享用午膳，左右侍卫报告有飞蝗经过京城。满脸忧愁的他半信半疑地出门临轩观望，只见飞蝗遮天掩日，不见首尾。真宗被吓得忧形于色，意甚不怿，立刻下令撤膳应灾。自此，竟忧郁成疾。

罢相选相

担任相位已经有很长一段时间的王旦，自"天书"、封祀之事发生后，对赵恒更是多加阿谀奉承，很少有谏诤，如果有什么事没有让赵恒完全满意，哪怕只是一丁点的不合他意，王旦就开始寝食不安，提心吊胆的，生怕自己地位不保。在处事决政方面以"务遵法守度，重改作"为方针，洁身自好。然而，这时候的朝政已经开始衰败，灾害异常严重，他也是有心而无力，最终于天禧元年（1017）七月以自身疾病为由辞去了相位之职。

相位空缺后，真宗没有多想就擢王钦若为相，这下把王钦若都快捧到天上去了。王钦若拜相后不久，首先就是不断地排除异己。曾经参知政事的王曾因为和他有些前隙，便第一个被排挤出朝。还有参知政事的张知白因和他议事各有分歧，多有不合，也被排挤，罢知天雄军（今河北大名）。三司使李士衡因前任河北转运使时，屡献金帛助祀邀功而一直得到真宗的青睐，也被他视为眼中钉，拔得越快他才越安心，于是他借着真宗对自己的信任，时不时地暗进谗言，阻止真宗重用李士衡。

当然，朝中也并不缺乏正义之人，只要不是太过分的，那些正义的人也是睁一只眼闭一只眼，毕竟现在的朝政已不如从前，更多的还是为自己考虑。但王钦若实在太过专横了，引起朝野的强烈不满，尽管他是真宗面前的红人，也还是遭到谏官弹劾。之后又有人立即上书揭露他卖官鬻爵，这下王钦若有些心慌了，做贼心虚啊，毕竟他们上书的也都是事实，只是没想到他们竟然会下手这么快而已，把他陷入如此难堪之处。

尽管如此，王钦若还是及时整理好自己的思绪，毕竟他在做那些事之前肯定也早就想到自己总有一天会面临这些困难的，只是没想到这么快而已。于是，他直接面见真宗开始为自己辩解，并请求让御史台为他辩诬，希望能还自己一个"清白"。

真宗以"国家置御史台，固为人辨虚实"为辞，不允。紧接着，又有人向真宗告密，揭露王钦若家藏禁书。真宗面对接二连三的告发，不得不重视该问题，对于此事他的心情也是不太好，毕竟王钦若曾是自己信任的宠臣，没想到会有这么多自己不知情的事。于是他召问王钦若，事实摆在眼前，王钦若也是百口难辩。正所谓邪不压正，真宗见王钦若都招认了，也就没什么好说的了，于是便罢免了王钦若的相位之职，并将他出判杭州。

迷信昏聩

王钦若罢相后，真宗思来想去，也没有决定到底该选谁来坐这个相职的位置。突然想起王旦辞相位时的举荐，把久在朝外的寇准召拜为相，以丁谓为参知政事。

丁谓是个善于揣摩人意的人，依靠对真宗的极力讨好和逢迎，青云直上。耿真的寇准对这样的人向来是没有好感，可以说是非常厌恶。然而无奈的是，他们还是同朝为官低头不见抬头见的"同事"。水火不容的他们，都看对方不顺眼。丁谓对寇准老是破坏他的好事而怀恨在心，于是他便想办法除掉这个肉中刺，他串联早就对寇准心怀不满的曹利用等，合谋伺机排挤寇准。

寇准并没有因为他们对自己排挤而服软，依旧坚持自己的原则。对的就是对的，错的就是错的。对的该赏，错了就该罚。即使在朝廷中议事时面对来自各方的压力，他仍坚信自己只要正义不倒，那么便没有什么可以压倒他的。

面对寇准和丁谓他们的明争暗斗，真宗也是睁一只眼闭一只眼。虽然丁谓很讨得自己的欢心，但是这位被罢相又被自己重新推上相位的寇准，也并不是没有道理，就是说话太过耿直，不那么讨人喜欢而已。俗话说忠言逆耳,这话果然不假。要是真宗没有患病,一直都是这样睁一眼闭一眼,或许寇准就不会再次被罢相了。然而事实并不是那么的如人所愿,要都是这样的话,那么历史或许就该改写了。

皇帝都会贪心,希望自己能长生不死,可以永远享受这种生活,真宗也不例外。他也希望有人能够炼出长生不死的丹药,经常求神拜佛。自从真宗患病之后,更加迷信。虽然他曾经说过:"古人多言祷神可以延福,恐未必如此。"这时却不断幸遏宫观,拜神求佛,乞求神祇保佑。但是,现实中,却又是倒在神佛的脚下。

天禧二年三月,永兴军巡检使朱能奏报"天书"降于乾佑(今山西柞水)山中,赴京城恭献。这个时候的赵恒对此仍崇信不疑,备列仪仗,亲到琼林苑,奉接"天书"入宫,大赦天下,普度道释童行,广建道场祭天祀地。复在天安殿召见来自京城及各地庙观寺院的道尼僧徒一万三千余人,赐以大量的药银大钱,让他们为自己祈福延寿。同年八月,立皇子赵祯为皇太子。从此援引每三、五单日监斩听政的旧制,对诸臣所奏军国大政敷衍应付,其余时间都是避居深宫,沉溺于丹鼎。皇后刘氏借此机会渐渐专权于政。

深明大义的寇准于是奏请真宗:"皇太子渐已成人,人望所属,愿陛下思社稷之重,付以神器,以固万世根本。丁谓为人奸佞,不可以辅佐少主,请择方正大臣以为羽翼。"真宗一听,觉得也有道理,便点头答应。不料此事被狡猾奸诈的丁谓探知到了,丁谓急忙找钱惟演等,通谋刘皇后,向真宗进谗言,反说寇准专权,图谋不轨。真宗患病后,事多健忘,这时竟把与寇准的前番谈话给忘得一干二净了,便轻信了丁谓等所言,又一次罢去寇准的相位之职,然后擢参知政事李迪为相。

两起两落,让这位已经不再年轻的寇准,心情倍加复杂。可又有什么办法呢?

不久,丁谓又和真宗的亲信宦官、入内副都知周怀政产生矛盾。真可谓山不转水转,你想害别人,也会有其他人想害你的。周怀政也早就看丁

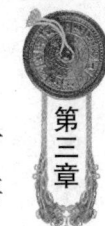

第三章 少有大志的皇帝——宋真宗赵恒

谓不顺眼了，于是便同客省使（掌契丹、高丽国信使见辞宴赐及四方进奉、四夷朝觐之事）杨崇勋等人合谋，想要把丁谓除掉，恢复寇准的相位之职，废掉刘氏皇后，奉真宗为太上皇，传位太子。并商定于天禧四年七月二十五日起事。

然而，天有不测风云，就在发生政变的前一天晚上，胆小的杨崇勋竟然临战畏惧，把他们的计划告诉了丁谓。丁谓闻变，身穿便服，乘坐妇人轿车快马加鞭地急找枢密使曹利用商量对策。第二天天亮，曹利用即进宫上奏真宗。周怀政正要部署起事，突然闯进一队卫士，将他逮捕，与此同时，周怀政的同谋者也一一被抓。刘皇后亲自审问了周怀政等人，并把此事奏告给真宗，将他们斩杀于城西普安寺。狡诈的丁谓借此大兴冤狱，不断排除异己。与周怀政有过联系并献"天书"的永兴军巡检使朱能听说丁谓要派兵抓他，自缢而死。寇准也被贬为道州（今湖南道县）司马。

自此之后，丁谓更加嚣张跋扈，更加专权，但凡是不奉承自己的人，立即被加上一个大大的"寇党"之帽，轻者贬官，重者流放。此时真宗的病也是日渐危重，不仅喜怒无常，而且变得更加健忘，经常语言错乱，头脑不清。看来那神佛并不可靠啊，不然他的病也应该早就好了吧。寇准被贬后，他还问左右说："我为什么久不见寇准？"左右害怕丁谓的权势，竟无人敢应答。

李迪被罢免相职之位后，真宗又想让王钦若来顶替李迪之前的位置。而丁谓却矫旨除王钦若使相、西京留守，出判河南府。真宗只是听说了王钦若已经被授予新官，但具体任的什么官，他却并没有再问。或许是病得太严重，也或许是没有精力再管这些了。天禧四年（1020）十一月，真宗的病更加严重，已经不能再亲临朝政了。只好命皇太子监国，但考虑到10岁的皇太子年纪尚小，便命刘皇后和太子同莅国政。又命在京城景灵宫中建万寿殿，让道尼、僧徒日夜不停地为自己祈祷，以求长命。

次年正月，改元乾兴。真宗带疾在东华门看灯，没料到回去后就卧床不起，到二月十九日驾崩于延庆殿。十月，葬于定陵（在今河南巩县），谥曰"文明武定章圣元孝皇帝"，庙号真宗。改元5次，在位前后共计26年。公元1047年，加谥号"膺符稽古神功让德文明武定章圣元孝皇帝"。

第三章 少有大志的皇帝——宋真宗赵恒

第四章

一代明君——宋仁宗赵祯

帝王档案

☆姓名：赵祯，原名受益

☆民族：汉族

☆出生日期：公元 1010 年

☆逝世日期：公元 1063 年 4 月

☆配偶：郭皇后，慈圣光献皇后曹氏，追封张贵妃为温成皇后

☆子女：3 子都早亡，13 个女儿，早亡了 9 个。

☆在位年数：41 年（公元 1022 年 3 月 23 日~公元 1063 年 4 月 30 日）

☆继位人：养子赵宗实

☆庙号：仁宗

☆谥号：体天法道极功全德神文圣武睿哲明孝皇帝

☆享年：54 岁

☆陵墓：永昭陵

☆生平简历：

公元 1010 年，出生。

公元 1016 年，在真宗专门为他修建的"资善堂"里学习。

公元 1018 年，立为皇太子，赐名赵祯。

公元 1022 年，即帝位，时年 13 岁。

公元 1033 年，改元"景祐"。

公元 1039 年，收复西夏。

公元 1044 年，与元昊共抗辽，赐纳和患。

公元 1062 年，立养子宗实为太子。

公元 1063 年，驾崩于汴梁皇宫，享年 54 岁。

人物简评

从传奇身世到学政执政，一路走来都是风风雨雨，性格随和的他对外屈辱求和，使阶级矛盾更加尖锐。但他也想过要好好整顿王朝，大力改革，听取众多大臣意见，推行"新政"。可惜的是，在推行新政不久，就受到顽固派的干扰，让刚刚萌芽的新政还没来得及发挥它的作用便被扼杀了。虽然他在位的时间很长，却并没有什么作为。但他拥有宽怀仁慈的爱心，让民众都对他拥有崇高的敬意，也可以说是一个真正的仁君。

生平故事

狸猫换太子的身世传说

关于仁宗赵祯的身世，有一段神奇而凄美的故事流传至今，几乎妇孺皆知，家喻户晓，这就是有名的"狸猫换太子"。

宋真宗在位时，郭皇后接连生了三个儿子，也有其他后妃为他生有两子，然而不幸的是，这些皇子都早殇。望子心切的真宗，忧心如焚，处于无人继承皇位的难堪之中。幸运的是，当时真宗的三位妃子中，刘妃与李妃都已经怀有身孕。很明显，她们俩谁会被立为正宫，就看谁生了儿子。

表面谦和却有心计的刘妃，为了让自己能够当上正宫娘娘，她想出一个移花接木、李代桃僵的计策。

仁宗的生母李氏原本是在刘妃身边当侍女，长得有些姿色，面容婉丽，性情比较柔和。真宗见她举止得体，知书识字，便不顾大家的反对硬是把她纳为妃子。为人厚道的李氏，向来都是与世无争，这或许是跟她随和的性格有关吧。或许是上天怜悯这位与世无争的女子，也或许是想给这位女子一个考验，得宠的她很快就有了身孕，但同时，一个令人心惊胆战的阴谋也跟随而来。

刘妃同宫中一个总管太监秘密策划，准备在李妃分娩时让事先安排好的接生婆用一只剥去皮毛的狸猫换走刚出生的孩子。不知是天意还是命中注定，这位李妃在分娩时恰巧因出血过多而昏厥过去。本来接生婆还在担忧到底什么时候下手，偏偏又碰到如此良机，接生婆想都没想就用血淋淋、光油油的扒光皮的狸猫迅速地换走了刚出世的王子。

接生婆又立马将刚刚换出的王子交给了刘妃事先安排好的一名宫女，并让该宫女勒死他。世间还是善良的人多，或许是这个宫女突然良心发现，不忍心把这个刚刚出生的婴儿害死，于是便偷偷地把王子交付给宦官陈琳。陈琳又将王子装在一个提盒中悄悄送到了南清宫抚养。

另一边，有人急奔着把李妃生下怪胎"狸猫"的消息告诉真宗。真宗一听如晴天霹雳，这好不容易盼到能有个儿子，却没想到会收到这样的信息。于是他半信半疑地来到李妃的寝帐前，一眼就看到光溜溜的狸猫，心中的疑惑全都在看到狸猫的那一刻烟消云散了。事实摆在眼前，他想不相信都不行，一气之下将其打入了冷宫，可怜的李妃一下从天堂掉入了地狱，对于自己眼前所看到的，自己也是吓了一大跳。但她坚信自己确实是生的王子而不是狸猫，因为她明明有听到小孩的哭声，没想到自己昏过去再醒来时，等待她的却是如此无情的一幕，如同梦幻一般。此后，李妃产下了一个妖物一下传遍了大江南北。

没过多久，刘妃也临产了，令人开心的是她也生了个儿子，而且这是真宗"唯一"的儿子，理所当然应被立为太子，皇后的位置也应该是刘妃的了。然而，上天是非常公平的，并没有让刘妃高兴多久，正所谓多行不义必自毙，刘氏的儿子在六岁那年不幸夭折。

刘后在自己的儿子死后，并没有就此罢休，不甘心的她不愿意就这样失去皇后的位置，她想起了李妃的儿子，开始追问孩子的下落。俗话说，世上没有不透风的墙，当刘后知道李妃生的儿子还没有死时，就想尽办法将他收来抚养，并用尽一切手段让他成为太子。

有一天，太子在寒宫偶遇了生母李妃，但彼此之间却是相逢不相识，

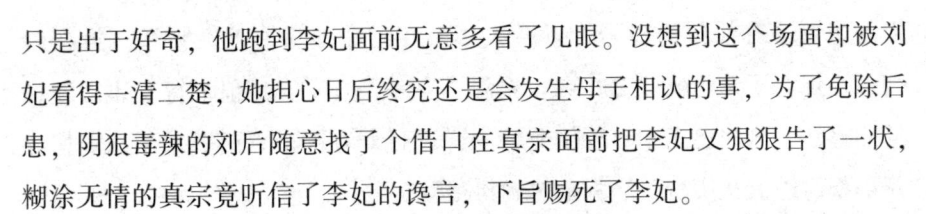

只是出于好奇，他跑到李妃面前无意多看了几眼。没想到这个场面却被刘妃看得一清二楚，她担心日后终究还是会发生母子相认的事，为了免除后患，阴狠毒辣的刘后随意找了个借口在真宗面前把李妃又狠狠告了一状，糊涂无情的真宗竟听信了李妃的谗言，下旨赐死了李妃。

或许是李妃命不该绝，她的不幸遭遇得到了太监与宫女们的同情，他们不愿意如此善良温和的妃子就这样被奸人所害，有一个宫女愿意替李妃殉难，并悄悄放出李妃。另一好心的太监愿意把李妃接出，送往陈州。李妃就这样在好心人的帮助下得救了。但那些救她的宫女以及太监却难逃毒手。

虽然李妃顺利逃出了魔掌，但一直深居皇宫的弱女子，如今孤身一人在外漂流，必然会吃尽苦头。幸运的是，此时的包拯正在陈州放粮，得知实情后，与李妃假装认作母子，将李妃带回开封府。此时，宋真宗早已因病去世了，李妃的儿子赵祯终于如愿以偿地做了皇帝。包拯又趁进宫向仁宗及皇后贺寿的机会，把李妃带进宫中，已双目失明的李妃这才得以和自己的亲生儿子仁宗见面，并说出了事情的真相。当仁宗得知自己的身世后，其震惊程度无异于天崩地陷，没想到自己曾经多看了几眼的妃子竟是自己的亲生母亲。最令人悲痛的是，此时的李妃双目失明，根本就看不到自己儿子的模样，而仁宗也由于悲伤过度竟然连一声母后都没能喊出来。所幸，事情已经真相大白，失散多年的母子终于相见了。

后来，亲自审理此案的包公，严查真相，太监总管陈琳供出了实情。就算是已经做了太后的刘氏也无力回天，当她知道自己的那些不可告人的秘密已经露馅时，竟然被活活吓死了。

从"学政"到亲政

赵祯传奇的身世之谜，到底是真是假，但凭各人意愿。也有人是这样说他的身世的：赵祯初名受益，降生以后，举宫欢庆。特别是真宗，有种把他含在嘴里怕化了，拿在手里怕掉了的感觉。由于真宗前五子都不幸夭折，受益作为唯一继承人，还不满5岁的时候，真宗就采纳了朝中诸位大臣的建议，对他封爵建号，以系人望。并授命他为左卫上将军，封庆国公，还规定了月给俸钱200贯。受益7岁时，真宗又为他举行了非常隆重的加冠礼，再授忠正军节度使兼侍中，进封寿春郡王。诏书一下，宋朝各州郡都纷纷上状庆贺，当真是热闹得很啊。

大中祥符九年（1016）三月，真宗命令在皇城内元符观以南，专为受益建造了一座读书学习的学宫，名为"资善堂"。任命宦官入内押班、周怀政为学宫都监，宦官杨怀玉为伴读，河北转运使张士逊、左司谏崔遵度被任命为受益的启蒙教师。此后，受益开始接受正规而严格的儒学教育。

天禧二年（1018）二月，真宗再次采纳了宰辅向敏中、王钦若等人的谏言，以升州（治今南京市）为江宁府，设建康军，作为受益的封地。同时授受益为建康军节度使，并加官太保，封为升王。直昭文馆张士逊、直史馆崔遵度被命为升王府谘议参军，直史馆晏殊为记室参军。天禧二年八月，真宗在崇政殿召见了宰相向敏中等人，出示陈执中的《演要》，决定立皇太子。八月十五日，真宗下诏，升王受益被立为皇太子，并赐名祯，增月俸为2000贯。同时张士逊、崔遵度等被任命为东宫官吏。九月，又举行了非常隆重的皇太子册封礼，赵祯就这样被正式确立为帝位的继承人。这年，他还只不过是个9岁的孩子而已。

乾兴元年（1022）三月，真宗在延庆殿因病逝世，赵祯奉遗诏登基为皇帝，年仅13岁。

宋仁宗赵祯继承皇位之后，奉遗诏尊刘皇后为皇太后，杨淑妃为皇太妃，军国大事则与皇太后一起听奏处理，事实上，军政大权已经完全被刘太后掌控着。宰相丁谓等人对刘太后也极尽阿谀奉承之能事。宰臣们草拟了太后听政的诏制，初次拟定"军国大事兼权皇太后处分"。丁谓主张提出去掉"权"字，而副相王曾却力争不可。

王曾还援引旧制，主张皇帝和皇太后每隔五日一起御承明殿听政，皇帝位在左，太后位在右，以此垂帘听政。丁谓却提出，宋仁宗每逢初一、十五要接见大臣，凡军国大事由太后和宋仁宗一起召见大臣；非军政大事则由内侍雷允恭传达内外（也就是说由太后来决定）。最后，还是丁谓的意见被采纳。

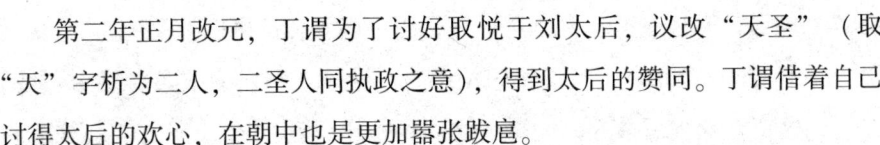

　　第二年正月改元，丁谓为了讨好取悦于刘太后，议改"天圣"（取"天"字析为二人，二圣人同执政之意），得到太后的赞同。丁谓借着自己讨得太后的欢心，在朝中也是更加嚣张跋扈。

　　丁谓的那些所作所为很快激起了朝野的愤慨。当时京城流传着这么一句话："欲得天下宁，当拔眼中钉（丁谓）；欲要天下好，莫如召寇老。"不料，此话不经意传到了刘太后的耳朵里，太后开始对丁谓有些不满意。没过多久，王曾借雷允恭擅移真宗陵穴一事，奏明刘太后，说是丁谓和雷允恭互相勾结，包藏祸心，图谋不轨。太后听后非常生气，把雷允恭给杖杀了，将丁谓贬置河南府（今河南洛阳），又贬崖州（今海南崖县）。就连丁谓所亲信的参知政事任中正、刑部尚书林特等人，也先后被贬。王曾被擢与冯拯为相，权知开封府吕夷简、龙图阁直学士鲁宗道被擢为参知政事，任副相。宋仁宗也改为每逢三、五同太后一起御承明殿听政。

　　年幼的宋仁宗对于当时朝廷中所发生的变故，既没有过问，也没有兴趣，除了陪太后例定的坐朝听政外，仍专心致志地练他的书法，以至于他后来的飞白书，体势遒劲，颇有功力，在宋代皇帝中，他称第二，没人敢称第一。

　　伴随着岁月的流逝、年龄的增长，宋仁宗也是逐渐成熟起来，处事方面开始有了自己的主见与思想，不再是从前那个贪玩不懂事的小孩了。从乾兴元年（1022）起，他开始着手学习亲自处理一些政事，开始慢慢摆脱太后的约束与管制。15岁时，由太后做主，为他立前勋戚郭崇的孙女郭氏为皇后，这让他相当不满。因为此时的他正与和郭氏一起入宫的张氏在热恋中。他为了表明对太后专擅的不平，疏远郭氏，进张氏为才人，又进为美人，来向太后示威。刘太后掌权的时间太久，百官群臣对于太后的独断都感到害怕，很多人都不敢说朝政的得失，就算是敢言之人，太后也不会给他机会的。

　　后来宋仁宗借唐代设匦函（在朝堂设一小匣子，让进书言事者投入）的故事，与参知政事共同商议，禀明太后，特诏设置了理检使，由御史中丞兼任，职掌上诉朝廷的冤枉之狱和有关谏奏朝政得失的上书。明道元年（1032），又诏设置谏院，知院官规定由皇帝亲自任命差遣。凡朝政阙失、三省至各官署事有违失、大臣至百官任用不当等，都可以上书谏正。

天圣七年（1029），担任秘阁校理的范仲淹上书，请刘太后撤帘归政，没想到这正是刘太后最忌讳的事，之后他被出判河中府（今山西永济蒲州镇）。第二年，担任翰林学士兼侍读学士宋绶上书，建议除军国大事外，其他都由宋仁宗独自处理，又反太后之意，被贬为知应天府（今河南商丘南）。接着再有林献可、刘涣等人先后上书，极力申请太后还政，像这样接二连三的事情，直接引动了刘太后的肝火，把他们全部都远贬岭南。对眼前所发生的这一切，宋仁宗都是看在眼里记在心里，尽管没有明确表态，但心中已经大大增加了对太后专擅的不满。

明道二年（1033）三月，刘太后病卒，遗诰宋仁宗尊皇太妃杨氏为皇太后，听政如旧规，军国大政同杨太后一起裁处。没想到刘太后快死时，还会留这样的遗诰，还好最后在宣布刘太后遗诰时，把"皇帝与太后裁处军国大事"一语删去了，只存后语。杨太后退居保庆宫，被称为保庆皇太后。至此，宋仁宗才知道宸妃李氏是自己的生母，李氏被追尊为皇太后。宋仁宗从此结束了他的儿童皇帝生活，开始独立主政。

赐纳和患

自从宋仁宗亲政之后，首先就是大力改革，大规模地进行人事调整。首先他把内侍罗崇勋等人罢黜了，接着又把刘太后所亲信的人如枢密使张耆、枢密副使夏竦和范雍、参知政事陈尧佐和晏殊等人，全都贬为外官。当时的宰相吕夷简虽然也是极力协助宋仁宗，但因被怀疑曾阿附太后，也罢去了相位之职，被贬出判陈州（治所在今河南淮阳）。他重新起用了张士逊、李迪为相，任用翰林侍读学士王随、权三司使李谘共参国政。那些因劝太后撤帘归政而被贬的人也先后被擢重用，例如：范仲淹、宋绶、孙祖德等人。

明道二年（1033）十二月，因为连年旱蝗天灾，有人提出应改元以应天变，导迎和气。还有人提出，明道之前，之所以建元天圣，都是当时丁谓为了取悦于刘太后而改的。后改明道，"明"字日、月并列，义与天圣

相同，也应改元。于是宋仁宗下诏，明年改元"景祐"，对于刘太后擅自做主为他立郭皇后的事情，始终让他耿耿于怀。因此宋仁宗最终还是以郭后没有子女为由，把郭氏废除为尼，幽居在长宁宫。本没有错的可怜的郭氏就这样长居在长宁宫，政治婚姻本就没几个有好结局的，她也只是一个牺牲品而已。范仲淹也因谏而被贬为外官。

郭皇后被废之后，宋仁宗专宠尚氏、杨氏等人，整天沉溺于酒色之中，钟鼓弦乐之声，日夜不断，闻于宫外，而渐疏政事。被宠的尚氏等人竟然在后宫通过"教旨"来发号施令，最终，宋仁宗因酒色无节制而患病。一时间宫廷谣言不断，流布道路，朝议无不为止大哗。百官群臣以国事为忧，纷纷上书，要求严整后宫，杨太后也多次劝宋仁宗应该要立后宫之主。直到景祐元年（1034）九月，仁宗才诏立刚刚入宫的前勋臣曹彬的孙女曹氏为皇后，后宫之争终于暂时平息下来。

没想到一波刚平一波又起，"内忧"刚刚平息下来，"外患"就接踵而至。这时，宋朝的西邻党项政权飞快地发展起来。景祐五年（1038）十月，正式称帝的元昊，建国号大夏，改年号"天授礼法延祚"，并设官立职，改定兵权，创制文字、修订礼仪制度，完成了建立西夏建国的巨大事业，成为了宋朝西邻中最强大的竞争对手。

宝元二年（1039）四月，为了想让宋朝承认夏国，册封帝号，元昊便派人前往宋朝，打探宋朝的动静。宋仁宗和群臣久议不决，一直到同年六月，才决定把宋封元昊官爵削去，并备兵对夏征讨。没料到的是，同年十一月，元昊竟先发制人，率先派兵入侵保安军（今陕西志丹县），分3万兵力围攻承平寨（今陕西延安西北），并放出风声说还要攻入宋朝西部的边防重镇延州（今陕西延安）。

宋军在延州之战中损失惨重，关辅震动。忧心忡忡的宋仁宗，急召诸臣商讨对策。迫不得已，宋仁宗又将主战的韩琦起用为陕西方面的统帅。结果韩琦又举荐了范仲淹。范仲淹接到命令后立即抵达延州，率兵攻打西夏，最终收复了失地。

宋军稍获胜利，掉以轻心的宋仁宗以为元昊已经害怕宋朝了，便又派人悄悄潜入西夏，挑动西夏自相残杀，希望能坐收渔人之利。这个举动让元昊十分恼怒，于庆历二年（1042）九月，又一次大规模的出兵犯宋。

宋仁宗派镇戎军守将葛怀敏率军奋力抵御，没料到在定川寨（今宁夏固原西北）被夏军围攻，阵乱溃败，部伍相失，死伤兵士9400余人，战马损失600余匹。夏军乘胜直驱渭州（今甘肃平凉），结果方圆数百里内，庐舍扫荡一空，全部焚烧，居民遭掳。

夏军经过定川的胜战，尝到了甜头，声势也是日益渐涨，宋军益衰，事情到了这种地步，宋仁宗只好谋求与夏议和，密诏知延州庞籍谕意元昊，说只要西夏能够息战称臣，尽可保留其帝号、国号。直到庆历四年（1044），元昊迫于辽朝的进攻，急于与宋共同抗辽，才答应俯首称臣，与此同时还提出了巨额"岁赐"。宋仁宗看到西夏能够称臣已经是相当不容易了，急忙回书元昊说："俯阅来誓，一皆如约。"元昊的求和条件就这样被宋仁宗答应了。这年十月，宋夏和约达成，夏其实只是对宋保持在名义上称臣，而宋也是及时册封了元昊为夏国的国主，并每年"赐"夏银5万两，绢13万匹，茶2万斤，并另加一些节日上的"赏赐"。夏宋之间的战争总算是得到了暂时的议和，虽然宋朝为此也付出了不少的代价。

在宋夏胶着困战的同时，北方的契丹政权也对宋朝抱有觊觎之心，正虎视眈眈地等着合适的机会，一举歼灭宋朝。亲政后的宋仁宗，曾经采纳过知成德军刘平的一些建议，密敕河北沿边广植树木、复建水田，以防备辽骑突然入侵。

景祐元年（1034），以祭天为名的契丹，把军队屯结在宋辽的边境，做好了随时出兵侵宋的准备。宋仁宗听到此消息后，立即命河北整饬军备，调夫役尽快地修治河北沿边城池、关河壕堑。

庆历二年（1042）初，契丹大军压境，派人面见宋仁宗，质问宋朝出兵伐夏和增修边防，要挟宋朝把后周时所收复的瓦桥关以南的十县之地割让给契丹。右正言富弼奉宋仁宗之命出使契丹，提出或增"岁币"或和亲议和。经过多次的交涉，契丹方面才勉强答应不割地，只增纳岁币重订和好。富弼力争不可言"纳"，而契丹方面则坚持或称贡，或称献，或称纳。最终，宋仁宗还是屈服于契丹的意思，许称"纳"字而和。这年十月，双方签订了和约，以后宋朝每年都要增纳契丹银十万两，绢十万匹。狡猾的契丹，明显是趁火打劫，趁着宋朝困于西夏的时候，没费一兵一卒，凭空取得了巨额的贡纳。这对宋朝来说，无异于又是一次"澶渊之盟"。（早在宋真宗时，就在今河南濮阳的澶渊与辽签订了屈辱和约，史称"澶渊之盟"）

夭折的新政

景祐二年（1035）二月，知兖州范讽被人弹劾，李迪、吕夷简奉宋仁宗之命处理此案，然而吕夷简却暗奏宋仁宗，说李迪党庇范讽。没想到宋仁宗不分青红皂白，直接罢免了李迪的相职之位，复擢枢密使王曾和吕夷简同相，事实上，由吕夷简独揽大权。吕夷简竭力奉承宋仁宗天下大治的太平心理，极意粉饰，一味迎合，使宋王朝更陷入日益加重的统治危机之中。

亲政后的宋仁宗，效法唐太宗"天下英雄入吾彀中"的做法，广开仕路，每届科举入取名额竟多达上千人。也是从这时起，"殿试不黜落"成为一种不成文的规矩。由于取士人数的日益增多，恩荫无节，再加上外戚、内臣之类，进无辍止，使得本就多官多吏的局面日趋严重。在和西夏的交战中，屡屡战败的宋军，所任的边将却越来越多。为备辽御夏，又不停地扩充军队，让军员比真宗时的 40 万，猛增了一倍多。因此，忧国忧民的朝野之士越来越为国家的兴亡、宋王朝的前途而担心，他们纷纷上书，强烈要求变革图强。其中的突出人物就是范仲淹。

现实的严酷让宋仁宗也隐隐地嗅到了统治危机，开始有意着手更张政事，革除弊端。他想到了极力主张变法革新的范仲淹、欧阳修、余靖等人。于是庆历三年（1043）三月，增加谏官人额，选拔集贤校理欧阳修、余靖以及都官员外郎王素等人，供职谏院。四月，长期被贬外官的范仲淹、韩琦也被擢任为枢密副使。七月，复迁范仲淹参知政事，以翰林侍读学士富弼为枢密副使。并亲赐范仲淹等人手谕，让他们条奏当世急务，并诏谕各地守臣，凡民间疾苦、有利国家之事，务公心咨访奏闻。九月三日，还在天章阁召见范仲淹、富弼诸臣，赐坐和笔札，令他们疏奏革新

第四章 一代明君——宋仁宗赵祯

政事。

范仲淹不久便上了《答手诏条陈十事》的奏疏，提出了十项改革主张，即明黜陟、抑侥幸、精贡举、择官长、均公田、厚农桑、修武备、减徭役、推恩信、重命令。与此同时，富弼、欧阳修、余靖、韩琦等人也相继提出一些改革建议。对于这次大改革，宋仁宗对他们的建议也是真心地一一采纳，尔后颁发诏令，大力推行这些主张与建议，名为"新政"。

"新政"在宋仁宗的极力支持下逐步实行。正所谓，万事开头难，新政的实施从一开始，就遇到朝廷中保守势力的强烈反对。在谏官王素、欧阳修等人上疏建议改革弊政之时，翰林学士苏绅就严厉指斥他们是"虚哗溃乱"、"谋而僭上者"。特别是反对派为抵制新法顺利实施，借宋仁宗最忌讳、几次下令申禁的"朋党"一事，掀起了波澜。吕夷简被罢相后，曾起用判蔡州（今河南汝南）夏竦为枢密使。任职不久的夏竦，遭到谏官余靖、欧阳修等人的弹劾，宋仁宗便罢免了夏竦，以枢密使杜衍代之。

同时，一部分人的既得利益被"新政"触及了。假如真的要实行"明黜陟"、"抑侥幸"，一大批贪官污吏与高官贵勋的利益会因此而受到严重的损害，这当然不是他们愿意看到的，为了保证自己的利益，致其首先发难，毁谤新政，而且愈演愈烈。再加上朝中"朋党"之论更是如雷贯耳，让本就对新政有些疑虑的宋仁宗更加动摇。而以王伦为首的兵变起义又在京东地区发生了，陕西地区发生了以张海、郭邈山等领导的农民起义，还有不少地方发生蝗旱之灾，这些都让宋仁宗很头痛，把实施新政也与此联系起来，推行新政的信心渐渐丧失，最终竟然决意牺牲革新派，而向反对派妥协。

似昙花一现的"庆历新政"，就这样夭折在宋仁宗的手里，跟随而去的还有他立志图强的信念。要是他坚持把新政走下去，或许宋王朝就不会沿着之前的老路勉强地继续走下去。

荒政民敝

真是屋漏偏逢连夜雨,一波未平一波又起,正当宋仁宗困扰于朝廷的内部矛盾时,又传来了让他更为震惊的消息:庆历七年(1047)十一月二十八日,贝州(今河北清河)宣毅军发生了王则领导的起义。在贝州城下遭到义军顽强抵抗的宋军,损兵折将。宋仁宗又派宦官携带敕榜招安义军,也遭到了王则的拒绝。一个月过去了,起义依然没有被平定,带着十分忧虑的心情的宋仁宗不禁慨叹说:"大臣没有一个能为朕分忧解难的,天天上殿又有什么意义?"参知政事的文彦博主动提出赴河北镇压起义,这才使焦虑的宋仁宗略感安慰。

庆历八年(1048)正月初,文彦博奉宋仁宗之命为河北宣抚使,明镐为副,倾尽全力急速攻打贝州城。军校刘遵的建议被文彦博采纳,以大军急攻北城,乘义军不备,在南城墙下挖凿地道,选精锐士卒潜入城门,打开了城门,宋军纷涌入城。王则看到宋朝加大了兵力,先用火牛不断地冲击宋军,想借机突围,最后因寡不敌众,大部分义军在突围中战死,王则、张峦、吉卜被俘,押解京城后直接被杀。至此,坚持了两个多月的起义以失败告终。宋仁宗下令州郡大索"妖党",被抓逮的人不计其数。

在贝州兵变之后,庆历八年闰正月十八日夜,宫廷卫士又发生了一场叛乱,让好不容易才稍稍平静的宋仁宗更加惊心丧胆。这天夜里,宋仁宗在曹皇后的宫中休息。到半夜时,崇政侍卫官颜秀、郭逵、王胜和孙利等人,趁夜深人静之时,杀死了正值班的守宫军校,并夺得了兵器,悄悄越过延和殿,直奔宋仁宗的寝宫。宋仁宗被宫女的叫喊声惊醒了,惶恐不安的他立即披衣下床,连鞋子都来不及穿就直往门口逃避,却被曹皇后从后抱住。曹皇后赶紧把门阖插紧,急呼宫人召侍兵入内,内侍宦官们也被紧急动员起来。颜秀见势,与郭逵等纵火而撤。逃走时,被蜂拥而来的宫卫、宦官等团团围困。无奈之下的颜秀、郭逵等挥刀拼命与之展开异常激烈的搏战,最终全部战死。

宋仁宗在惊恐之余大兴狱事。皇城司以及相关官员，全部以失职罪而多遭贬谪。宦官与后阁侍女中被怀疑跟颜秀之变有联系的，也全部被处死。尽管如此，宋仁宗仍然不放心，每到夜晚就心悸的他还命人把宫中临近屋檐的大树全部伐倒，重新缮治了城垣，整修门关。前宫后殿也令养起了狗，看来这次他是真被吓得不轻啊。

政荒民敝，已经让宋仁宗困扰不堪，而皇位继承人更令他心焦。宋仁宗15岁时，刘太后就给他立郭氏为皇后，又选了不少的美女来充盈后宫，然而，在此后的十几年中，竟没有一位嫔妃为他生出皇子。直到宝元二年（1039），苗美人为他生得皇子，当时满朝喜悦，宋仁宗还亲自为儿子起名为昕，并封爵加官。不料赵昕只活了一年半便不幸夭折。

在庆历元年（1041），朱才人又为宋仁宗生子，赐名曦，封鄂王，没想到还没到三岁又夭亡了。当时朝廷内外最关注的大事之一就是皇嗣，故而发生了有人冒充皇子的事件。

嘉祐六年（1061）闰八月，知谏院司马光上书，复以早定继嗣为国家至大至急之务陈言，继之面见宋仁宗力请。听闻司马光所说，宋仁宗深深地陷入了沉思：几年来群臣百官密请立储的奏疏接连不断地送进宫来，此事事关重大，不得不开始慎重对待了。这才对司马光道："爱卿的意思是不是让朕选宗室为嗣？"司马光并没有正面回答，而是说："臣言此自知该死，但还望陛下虚怀听纳。"宋仁宗却故作漫不经意地说："没关系，这样的事自古以来就有。"九月，司马光、殿中侍御史里行陈洙、知江州吕诲等人再连章固请，乞选宗室之贤立以为后。被逼无奈的宋仁宗只好说："立嗣的事情，朕已经留意很久了，只是一直未得其人。"然后环顾左右问道："到底谁可为嗣？"韩琦便上前奏道："此事非臣等敢私议，还请陛下自择。"这时的宋仁宗不急不慢地说："朕在宫中尝养二子，小的虽纯不慧，就立大的吧！"韩琦请宋仁宗指其名。宋仁宗说："就是宗实。"至此，立嗣之事总算是定下来了。

嘉祐七年（1062）十二月，困扰宋仁宗多年的立皇子的事情总算解决了，这也让他心情稍得宽慰。还对众臣说："如今天下太平无事，朕欲与众卿共享今日之乐，一醉方休。"

他最大的人格魅力是宽容、仁慈

第四章 一代明君——宋仁宗赵祯

性格随和的宋仁宗，整理政事也比较宽松，终其一朝，豪杰名士备出，大腕云集。比较著名的有范仲淹、司马光、王安石、包拯、苏轼、苏辙、晏殊、欧阳修、文彦博、狄青等。爱好文学和练字的他，在历史上留下了不少的文笔宝墨。由于当时的名人较多，翻看史料，随处也都可以看到颂扬宋仁宗的文章，他虽然没有多大的作为，但也都认为他基本上当得起其庙号的"仁"字，堪称名副其实。

仁宗还是一个注重感情的人，情商颇高。所以他能笼络人心，让那些文臣武将都愿意为他卖命，哪怕是被贬又被提过的范仲淹，自始至终，他的一颗心都朝着仁宗，愿意为他赴汤蹈火，在所不辞。

仁宗之所以不喜欢郭皇后，一是因为这是太后给自己张罗的，二是因为郭皇后脾气暴躁，骄横跋扈，经常给仁宗捣乱，带来极大的麻烦。最后仁宗实在忍无可忍，再加上太后也辞世了，便勒令郭皇后出家了事。或许是仁慈宽厚的性格，也或许是对郭皇后或多或少有些感情，毕竟他们做了那么多年的夫妻，仁宗在郭皇后死后仍给她一个皇后的名分。

在给武将狄青的待遇上，他也是坚持到底、力排众议，冒着违背祖宗抑武崇文以文人治国的骂名，坚持把狄青任命为枢密副史。这些事情都可以说明仁宗是一个比较重情义的人。

心胸宽阔的仁宗，是一个肚子里能跑马的人。有一次，张妃嘱托仁宗，让仁宗为她的伯父张尧佐弄个宣徽史的虚衔。坦率正直的包拯上殿直谏，"反复数百言，言吐愤疾"，仁宗皇帝就这样被喷了一脸的唾沫星子。但他却并没有生气，只是一面用衣袖擦脸，一面微微点头答应，直到皇帝把错误任命撤销为止。按理说，如此不礼貌地干涉帝王家事，如果是别个皇帝，只怕包拯就没那么好运了。

在仁宗晚年时，还有这么一个有趣的小故事。有一个名叫子京的知名词人，他有一个哥哥也很是出名，兄弟俩分别被称为大宋、小宋。有一回子京在经过御街时，刚好碰到有一队宫中的轿子也从这边经过。

67

这时一个轿子里突然发出一声娇滴滴的低声欢呼:"啊,是子京!"子京一惊,没想到自己的名气已经大到连宫里的女人都知道了,不禁一时兴起,回去以后,写了一首《鹧鸪天》:"画毂雕鞍狭路逢,一声肠断绣帘中。身无彩凤双飞翼,心有灵犀一点通。金作屋,玉为笼,车如流水马如龙。刘郎已恨蓬山远,更隔蓬山几万重。"一首调情的词就这样被书写出来,满纸不成体统,摆明是在调戏皇帝的女人。当宋仁宗看到这首词时,为了成全这个名人,费了好大力气才找到这个爱慕名人才华的宫女,然后把子京也唤了过来,微笑着说:"唔,这个蓬山也不远。"这个内心害怕极了的宫女被仁宗直接送给了"惶惧无地"的多情词人,然后把他们打发去了蓬山。

赵祯虽然身躯高大,但经常闹病,不知道是不是遗传了他父亲真宗。嘉祐八年(1063)二月,宋仁宗眩晕病发作,任凭医生如何精心治疗,都不能痊愈。三月初一,这位大宋仁宋皇帝也追随先辈们"成仙"而去了。消息从皇宫传到街市,开封街头的一个小乞丐,一愣之后,竟放声大哭起来,跌跌撞撞就往皇宫跑。谁知在宫门外早就挤满了人,很多斯文的书生、衣衫褴褛的乞丐、稚气的小孩……都伤心地哭作一团,披着白麻,烧着纸钱,给皇帝"送别"。第二天,民众都自动停市哀悼,一起聚哭,那些焚纸烧钱的烟雾几乎把整个城市都淹没了,以至天日无光。

辽国的国君接到仁宗去世的消息时,也是震惊不已,不禁冲上来一把抓住宋国使者的手说:"四十二年不识兵革矣。"说着忍不住就掉下了眼泪,又说:"我要给他建一个衣冠冢,寄托哀思。"连敌对国君主听到他的去世都能泪流满面,可畏可敬啊。

不管是贫民还是敌人,都是如此不舍得仁宗就这样离去了,一个皇帝能做到这份上,是多么得不容易啊。直到700年后的乾隆皇帝,也不得不承认:生平最佩服的三个帝王,除了爷爷康熙与唐太宗之外,就是宋仁宗了。

当赵祯的陵墓修好后,有人这样在陵殿的墙上题诗道:

农桑不扰岁常登，边将无功吏不能；

四十二年如梦觉，春风吹泪过昭陵。

也有人曾这样赞扬赵祯说："仁宗虽百事不会，却会做官家（皇帝）"。但无论如何，斯人已去，仁德仍在。

第五章

体弱多病的皇帝——宋英宗赵曙

帝王档案

☆姓名：赵曙

☆民族：汉

☆出生日期：公元1032年2月16日

☆逝世日期：公元1067年1月25日

☆配偶：高皇后

☆子女：4子4女

☆在位年数：4年（公元1063年5月2日~公元1067年1月25日）

☆继位人：赵顼

☆庙号：英宗

☆谥号：宪文肃武睿圣宣孝皇帝

☆享年：35岁

☆陵墓：永厚陵

☆生平简历：

公元1032年，赵曙出生。

公元1063年，赵曙继承皇位，即宋英宗。

公元1064正月，改元治平。

公元1067年，宋英宗去世，享年35岁。

人物简评

宋英宗赵曙可谓是一个孝子，违背礼制追封生父为皇考。他任用贤能，励精图治，可惜体弱多病，并没有改变自仁宗以来大宋积贫积弱的局势。面对内忧外患，他的一番抱负没有机会得到施展，却被疾病夺去了性命。虽然具备一个好皇帝的潜质，但身体素质太差，只能无奈地将治国大业交给儿子宋神宗了。

生平故事

捡来的皇位

宋英宗赵曙，名曙，明道元年（1032）生，景祐三年（1036）改名宗实，嘉祐七年（1062）被立为皇太子，又复名曙。嘉祐八年（1063）赵曙即位，在位四年。他是宋太宗赵光义的重孙，宋真宗赵恒弟弟赵元份的孙子，宋仁宗赵祯叔伯哥哥濮安懿王赵允让的第十三个儿子。

英宗本来没有继承皇位的机会。他的家族属于赵氏家族的旁支。宋仁宗赵祯在13岁的时候就继承了皇位，12年过去了，后宫的嫔妃很多，但是在仁宗25岁的时侯，仍没有一个为他生下一儿半女。皇嗣关系到一个王朝的百年基业，于是就有人建议皇上先找一个近支的子孙作养子。其实皇上还很年轻，也不是很着急，但是这位皇帝还是很能听进去大臣的意见的，所以也就答应了。还有一点是，古人认为通过抱养一个孩子，说不定后宫的嫔妃就能为皇上生下皇子或公主了。

仁宗决定派内夫人去当时的江宁节度使允让府上挑选，允让也就是赵曙的父亲。据《宋史·宗室传》记载，允让一共有28个儿子，也许能在这些孩子里选出满意的。允让让孩子们站在那里供内夫人挑选,如果挑中了哪个孩子,这个孩子也就有了继承皇位的可能。但是,内夫人没有看中这几个孩子。就在马上要登车回宫向皇上复命的时候,她看见一个小孩独自在外边空地上爬来爬去,玩得特别高兴。内夫人被小孩的活泼笑容吸引住了,连忙问这个小孩是谁。原来他也是允让的儿子,只是由于生母任氏地位不高,允让儿子众多,所以家人也没有把这孩子当回事,所以这次挑选就没让他参加。

但是,内夫人看上了这个孩子,把他带入了皇宫,他就是后来的英宗赵曙。还是幼儿的赵曙被交给仁宗的皇后曹氏抚养。赵曙在家排行十三,皇上赐名宗实,授官左监门率府副率。第二年,赵宗实晋为右内率府率,迁左千牛卫大将军,左领军卫将军。宫中的生活是极为优越的,幼小的宗实活泼可爱,聪明伶俐,曹皇后、苗美人都很喜爱他,尽心尽力抚养他。仁宗皇帝也对他宠爱有加。但幼小的宗实并没有把宫里当成自己的家,而是时常想念自己的亲生父母,有时吵着要回家。宝元二年(1039)六月,8岁的宗实迁官右千牛卫大将军,仁宗又有了自己的儿子,所以答应宗实离开皇宫回家居住。他很高兴,并没有留恋皇宫的生活,欢天喜地回到了想念已久的父母身边。

赵曙进宫后,仁宗的后宫嫔妃开始生育,给他生了三个儿子,多个女儿。仁宗既然有了亲生儿子,也就把赵曙送回了他父亲身边。

虽然仁宗生了三个儿子,但是儿子都没有长大成人,而是过早夭亡。长子褒王赵昉出生当天死亡,次子豫王赵昕和三子鄂王赵曦也都才活到两岁半。仁宗空欢喜一场,儿子又都没了。这个时候仁宗已经34岁了,为了生儿子,仁宗纵欲过度,再加上接二连三痛失爱子,终于病倒了。虽然宗实已经出宫,但是仁宗时常想念他,派人询问他在宫外的生活。仁宗不仅给宗实加封官爵,而且还经常赏赐他,宗实在诸位宗室中被特殊对待。嘉祐四年(1059)十一月,宗实的父亲允让病逝,仁宗亲自上门奠祭,罢朝五日,赠允让太尉、中书令,追封濮王,赐谥"安懿"。嘉祐六年(1061)八月以后,知谏院司马光、殿中侍御史里行陈洙、知江州吕诲等人,相继向仁宗上书,恳请皇上早定皇嗣。

这时，围绕着皇嗣的人选，宋朝皇族内部也进行着紧锣密鼓地争夺。虽然仁宗对宗实很满意，但是宗室中还有很多和宗实一样有资格继承帝嗣的皇子。只要一日不立太子，这些皇子就都有机会继承皇位。但是仁宗一门心思放在宗实身上，命令手下起草诏书封宗实为皇太子。此时，宗实正在为父亲守孝，拒绝进宫。嘉祐七年（1062）秋，宗实为父亲守孝三年，丧期满。但是宗实还没有进宫的意思，仁宗派人去询问，他说自己生病了。

八月二十七日，仁宗命同判大宗正事赵从古、赵宗谔等人，携带皇子的袭衣、金带、银绢等，谕召宗实进宫。仁宗嘱咐赵从古，如果宗实仍然称病坚持拒绝进宫，抬也要把他抬进来。这个时候，宗实不敢再那么坚决抗拒了，于是带着仆人、书籍，与赵从古、赵宗谔一起入宫，拜见了仁宗。

嘉祐八年（1063）二月初，仁宗的旧病复发，越来越严重。三月二十九日夜，仁宗于福宁殿驾崩。仁宗曹皇后命人关闭宫门，不让任何人出入，唯恐发生政变。等到天亮的时候，曹皇后派人急传两府大臣入宫，随后召赵曙，告诉他仁宗驾崩，他将嗣君位。赵曙听后，非常惊恐地连声说道："我不敢为！我不敢为！"随后返身往殿外跑，宰相韩琦等人心想不能让皇上跑了呀，也顾不得礼仪了，急忙上前挽留赵曙，连拉带拽，才将他拖回，好言相劝，为他戴上皇冠，披上御衣，然后召集百官到殿前听旨。当天下午，群臣百官齐集福宁殿前，由韩琦宣布仁宗遗嘱，赵曙正式登基即皇帝位。

两宫的矛盾

赵曙于嘉祐八年（1063）四月初一登基即位，没过几天，就一病不起，也没法处理政事。只好在四月初五这一天，尊曹皇后为"皇太后"，要她垂帘听政。曹太后出身将门，应变不惊、处事能力强。所以，英宗可以放心地将宫里宫外的事务交给太后，安心治病。

但是，英宗和曹太后之间的矛盾也越来越深。英宗对太后很不满意，他事事都要受到曹太后的干预和监督，根本就没有自由。他和皇后向太后请安，太后对他的态度是爱理不理。英宗听到传言说，太后嫌弃他刚登基就一病不起，私下有废了他的意思。

曹太后也生英宗的气，英宗在病中说过一些对太后不敬的话。虽然是病中所言，但说明英宗对太后缺乏尊重。关于仁宗皇帝的一些祭礼，英宗都以有病为借口，做得不周全。英宗还让仁宗的几个女儿搬出宫室。

曹太后算是一个明达的皇后，但是闲话总是传到她的耳朵里，毕竟曹太后和英宗只能算是继母和继子的关系，两人之间的隔阂也越来越深。说的人多了，太后也就信了。并且赵曙生病后，也有不满太后的举动。翰林学士王珪曾经面奏赵曙，请求收回太后垂帘听政的权力，曹太后心里对赵曙产生不满，最后竟然忍不下去了。

嘉祐八年十一月，韩琦在永昭陵正主持仁宗葬事，曹太后就派心腹内侍给韩琦送去一封信，信中列举了赵曙近期所写的歌词和在宫中的失常之事。韩琦看完来信后，当着来人的面将太后的书信烧毁，然后急忙返回京城，与参知政事欧阳修等人面见太后。曹太后竟然忍不住委屈地在韩琦等众位大臣面前痛哭流涕，诉说赵曙的不是之处，表示自己已经无法容忍赵曙，要韩琦做主议决。韩琦等人只好一直劝解太后，并以其中的利害关系向太后谏言，他们先给太后戴高帽子："您侍候先帝仁宗这么多年，天下人都知道太后您是心胸宽广、仁慈贤德的人。现在为什么不能容忍一个病人呢？病人有时说的气话，您怎么能和他一般见识呢？难道您希望别人像议论天下其他继母那样去议论您吗？"

他们劝过太后，使太后怨恨的心情稍稍缓解后，又对英宗说："自古以来，天下有很多贤明的君主，但是只有舜被称为大孝子。难道是其他人不够孝顺吗？当然不是。父母慈爱而子女孝顺是理所当然的。但是父母不好而子女依然孝敬有加的人太少了，这样的人才值得称道。太后的为人您是知道的，只要您对太后尽了孝心，太后是绝对不会亏待您的。"赵曙逐渐有所醒悟，毕竟也是在曹太后的支持下，自己才能当上皇帝的。

在大家的劝解下，两宫之间的矛盾得以逐步缓和。

第二年（1064）正月，改元治平。赵曙每天都太后请安，事事都询问太后的意见。四月，英宗亲自率领百官在相国寺、天清寺和醴泉观祈雨，关于太后和皇上失和的猜测和谣传，才慢慢平息下来，两宫关系转好安抚了朝廷内外的人心。五月，英宗的病好得差不多了。为彻底消除赵曙的疑忌之心，和睦两宫关系，韩琦又向赵曙提出，欲请太后撤帘还政。赵曙顾忌太后的面子，没有答应大臣的请求。韩琦则想出一个计谋让太后还政于英宗。

五月十三日这天，韩琦选取十余件军国要事，禀奏赵曙裁决，赵曙看了之后，写下自己裁定的意见。处理完后，韩琦面见曹太后，将赵曙所裁决的十余事，请太后复阅，太后看了认为英宗裁定得不错。等奏事完毕，韩琦和太后说了一些题外话，称赞了历朝历代贤德的皇太后。然后，韩琦向曹太后提出辞职。

他说："其实老臣年龄大了，早就该回家养老了。只是先帝仁宗突然辞世，而英宗身体又一直病着，所以一直拖延至今。现在皇上身体已经康复，国家秩序已经恢复了正常，请求太后让我回到乡下去享几天清福吧。"

曹太后还是很倚仗韩琦的，当然不想让他走，说："朝廷怎么能没有你？倒是我这么大年纪了，还天天处理政事，实在是万不得已啊，既然皇上已经康复，还是让我退下来吧，诸位大臣要好好辅佐皇上呀。"

韩琦的目的达到了，他要的就是曹太后主动说出归政于英宗的话。打铁要趁热，韩琦连忙问太后什么时候撤帘，曹太后也知道撤帘是人心所向，身不由己地站起来，韩琦于是高声命令左右说："太后已令撤帘，何不赶快遵行！"随即走出仪鸾司内侍，撤下帘帷。从此，赵曙开始独决政事。

治平元年（1064）八月，知谏院司马光和吕诲上奏皇上，弹劾内侍任守忠离间两宫，导致皇上和太后相互猜忌，两宫不和。任守忠擅自偷取国宝，犯了偷盗罪。随后，司马光列出他所犯下的十大罪状，恳请皇上将他斩首，明示四方。赵曙采纳二人的建议，治任守忠的罪行。但是英宗认为他罪不至死，宰相韩琦在政事堂与参知政事欧阳修、赵概等执政大臣，共同签发一道空头敕令，即日起将任守忠贬黜到蕲州（今湖北蕲春）。又把任守忠的余党史昭锡等一律斥出，贬黜流放。任守忠权势过盛，朝廷内外一直敢怒不敢言，对其贬谪一事皆拍手称快。

这一惩治，让宫里的人再不敢随便在太后、皇上面前说对方的谣言了。此后，司马光等再上疏劝谏赵曙对太后心怀感恩。赵曙于是借问太后起居的机会，主动向太后说起自己病中说的对太后不尊的话，得罪了太后，请求太后的宽宥。太后听了心里才觉得舒服。自此两宫的恩怨终于慢慢消融。

第五章 体弱多病的皇帝——宋英宗赵曙

77

英宗生父的称呼问题

两宫之间的关系刚刚转好，却又发生了一件事。赵曙即位以后，韩琦等人曾提出尊礼赵曙的生身父母，但是因为赵曙生病、两宫不和，此事才被搁置不提。

英宗的生父赵允让去世时，仁宗已经有让宗实接班的意思，所以特意加封号"濮安懿王"。曹太后退居后宫后，英宗亲政。朝中大臣都知道皇上是一个孝子，认为他一定会提高生父、生母的身份，所以韩琦重提旧事。以韩琦、欧阳修为首的宰执辅臣和以司马光、王珪为首的翰林御史展开了一场如何称呼英宗生父、生母、仁宗和曹太后的讨论。两派立场不同，都坚持自己的意见，在朝廷掀起了一场轩然大波，这就是北宋历史上有名的"濮议"事件，也就是如何称呼濮王的事件。

司马光、王珪等人认为，赵允让是仁宗皇帝的本家哥哥，英宗赵曙可以算是过继给了仁宗，并以嗣子的身份继承皇位，所以仁宗才是他的父皇，曹太后是他的母后。而称呼他的生身父亲为皇伯。韩琦、欧阳修等人认为虽然英宗继承了仁宗的皇位，但并不能因此否定他与濮安懿王赵允让之间的父子关系，所以仍应称赵允让为皇考。但是皇考是对已逝去的皇帝的称呼，赵允让又没有做过皇帝，这样不合礼法。在世的曹太后心里也不舒服，肯定内心有一百个不愿意。英宗心里当然认同韩琦、欧阳修等人的意见。毕竟将亲生的父亲母亲改口称伯父伯母，肯定觉得不合适。但是英宗此时并不敢表明态度，因为他心里知道曹太后肯定不会同意。不仅曹太后不同意，朝廷百官也都表示反对，英宗一看势头不对，也就暂且压住这个事情，等到合适的时机再说。

但是，让人没有想到的是，曹太后竟然明确表态同意英宗称呼他的生身父母为父皇、母后。为什么呢？这件事让人很不解。治平三年，英宗召集中书大臣在垂拱殿商议，决定称濮王为皇考，由欧阳修亲笔写了两份诏书，交给了皇上一份，另一份派人送给太后。到中午时分，太后派了一名宦官，将一份封好的文书送至中书。韩琦、欧阳修等人打开文书，正是欧阳修起草的那封诏书，不过多了太后的签押。

大家都知道曹太后素来与养子英宗不和，这一次竟然不顾群臣的反对

和朝廷礼仪，尊英宗的生父为皇考，大臣们怎么想也想不通。于是，就从宫廷传出了诸多流言。有人说，这份诏书是曹太后酒后误签的，太后酒醒之后，才了解到诏书里的内容，但后悔已经来不及了。另外一个传言是，大臣韩琦、欧阳修等人贿赂了太后身边的宦官，最终说服了太后。得到了太后的承认，这样一来英宗倒有点不好意思了，赶紧表态"不称皇、后，只称父、母"。

曹太后已经表态了，御史们也就没什么可说的了。但是心里又十分生气，于是他们又把矛头转向了丞相韩琦等人，认为他们"带领大臣，谄媚皇上"，要求英宗处理他们，甚至有人把自己的御史委任状都上交给英宗，表示不想与这群"品德鄙下之人"同朝为官。韩琦猜透了英宗的心思，知道英宗心里对他们的建议表示赞赏，自然不愿意惩罚这些宰辅大臣。所以只说了一句话："臣等是奸是邪，陛下自然知道！"也就是说，如果皇上认为韩琦和欧阳修等人有问题，就把御史们留在朝廷好了。另外一层意思是，如果您认为我们没问题，那就应该把我们留下，把御史们贬出朝廷！英宗考虑再三，最终决定把那些要他喊父亲为"伯父"的御史们贬出朝廷。吕海贬为蕲州知州，范纯仁（范仲淹的儿子）贬为安州通判，吕大防贬为休宁知县。当时还有另外三位御史赵鼎、赵瞻、傅尧俞正奉命出使契丹，因为原来商量濮王的称呼时，大家意见比较一致，所以回来后也向英宗上书，请求被贬。这三个人还是挺讲究义气的。英宗只好又贬赵鼎为淄州通判，赵瞻为汾州通判，傅尧俞为和州知州，这六人合称"六御史"。

后来又有侍读学士吕公著上书为六御史喊冤，主动要求被贬出朝，这不是威胁皇帝吗？英宗无可奈何，只得再下诏书贬吕公著为蔡州知州，"濮议"的风波总算平息。这场风波一共持续了18个月，就为了一个称呼问题。

任用贤臣

英宗在亲政之后，经常听取大臣们的汇报，遇到需要解决的问题，也反复征求大家的意见。他广开言路，任用了大批的贤德之人，这些能人敢于发表自己的意见，哪怕遭到贬黜也在所不惜。为了英宗生父濮王的称呼问题，宰辅和御史之间互不相让，虽然最终御史遭到罢黜，但是英宗也没有处理得过重，其他人并没有受到处罚。

英宗生病的时候行为有些荒唐，但即位之后，还是表现出了一个君主的大度，待人宽容。仁宗暴亡，给仁宗治病的医官应当负有责任，两名主要医官便被英宗逐出皇宫，贬谪到边远州县。其他一些医官害怕也会遭到贬谪，便在英宗面前替他们求情，说："先皇起初吃这两人开的药还是很有效的，但是后来病情加重，不幸去世，乃是天命，医官也心有余而力不足。"英宗正色道："我听说这两个人都是由中书省和枢密院推荐的？"左右道："正是。"英宗便道："那这样的话，我就不管了，都交给中书省和枢密院去裁决吧。"众医官一听，认为英宗还算英明，没有将仁宗的死迁怒众人。

英宗是一个很勤勉的皇帝，处理政务非常认真，每次都询问事情始末，方才裁决。更重要的是，英宗继续任用仁宗时的改革派重臣韩琦、欧阳修、富弼等人，面对积弱积贫的国势，力图进行一些改革。一次，英宗问欧阳修，近日各地屡有天灾，有人说是因为朝廷不能进贤任能，是这样的吗？欧阳修回答，近年进贤之路的确太窄，他也常常和韩琦讨论进贤任能这件事。欧阳修趁此机会向皇上进行劝谏。

欧阳修认为，自英宗亲政以来，自己和韩琦、富弼有感皇恩，精心为皇上挑选治理国家的贤臣。皇上是一个名君，用人不疑，这是过去的皇帝所不能比的，但所选之人多为擅长于钱粮刑名的强干之才，并非文学之士。欧阳修的这番话，先对英宗的知人善任大加褒赞，转而指出了以前所选人才过于单一的问题。英宗听罢深有所悟，决定广泛招揽人才。他对以前旧的选任体制进行了大胆的改革，甚至走得比当时劝说英宗的欧阳修等人还要远，还要快。从中可见英宗励精图治、奋发有为。

另外，英宗对书籍的编写和整理也非常重视。治平元年（1064），司马光写成了一部《历年图》进呈给英宗，英宗为此对司马光大加赞赏。治平三年（1066），司马光依据《史记》，参照其他的书籍写成《通志》八卷，大约即是后来的《资治通鉴》的前八卷。英宗对此予以充分肯定，鼓励司马光继续将《资治通鉴》手稿写下去，等书成之后再颁赐新书名。他还同意司马光自己选聘助手并组织编写历代君臣事迹书局的请求，批示将书局设在崇文院内，特许其借调龙图阁、天章阁、昭文馆、史馆、集贤院、秘阁的书籍。不仅如此，英宗还批准提供皇帝专用的笔墨、缯帛，划

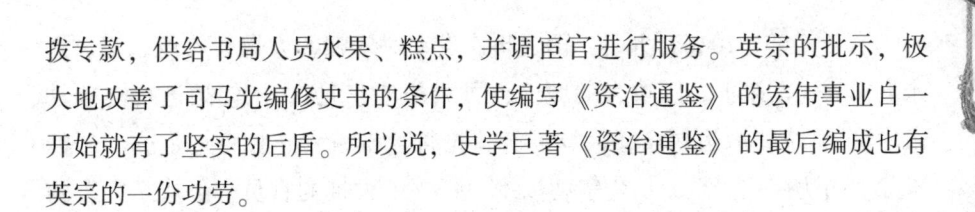

拨专款，供给书局人员水果、糕点，并调宦官进行服务。英宗的批示，极大地改善了司马光编修史书的条件，使编写《资治通鉴》的宏伟事业自一开始就有了坚实的后盾。所以说，史学巨著《资治通鉴》的最后编成也有英宗的一份功劳。

外忧内患

在尊崇濮王的争论中，英宗为了保全韩琦、欧阳修等大臣，不惜牺牲谏官。这一行为表现了英宗对韩琦、欧阳修等人的极大信任与重用。韩琦、欧阳修见皇上如此信任自己，因此更感恩图报，尽职尽责地辅佐赵曙。

在诸宰辅中，韩琦威望最高。还在仁宗朝，他就因与范仲淹共同抗击西夏，一起变法革新，被时人称为"韩范"。仁宗晚年，韩琦又与富弼共掌枢府，决大策，安社稷，号为贤相，又被人称为"韩富"。赵曙即位后，任命富弼为枢密使。英宗又任命通晓法令的亚相曾公亮，长于文学的参知政事欧阳修，长于文学、巧于谏诤的参政赵概。英宗虽然长时间生病不能上朝处理国家政事，也与曹太后长期不和。但是他任用的辅佐大臣都尽心尽力，使得政治安定。

治平元年（1064）五月，赵曙向诸大臣征求施政意见，问道："先朝以来，积弊甚众，何以裁救？"富弼鉴于仁宗庆历改革失败的教训，建议改革不宜急进，而是采取稳妥步骤，逐渐改革。英宗听从了富弼的建议。

治平元年闰五月，赵曙起用在仁宗朝就因勇于谏诤、不避权贵的唐介为御史中丞，以示虚怀纳谏。治平二年（1065）七月，富弼以疾辞政，赵曙起用了先朝大臣文彦博为枢密使。同时起用了王安石等新派人物。正当赵曙力谋宏图、致力于天下治平的时候，西夏却加紧了对宋朝的入侵，使赵曙不得不再谋国防，抵抗入侵。

对西夏的入侵，赵曙先是仅遣使诘问，以后才采纳韩琦的建议，编选陕西的民众为义勇军15万人，守卫边疆，抵御西夏的侵扰。英宗又任命欧阳修举荐的前任环庆路将领高沔为河中府知府，担负御夏之责。从此赵曙便以为可高枕无忧了。此后西夏不断发动小规模入侵，西界边臣请求朝廷增兵，部署反击。赵曙则认为边兵已为数不少，西夏之患不足为忧。

治平三年（1066）九月，西夏再次发动对宋朝的大规模入侵。李谅祚亲自率领大军东下，围攻大顺城（今甘肃华池东北），入侵柔远寨（今甘肃华池），烧毁沿边村寨，大肆掳掠，抢得大批粮食、牲畜才退去。外侮未除，内忧接踵而至。从仁宗朝以来，任用了大批的官员，形成了冗官的局面。虽然英宗想要革除这一弊端，但是没有采取切实可行的有力措施。相反，达官贵戚享受到当官的很多好处。出现了一官之阙、三人竞逐的情形。加之抵御西夏，增置军额，要花的钱也越来越多。仁宗朝以来的冗兵冗费局面不仅没有改观，反而日渐加重。赵曙对当时皇亲国戚的奢侈糜烂也感到很气愤，曾经想要惩治他们，但是在贵族豪强势力的反对下，却也没有采取什么措施。

英宗和高皇后

宋英宗与高皇后两小无猜、青梅竹马，自幼在宫中长大。高皇后乳名滔滔，亳州蒙城人。高皇后出身名门，曾祖高琼、祖父高继勋都是宋朝重臣，母亲曹氏是宋仁宗曹皇后的姐姐。也就是说高皇后是曹皇后的外甥女。高皇后在年幼的时候，就得到当时还是曹皇后的喜爱，曹皇后对待她就像对待亲生女儿一般。曹皇后的言传身教对高皇后的处事态度有相当大的影响。而当时年幼的宋英宗赵曙也同样在宫中成长，两个孩子刚好同年，从小就培养了感情，自然成为了一对。长大后，宋仁宗和曹皇后亲自为两人主持婚礼。

宋英宗即位后，立高氏为皇后，从此以后英宗没有再晋封妃嫔，两人感情坚定。英宗很喜欢高皇后的品格与气质。高氏生育了四子四女，皇帝所有的子女都由皇后所出在历史上可以说是很少的事，但对赵曙来说也不奇怪，因为他很可能没有妃嫔。在《宋史》《长编》《续资治通鉴》乃至其余宋代笔记里都没有他晋封妃嫔的记载，倒是在蔡京的儿子蔡绦所著的《铁围山丛谈》中曾提及英宗"左右无一侍御者"。

英宗治平年间，一向多病的赵曙身体稍微好转，但高皇后仍然阻止皇上临幸宫人。曹太后觉得很不妥，就让亲信悄悄劝皇后："官家即位已久，如今身体又已痊愈，怎么可以左右没有一个侍御者呢？"高皇后听了非常不高兴，回答说："去跟娘娘说，我嫁的是十三团练，又不是嫁他官家！"

十三团练是指赵曙,他在濮王诸子中排行十三,仁宗在位时长辈都唤他"十三",仁宗封他为团练使。

这段话后来传至宫外,成了士大夫们八卦的笑料,大概都觉得英宗乾纲不振,导致皇后这么强悍。但是赵曙虽然有点优柔寡断,却也是个有脾气的人,他敢于跟养母曹太后作对,但是却能尊重皇后,并且按她意见不纳嫔御,可以说应该归功于那段青梅竹马的爱情。

即便如此,高皇后是一位好妻子、好皇后。她品格高尚、崇尚节俭,以身作则,为天下百姓树立道德典范。

高皇后对自己的要求很高,坚持很高的道德标准,虽贵为国母,却从来没有滥用公家的金钱权势,更没有提拔高家的大臣,形成外戚专权。高皇后的弟弟高士林,从小受到良好的家教,学文习武,涉猎经史,任职内殿崇班。宋英宗有意提拔高士林,让他晋升官职,却被高皇后拒绝了。后来宋英宗又几次提出加封高士林的官职,都被高皇后婉拒,她认为,如果弟弟立有大功,自然能获得晋升,但是如果只是因为他是皇后的弟弟就得到提拔,万万不可。

关于高皇后的公正无私,还有这么一件广为流传的轶闻。某年元宵节,高皇后的母亲想入宫赏花灯,高皇后却劝母亲不要入宫,她说皇上如果知道母亲要来赏灯,一定会隆重接待,而这是有违祖先礼法的事。按常理说,让皇后的母亲入宫赏灯,也不是什么大不了的事情,但是高皇后坚持不让自己家的任何人享有特权,这样才能做到公正。

高皇后一生奉行节俭,并经常劝诫皇帝要减少浪费、提倡节俭,这样属下和民众才会效仿。而她平时在宫中都穿着打补丁的衣服,只有在朝会典礼等重要的场合才穿着新礼服,而且不用丝帛锦绸等高级布料。高皇后的宫中膳食也比较简单,很少有肉食,如果吃肉,也只吃羊肉,因为羊吃草,不需用粮食喂养,但是牛能耕田,所以禁止食用牛肉。

高皇后虽然母仪天下,娘家却住在低矮破陋的旧瓦屋。英宗病逝,神宗即位后,多次要为母亲老家建造豪宅,但是一直被高太后拒绝。后来因为宋神宗非常坚持要尽此孝心,高太后终于让步,答应这件事。但是她并没有动用国库的公款,而是拿出她自己的钱,在京城北郊买了一小块地,给娘家建造了一间新房。

英宗病逝

面对西夏的入侵，国内冗兵冗官的局面，英宗感到非常烦忧，不堪应付。治平三年十月，旧病复发，一病不起，病情日益加重了。英宗生病后，赵顼作为皇位的继承人选，已为韩琦诸大臣所属意，但赵颢、赵頵也是帝位的有力竞争者。一天，宰相韩琦看望赵曙退下，赵顼送韩琦等至门外，满怀忧虑地问韩琦怎么办。韩琦低声嘱咐赵顼说："愿大王尽心服侍皇上，每天都不要离开皇上左右。"赵顼恍然大悟，点头应允。

到治平三年十二月，赵曙的病情更加严重。他从得病之日起，就失去了说话能力，凡是需要英宗裁决的军政大事，英宗都用笔书写在纸上。十一月二十一日，韩琦率大臣一起过问英宗的起居情况，大家见赵曙脸色非常憔悴，大概是活不了多长时间了，于是进奏说："陛下久不视朝，中外忧恐，宜早立皇太子，藉安众心。"赵曙还没有什么表示，韩琦已经把笔纸递了过去。赵曙无可奈何地点了一下头。韩琦又说："既然陛下圣意已决，请早下手诏，指日行立储礼。"赵曙于是用颤抖的手写下"立大王为皇太子"。

治平四年（1067）正月初一元旦，韩琦率诸臣进宫恭上尊号，又入福宁殿朝贺。但赵曙病情加重，没有露面。群臣只对着威严的帝王御座，行礼如仪，依次退出。

正月初八，赵曙去世。当年八月，葬于永厚陵（在今河南巩县境）。英宗可谓是英年早逝，只有 35 岁。

第六章

满怀壮志的皇帝——宋神宗赵顼

帝王档案

☆姓名：赵顼

☆民族：汉族

☆出生日期：公元1048年5月25日

☆逝世日期：公元1085年4月1日

☆配偶：向皇后

☆子女：14子10女

☆在位年数：18年（公元1067年1月25日~公元1085年4月1日）

☆继位人：赵煦

☆庙号：神宗

☆谥号：英文烈武圣孝皇帝

☆享年：37岁

☆陵墓：永裕陵

☆生平简历：

公元1048年5月25日，出生于濮安懿王宫邸睦亲宅。

公元1063年，受封光国公；后又加同中书门下平章事，受封淮阳郡王。

公元1064年，进封颍王。

公元1066年，立为皇太子。

公元1067年，登基皇位，时年20岁。

公元1070年，推行新法。

公元1081年，进攻西夏，无功而返。

公元1082年，筑永乐城，再次进逼西夏，永乐城被攻陷，以失败告终；以《唐六典》为蓝本，颁行三省、枢密、六部新官制。

公元 1085 年 4 月 1 日，神宗驾崩于福宁殿，享年 37 岁，殡于殿西阶。

公元 1095 年，加谥绍天法古运德建功英文烈武钦仁圣孝皇帝。

公元 1104 年，改谥体天显道帝德王功英文烈武钦仁圣孝皇帝。

公元 1113 年，加谥体元显道法古立宪帝德王功英文烈武钦仁圣孝皇帝。

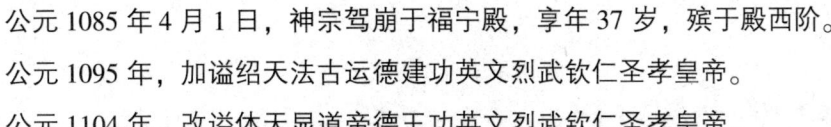

人物简评

勤奋好学、谦逊孝顺的赵顼，是一位难得的好皇帝。有理想、有抱负、有作为的他满怀豪情壮志，勤政爱民，敢于打破传统，坚决执行改革新政。最让他欣慰的莫过于在历经艰辛万苦，跨过众多磨难后，宋朝各方面的发展随着新政的实行而增强；最痛心也是最遗憾的是，没能收复西夏，便早早随先辈而去了。这位一直坚持自己梦想的皇帝是如何走过他坎坷的一生的呢？

生平故事

受命即位

神宗原名仲铖（zhēn），后改名为顼（xū），英宗赵曙的长子，生母是高皇后。公元1066年12月立为皇太子。父亲英宗死后继承皇位。

好学、谦逊、孝顺的赵顼，具备英明君主所有的素质，再加上又是嫡长子，所以他被大臣们一致认为是皇位的最佳继承人。在公元1066年12月，英宗的病情逐渐恶化，韩琦、文彦博等人极力请求英宗尽早把皇太子立了，以安定人心。英宗也知道自己的病情日渐严重，思来想去，最终决定立赵顼为皇太子。英宗还亲自书写"立大王为皇太子"，大王指的就是赵顼，但谨慎的韩琦为了防止以后出现争议，便要求英宗书写清楚。英宗又在其后面加上"颍王顼"三个字。英宗写好后，韩琦便命翰林学士开始草拟诏书，并册立赵顼为皇位继承人。

公元1067年正月，英宗在福宁殿驾崩。时年20岁的赵顼登基。有人说，英宗在驾崩时，韩琦等人一直守候在病床前，等待皇太子赵顼前来。赵顼因有事迟迟未到，这时英宗的手突然动了一下，曾公亮大惊，假如英宗没有死，那该如何收场啊。而韩琦却镇定自若，坚持原来的计划仍由赵顼继承皇位，假设英宗真的醒来了，就被尊为太上皇。正是因为此时朝中大多都是忠心耿耿的老臣，大家为了稳定大局着想，皇位的传承才如此顺利的完成。

神宗是一位非常有理想有作为的政治家，从小就胸怀大志的他，希望自己能成就一番事业。当赵顼还在颍王府的时候，常常和颍王府记室参军、直集贤院韩维一块讨论国家大事，希望能够施展抱负，为国效力。国家衰弱不振，让他满怀忧虑。为此，他曾穿上全副盔甲去见祖母曹太后，并问道："娘娘，你看我穿着这副盔甲好吗？"这也从侧面表达了他想要重振国威的决心。

此时的宋王朝已经走过了鼎盛时期，各种社会矛盾和问题也渐渐凸现出来。本想有所作为的英宗，却因为自己的身体不好，而无法处理朝政，让问题越积越多，越积越深。但神宗没有因为父祖辈留给自己的诸多难题而慌张，他开始仔细思量究竟怎样才能把面临的这些困境摆脱掉。在公元1069年2月正式启动变法之前，下诏广开言路的神宗，开始征求各方面的意见；在财政上也是量入而出，该节省的就节省，不该省的就不省，希望能通过这些措施缓和危机。

神宗心里也清楚，要想把这些久积之弊一下都消除是不可能的，要想把这些毒瘤彻底连根拔起，只有施行变法。然而变法事关重大，光靠他一个人很难完成，要是有一个非常得力的大臣来协助他就好了。于是神宗开始寻找这位得力的助手，首先把目标放在三朝元老富弼的身上，然而，当他满怀激情地向富弼询问怎样才能富国强兵时，这位曾经和范仲淹一起推行"庆历新政"的大臣，竟然说："陛下即位之初，当布德行惠，愿二十年口不言兵！"当年改革推行新政的豪情壮志已经消失得无影无踪。

神宗满腔热火的壮志，被富弼的一盆冰水浇得彻底心凉，让他非常

89

失望。

随着时间的流逝，这些元老重臣的进取意识也被消磨殆尽了，只是一味地守旧，他们经常提到的富国强兵的意义也无非是"节约"、"用贤"之类的老生常谈，没有一点创新，神宗也意识到了在他们中间并没有自己所需要的帮手。于是，他把视线开始转向了那些要求改革的中下层官吏，希望从中寻到和自己志同道合的臣子，然后开始一场轰轰烈烈的变革。

立志图新的少年天子

神宗即位之时，宋朝的统治将近百年。宋朝初期时候制定的一些政策，弊端已经慢慢地显现出来了，官场的腐败也开始盛行，财政的危机更是日趋严重，民不聊生，各地的农民起义也是接连不断，边境的辽和西夏都在虎视眈眈地盯着这块肥肉。对于这种情形，神宗不得不怀疑太祖以及太宗皇帝所制定出的"祖宗之法"。年轻的神宗很有理想和报复，敢于创新。他深信缓解危机的唯一办法就是变法。在王安石的辅助之下，开始了一场两宋历史上绝无仅有的变法，在经济、政治、军事等方面进行了诸多的改革，对赵宋王朝也产生了巨大的影响。

神宗进行变法并非是一时冲动，还在少年时代的他就已经心怀壮志，希望能够改变国家的命运，伴随着不断地成长，神宗逐渐地形成了自己的价值观和人生观，这些重要的信息直接决定着他当政之后创新务实的治国理念。

公元1048年4月10日，赵仲铖降生在濮王府邸。他的父赵宗实原本只是一个普通的皇室成员，只因仁宗没有子嗣，才被选为皇位的继承人，而濮王子孙的命运也因此发生了天翻地覆的变化。英宗共有四子：长子赵顼、次子赵颢、三子赵颜、四子赵頵（yūn），赵颜生下不久不幸夭折了。在剩下的这三个儿子中，不管是学识，还是人品，赵顼都是最出色的。

赵顼在少年时代非常好学，对知识充满了无限渴求，常常废寝忘食地读书，英宗不得不经常吩咐内侍去督促他休息。即便是赵顼登基之后，仍

坚持着这种勤奋好学的精神。在他读过的诸子百家中，赵顼最崇拜法家，他对商鞅进行变法的魄力十分敬佩。赵顼登基后，打破传统实行变法的决心与信心或许就是来源于他对商鞅的崇拜。

在将近20年的皇帝生涯中，神宗一直兢兢业业，勤于政事，整天和大臣们一起商讨变法的事情，流连后宫的时间很少。性格谦逊的他，非常注重礼节，行为举止都非常有风度。侍讲王陶给赵顼兄弟讲课，赵顼带着弟弟赵颢前去拜见王陶，没有一点皇子的傲慢之气。不管是对自己周围的幕僚还是随从，赵顼都是很少责罚，宽厚待人。

赵顼的祖母曹太后是个非常有见识的女子，然而英宗和继母的关系一直都不好。有一次英宗说话不小心把曹太后得罪了，难过的曹太后哭着跟群臣抱怨，还把委屈归咎到赵顼和赵颢两兄弟的身上。面对曹太后的莫名指责，赵顼不但没有记恨，反而是更加尊敬曹太后。最后，曹太后被赵顼的孝顺真心感动了，祖孙二人这才冰释前嫌，相处得相当融洽。

神宗继位以后，他和曹太后的关系仍旧十分亲密。若是神宗退朝晚了，曹太后还会亲自在门前等候他回来，还常给神宗送去一些他爱吃的点心。孝顺的神宗也非常尊重曹太后，许多比较重要的决策，在下达之前经常会询问她的意见。公元1079年10月，神宗亲自照料侍奉病重的曹太后，十多天都是衣不解带。曹太后去世之后，茶饭不思的神宗，悲痛欲绝，在充满血雨腥风、尔虞我诈的宫廷中，很难看到这种真挚的亲情。然而，万事有利皆有弊，正是这种真挚的亲情在某一程度上直接束缚了神宗的手脚，故而在变法过程中来自后宫的压力也就显得更有影响力。

实行变法　富国强兵

在神宗还没有继承皇位之前就对王安石倾慕已久。神宗爱好读书，很早的时候他就看过王安石的《上仁宗皇帝言事书》，对于王安石独到的见解十分赞赏。当时在朝中王安石的名气可以说相当不错，有很多人都崇拜他，比如神宗身边的亲信韩维，也是王安石的崇拜者之一。韩维在给神宗

91

讲解史书，神宗每次夸赞说好的时候，他就会说："其实这并非我的观点，而是我的好朋友王安石的见解。"这样，虽然神宗没有见过王安石本人，但是在神宗的心中，王安石的形象已经十分高大。

王安石的性格比较拗，有个"拗相公"的称号。这是因为他一心专注于治学而不修边幅，呈现给众人的感觉都是蓬头垢面的。仁宗还在世的时候，有一次宴请群臣，悠闲的大臣们都兴致勃勃地在池塘边钓鱼，但是王安石却对钓鱼一点兴趣都没有，无聊的他就专心思考于其他的事情去了，不知不觉的，盘中的鱼饵被他吃光了。仁宗觉得，若是误食了一粒鱼饵还可以原谅，但是整盘的鱼饵都被吃光，这实在是太不合乎常理了，仁宗觉得王安石是个非常奸诈的人，于是就很讨厌他。在那些比较保守而又传统的人眼中，王安石是个十分古怪的人，以至于有人说能从王安石的面相上断言出他"眼中多白"，属于奸臣之相。

神宗虽然很想重用王安石，但是他的古怪惹来了很多人的不满，其中以张方平、苏洵为首的官员得知了这个消息的时候，都持反对的态度。但神宗并没有因为这些沸沸扬扬的议论动摇他的决心，他决定将王安石召到自己的身边亲自考察。一方面是想证明王安石确实是值得自己崇拜的人，二是想借此机会好好的考察一番，看看他是不是真的能协助自己完成改革的大业。

神宗先将王安石任命为江宁知府，没过多久又将他召为翰林学士兼侍讲。公元1068年4月，王安石奉命入京。神宗一听王安石来京，突然变得异常兴奋，立即召其进宫。神宗和王安石晤面，在听取王安石有关财政经济、政治以及军事上的改革策略以后，对王安石表示深深地感谢，好似王安石是上天派来的一个好帮手，是一个能和自己成就大业的人才。而王安石也被神宗富国强兵以及励精图治的远大抱负所折服，真可谓是英雄所见略同，君臣二人为了一个共同的理想和信念走到了一起。不得不承认神宗之所以在继位之初能付诸改革理想，和王安石的大力支持有着相当密切的关系。

公元1069年2月，王安石又被神宗任命为参知政事，主要的职责就是

负责变法的事宜同时调整人事安排，组成一个新的执政班子。被神宗任命的五位执政大臣享有"生老病死苦"之称。其中王安石代表"生"，他正在兴致勃勃地筹措变法。曾公亮代表"老"，他年过七旬。富弼代表的是"病"，因为他反对变法，所以就以病为由不出面。而唐介则代表"死"，因为他反对变法，终日忧心忡忡，变法才刚开始他就病死了。最后代表"苦"的是赵抃，虽然他也不赞成变法，但是却没有能力阻止，只得天天叫苦不迭。

王安石要求变法，并不是为了满足他个人的野心，为的也不是升官发财。他完全怀着一颗忠诚报国之心。虽然是宰相，每月的俸禄也不会少，但是王安石在生活方面非常朴素，从来都不曾贪污一分钱，也从来都不接受别人送来的礼物。金钱对于他好像没有任何的吸引力，他甚至连自己俸禄的数量都不知道，每次领回来之后都由他的家人随意花销。这种大公无私忠心为国的精神感动了神宗，无论是在他的心里还是眼里，王安石都不是一位普通的臣子，而是能和自己同甘共苦的良师益友，两个人之间的关系也远远超越了君臣之谊。

在变法前期所做的一切准备，神宗对王安石都是言听计从，丝毫都没有皇上的架子，而是以朋友或者学生的身份同王安石谈论，不管大事小事都会和王安石一同商讨计策。和王安石一同实施了变法之后，收到了巨大的反对声浪，因为不敢得罪神宗，于是大家将所有的矛头直接指向了王安石。神宗虽然对此也有些动摇和迟疑，但是最终还是坚持了下来，坚定地站在王安石这一边。

如果神宗不协助王安石，这次变法也许会像以前一样受到许多大臣的阻碍，或者半途而废；正是因为神宗信任王安石，才使变法实行得如此顺利迅速。在王安石的主持之下，诸项新法相继出台，农田水利、市易，等等。这些新法涉及的方面比较广泛，几乎是把社会的各个方面都包含了。

这场变法又让宋王朝重新恢复了之前的生机和活力。新法的实行，使国家的财政收入大大提高，社会的生产力有了空前的发展，垦田面积也得到了大幅度的增加，全国垦田面积高达7亿亩，产量也普遍有所提高，多种矿产品的产量是唐中叶和汉代的数倍甚至数十倍，城镇的商品经济也得到了较大的发展。宋朝军队的战斗力也明显提高。但是，变法能取得这些成就，在前行的道路上并非一帆风顺，到处充满了坎坷和崎岖，这对神宗和王安石也是一个相当大的考验。

风云涌动的变法

王安石和神宗等人打破了祖宗以来沿袭的各种制度，这必然让朝野内外出现强烈地反响。反对大多是来自朝中的守旧派元老人物，比如，以司马光为首的顽固分子，坚决反对王安石的变法，每一项的变法颁布之后，都要引来朝廷近乎白热化的争论。

在很多人的心目中，司马光也许是个因循守旧的人，其实并不是这样的。面对当时严重的社会问题，司马光也主张改革现状，还提出了自己一整套的治国主张以及建议。司马光也曾经多次向神宗进言，要求从用人和理财方面来缓解已经出现的各种弊端。但是令所有人都没有料到的是，随着变法逐渐深入，司马光和支持变法的王安石之间分歧也越来越大。两个人在竭诚为国上都是一致的，但是从具体操作的措施上出现了问题，两人各持己见。

也正是因为彼此之间的意见不同，变法派和守旧派之间展开了异常强烈的斗争，不单单是朝中的司马光、范镇和赵瞻纷纷上书表示对新法的不同看法，连在京外的韩琦和富弼等重臣元老也都接连不断地向神宗阐述自己对王安石以及新法的不满。司马光和吕惠卿因为青苗法在神宗的面前争论不休。此时朝中就像是一锅热粥，看起来很美味，却没有人敢直接下口。虽然说实行变法会遇到阻力是神宗早就预料到的事，但是让他始料未及的是守旧派反对的声音像潮水一样，一浪更比一浪高。同时，神宗还受到了另外一股强大势力的影响，这股强大的势力就是来自于后宫的巨大压力。神宗被这些东西搅得焦头烂额，心情一团糟。

许多的宗室和外戚的切身利益在新法实行之后受到严重的损伤。神宗

第六章 满怀壮志的皇帝——宋神宗赵顼

和王安石要求变革宗室子弟的任官制度，这让不少的远房金枝玉叶丧失了原本可以得到官职的机会，因此导致他们强烈地不满和抗议。这些宗室子弟为了夺回这些机会不单单上书朝廷，有的直接围攻王安石本人，半路就拦住他的马，对他说："我们同皇上都是一个祖先，请相公不要为难我们。"但是王安石义正言辞地拒绝了他们的要求，拦住他的人只好散去。

向皇后的父亲有部分财产也被朝廷没收了，曹太后的弟弟也受到违犯市易法的指控，自然而然地王安石就成了他们的众矢之的。以两宫皇后、亲王为首的宗室外戚寻找一切机会诋毁新法。有一次，神宗与弟弟岐王赵颢、嘉王赵頵一块玩击球的游戏，既然是玩游戏，当然就有些赌注了，思量了半天，最终双方以玉带为赌注。但是嘉王却说："如果我胜了，我不要玉带，我要废除青苗、免役法。"神宗觉得很无语，一时间连玩游戏的兴趣都没有了。

曹太后坚持"祖宗法度不宜轻改"，在最紧张激烈的变法争论之时，两宫的皇太后在神宗的面前哭泣，曹太后甚至还对神宗说："王安石的变法，实际上是在变乱天下！"神宗以及祖母之间的感情非常的好，他看到祖母这么难过伤心，心里就觉得十分内疚，恰好在这个时候，岐王赵颢也顺水推舟地劝说神宗应该遵从太后的意思，新法无法带来什么好处。当时神宗心烦意乱，于是怒斥岐王："是我在败坏天下，那你来干好了！"这是将心里的痛苦和怒气都发泄在了弟弟的身上。岐王惶恐，突然就哭了起来。面临着朝廷和后宫的双重阻力，神宗的内心矛盾以及烦躁可想而知。

巧的是，自从颁行了新法之后，一些异常的自然现象也在各地不断地涌现，比如京东和河北突然刮起了大风，陕西的华山崩裂，一时间闹得人心惶惶。那些心有企图的人利用这些不断抨击变法，到处散播谣言说是上天对变法的警告。

公元 1074 年，北方发生了一场大旱灾，百姓生活困苦，民不聊生。为此神宗忧心忡忡，伤透了脑筋，他于是开始相信这些可能真的是上天的某种警告，并且反思自己继位以来所实行的一系列新法。同时那些反对变法的人，也都趁热打铁。其中有个叫郑侠的官员向神宗呈上了一幅流民图，神宗顿时被图中所描绘的景象震动，那幅图画中百姓卖儿鬻女，流离失所的景象惨不忍睹。神宗原本就是想通过变法，改变百姓的生活，好让百姓可以安居乐业，但是却没想到事情居然会演变成这样。第二天，他下令暂罢青苗、免役、方田、保甲等18项法令。虽然这些法令不久就在吕惠卿、邓绾等人的要求下渐渐恢复，但是，神宗和王安石之间的意见也开始有了分歧，产生了裂痕，导致双方的信任受到十分严峻的考验。这对于变法派来说，是极大的损失。

同时反对势力也借这个良好的机会，加大对王安石和新法的抨击。在这种巨大的压力之下，王安石终于如他们所愿，向神宗提出了辞呈。开始神宗不同意，虽然他们之间有了裂痕，但是毕竟也是为同一个梦想奋斗过的良师益友。但是王安石觉得自己太累了，一直以来支持自己的人也都已经不像之前那样了，不如以此机会回家好好休养身心，再来跟他们一起拼。神宗拗不过王安石，最后还是同意了他的请辞，但是要王安石推荐官员代替自己的职务，这说明神宗并没有把富国强兵之理想完全放弃，而是要继续推行变法。王安石安排了韩绛和吕惠卿一同主持朝廷的事物。公元1075年四月，王安石第一次辞去宰相之职，出知江宁府。

政治斗争的牺牲品

王安石辞去宰相之职离开北京之后，就由韩绛、吕惠卿等人负责着变法运动。此时，变法派的中坚力量，为了各自的利益都渐渐走上了不同的道路。让王安石万万没想到的是，自己推荐的人，最后却和自己反方向而行。吕惠卿是个很有野心的人，自从王安石离开北京之后，他为了扶植自己的势力就提拔了亲族吕升卿、吕和卿等人。同时也用尽一切的办法打击变法派内部的其他成员，以为自己得到了王安石的职位还能取代王安石的地位。他打着变法的招牌，胡作非为，致使朝中的大臣对他十分不满。韩绛等人强烈恳请王安石能够立即返京复职。面对此时的局势，神宗也觉得只有王安石回来，才能够挽回局面。公元1076年2月，王安石奉命回京复职。

虽然王安石是回京了，但是吕惠卿并没有放弃自己的野心。没想到当年那个积极帮王安石变法的得力助手，现如今却是狼子野心，利欲熏心。吕惠卿不但没有再协助王安石继续推行新法，反倒处处妨碍，公然挑拨神宗和王安石之间的关系。但是没过多久，就被聪明的神宗发觉了吕惠卿的阴谋，即刻将他贬出了京城，但变法派的阵营已经分裂了。此时将近而立之年的神宗，这位当初的少年天子，在将近10年的经历当中日趋成熟，对于变法，有了他自己更深刻的理解和打算，不再像之前一样，什么事都依靠王安石。于是君臣间的分歧也越来越大，改革的道路也走得更加困难了。

公元1077年6月，王安石的爱子王雱因病不幸去逝，这对于王安石来说是个非常大的打击。王安石又一次坚决地辞职求退，神宗于十月第二次将王安石的相位罢免。雄心壮志未得酬的王安石，带着满腹的悲伤和遗憾再次离开了京城，就这样结束了自己的政治生涯，隐退在金陵，潜心学问，不问世事。

神宗的改革路线并没有因为王安石的离开而放弃。就在王安石第二次罢相之后的第二年，神宗改年号为"元丰"，从幕后到前台，亲自主持变法。但是，变法却依旧没能一帆风顺，依然有不少反对的声音，神宗亲自主持新法之后，同样遭到朝中群臣的争议。神宗原本在失去了王安石之后就已经非常伤心了，现在还要独自面对着如此巨大的压力，难免会恼火。于是，他决定狠下心实行更加强硬的手段来继续推行新法，严厉惩罚那些反对变法的官吏。苏轼不幸成为这次政治斗争的牺牲品。

苏轼在当时文坛拥有非常大的名气，和父亲苏洵、弟弟苏辙号称"三苏"，他的文章为天下所传颂。然而这位举国闻名的才子在仕途上也颇不得志，在他将近40年的官宦生涯中，有三分之一的时间都是在贬谪当中度过的。

公元1079年，是苏轼一生当中最为灰暗的岁月。四月被调任湖州的苏轼，按照惯例依旧向神宗上表致谢，谢表上有这么一句"知其生不逢时，

第六章 满怀壮志的皇帝——宋神宗赵顼

97

难以追陪新进；查其老不生事，或可牧养小民"，这多少有些发牢骚的意味。主张变法的一些人就抓住这个机会，严厉地指责苏轼以"谢表"为名，故意讽刺朝廷，妄自尊大，同时发泄对新法的不满，请求对他加以严惩。御史何正臣、舒亶、李定等人，更是直接从苏轼的其他诗文中找出个别的句子，断章取义，罗织罪名。没过多久，苏轼就被朝廷免职逮捕下狱，押送到京城，交往御史台审讯。那些和苏轼走得近的亲友，比如苏辙、张方平、司马光，甚至于已去世的欧阳修和文同等20多人都受到牵连，这就是历史上有名的"乌台诗案"。

苏轼入狱之后，一直照顾他的是长子苏迈。在最后判决的时候。苏迈每天都去监狱给他送饭。因为父子不能见面，于是暗中约好，平常都只送蔬菜和肉食，如果送鱼也就表示是死刑判决的坏消息，以便他做好心理准备。有次苏迈刚好有事，没有办法脱身给父亲送饭，就托一个朋友代劳，但是苏迈却忘记告诉朋友这个约定，恰恰好朋友给苏轼送去了一条鱼。苏轼见此大惊，觉得自己已经难逃一死，绝望的他便给弟弟苏辙写了两首绝命诗，以此留下纪念。

苏辙看到哥哥的两首绝命诗，禁不住痛哭流涕，悲痛万分。他立即向神宗上书，希望能以自己的官爵来赎回兄长的罪。事实上神宗一直都很欣赏苏轼的才华，并没有要将他处死，只不过是想借此警告那些反对变法的官员而已，有点杀鸡给猴看的政治意味。

朝廷中很多人都在给苏轼求情，就连赋闲在家的王安石也在极力劝说神宗，圣朝不宜诛杀名士，甚至连重病在床的太皇太后都为此事责备神宗。最后，神宗下令对苏轼从轻发落，将他贬为黄州团练副使。面前的挫折并没有改变苏轼豪爽的性格，相反还更加激发了他的创作热情，在黄州的日子，苏轼写下了那首脍炙人口的诗词"大江东去，浪淘尽，千古风流人物"。

击垮神宗的心病——对夏战争

忧国忧民的神宗君臣花费大力气严整内政，历经千辛万苦，也得到了不错的效果，总体上使北宋国力有所增强。这时，神宗开始把目标对准威胁宋朝边境安全的西夏国。

事实上，神宗早就想痛击西夏，把祖先所蒙受的耻辱全部洗刷掉，树立起宋朝的国威。熙宁元年，一个叫王韶的官员给神宗上了三篇《平戎策》，对神宗来说，这场雨来得太及时了。曾任建昌军司理参军的王韶，是个了不起的军事人才。《平戎策》建议朝廷先把河湟给收复了，使西夏腹背受敌；再控制羌族诸部和吐蕃，使西夏处于孤立状态；然后再进攻西夏，这样就可以把西夏收服。神宗非常赞同王韶的分析和战略战术，其主张后来变成宋朝对西夏用兵的主要方针。同时，原本默默无闻的王韶因这篇《平戎策》而得到神宗的大力赏识，被委以重任，前往西北实现自己的理想和抱负。

朝中大臣对于神宗主动出击的边疆政策各持己见，有人觉得西夏没有进犯宋朝就算是大恩大德了，还主动去找事，这不是给自己添堵么。朝中重臣富弼、司马光等人先后上书，希望神宗对于西夏的政策慎重考虑，不要贸然发动战争。而王安石全力支持王韶，力排众议。公元 1072 年 8 月，王韶被任命为洮河安抚司的长官，开始经营河州、湟州地区。在河湟地域，有个势力很大的吐蕃部落，它一直是宋、辽和西夏极力讨好、拉拢的对象。到秦州之后的王韶，了解到最大的部落是青唐城的俞龙珂，西夏与渭源羌人都特别想笼络他，但都以失败告终。王韶只带着几个人来到俞龙珂的营帐，对他说了事情的利害，并劝其归顺，为了表示诚意，还留宿在他的帐中。为此颇受感动的俞龙珂，不久便率部下 12 万人全部归顺了宋朝。神宗之所以赐名俞龙珂为包顺，是因为他十分崇敬清官包拯。王韶在包顺的全力支持下得以深入吐蕃各部，扫平了收复河湟地区的道路。

公元 1073 年 5 月，神宗把古渭寨升为通远军，命王韶知军事，打算以

99

此为基地，巩固陇右，打击西夏。王韶训练军队的同时，还一边开垦荒地，大力发展边贸，把这里经营得有条不紊、有声有色。7月，王韶开始率军西进，进攻武胜城，并在此筑城，改名为熙州。并在熙州周围修建了很多桥梁与城堡，为宋军西进和南下奠定了基地。熙宁六年，王韶又率军攻克河州，岷、宕、洮、叠州的羌酋纷纷归顺宋朝。这无疑是北宋王朝数十年来一次巨大的胜利。熙河一战，不仅阻止了西夏的南侵，而且鼓舞了神宗收复失地、重振国威的信心。

神宗收到捷报，异常开心，亲自接受百官的朝贺，还解下自己的玉带赠予王安石，感谢他对王韶开拓熙河的大力支持。神宗更加重用立了大功的王韶，职位也是一升再升，最后被任命为枢密副使。他还被人称为"三奇副使"，意思是他献奇策、奏奇捷、受奇赏。

公元1081年4月，西夏发生政变，西夏国主秉常被囚，梁太后执政。神宗认为这是讨伐西夏的最好时机，立刻集兵30万，兵分五路大举攻夏。然而这次情况并没有神宗所想的那么容易。宋夏双方的战事异常激烈。缺粮断水的宋军最终损失惨重，正值就寝的神宗收到此次战役失败的消息时，不停地绕床榻疾走，一整夜都没有睡着，从此便染上了疾病。

此次战役虽然失败了，但是神宗却并没有因此灰心丧气，反而更加坚定消灭西夏的愿望，一场规模更加庞大的军事行动正酝酿着。公元1082年7月，神宗采纳了给事中徐禧的意见，在横山要冲筑永乐城，希望以此为战争的根据地，直逼兴庆府。9月，永乐城刚建好就遭到西夏精兵的进攻，宋军大败，最终城池被攻陷，徐禧和守城将士全部战死。

宋夏战争的转折点是从永乐城之役开始的，宋朝从此由攻转守。与此同时，对于这次的失败，神宗遭受到了致命的打击。神宗原本信心满满地准备将西夏一举消灭，一雪前耻，到头来却是落到如此悲惨的局面。这是他最不愿意看到的，也是他万万没有想到过的结局。这一次，不管是在精神上，还是在肉体上，他几乎被彻底击垮。

公元1085年正月初，神宗的病情渐渐恶化。朝中大臣乱成一团，王珪等人开始劝神宗早日立皇太子。此时的神宗也有一种不祥的预感，无奈地点头同意了。神宗第六个儿子赵傭，改名为"煦"，被立为皇太子，由皇太后暂为处理国家大事。

一生都在追寻自己理想的神宗，希望富国强民，再造汉唐盛世。然而，当这些梦想被现实的残酷打破时，神宗也走到了人生的尽头。这年3月，满怀壮志的神宗带着深深的遗憾离开了这个让他心痛的世界，年仅38岁。在神宗去世后不久，他耗尽一生心血的新法，被他的母亲高太后暂时废除，值得庆幸的是，不久之后它又逐渐恢复，因此神宗时期颁布的很多措施一直持续到南宋仍然在执行。

第七章

艺术天才和政治白痴——宋徽宗赵佶

帝王档案

☆姓名：赵佶

☆民族：汉

☆出生日期：公元1082年11月2日

☆逝世日期：公元1135年6月4日

☆配偶：王皇后、郑皇后

☆子女：32子34女

☆在位年数：26年（公元1100年~公元1126年）

☆继位人：赵桓

☆庙号：徽宗

☆谥号：圣文仁德显孝皇帝

☆享年：53岁

☆陵墓：永佑陵

☆生平简历：

公元1082年，赵佶出生。

公元1100年，赵佶继承皇位，是为宋徽宗。

公元1126年，金军攻破汴京。

公元1127年，宋徽宗、宋钦宗等人被金人掳走。

公元1135年，宋徽宗赵佶死于五国城。

人物简评

毫无疑问，宋徽宗是一个具有极高艺术天分的皇帝，他才华横溢、文采风流。但是他的正职是皇帝，作为一个皇帝他很失败，任用奸邪之臣、排斥忠良，迷信道教，过着吃喝玩乐的奢靡生活。北宋王朝在他的统治下终于日薄西山，元气耗尽，在金朝的攻打下，北宋灭亡，而徽宗自己也被掳走，最终客死他乡。

生平故事

宠幸奸臣的轻浮皇帝

宋徽宗，名赵佶，是神宗第十一个儿子，哲宗的弟弟。母亲为钦慈皇后陈氏。元符三年（1100）正月初八，年仅23岁的哲宗驾崩，向太后垂帘听政，哭着对宰相大臣们说："国家不幸，大行皇帝没有儿子，谁来即位，事关重大，应尽早确定下来。"她还说："申王眼有毛病，不便为君。还是立端王佶好。"章惇本来想立哲宗的同胞弟弟简王赵似，而且他一向看不惯端王的轻浮，于是抬高了嗓门说道："端王轻佻，不可以君天下！"话音未落，知枢密院曾布从旁冷笑着说："章惇未尝与臣等商议，怎么如此独断！皇太后的圣谕极是允当。"尚书左丞蔡卞、中书门下侍郎许将也齐声附和说："合依圣旨！"向太后说："先帝曾经说过端王有福寿，且很是仁孝，不同于其他诸王，老身立他，也是秉承先帝的遗旨。"章惇见大家一致同意立端王赵佶为新帝，势单力孤，也不敢再说什么。于是向太后宣旨，召端王赵佶入宫，即位于枢前，赵佶继承了皇位，即宋徽宗。

赵佶小的时候很健壮，神宗赐名曰"佶"，"四牡即佶"，取其壮健之意。他的母亲陈氏，开封人，出身并不高贵，只是寻常百姓家。陈氏从小聪慧庄重,十几岁被选入宫,充当神宗身边的御侍,开始的时候并没有什么位号,直到生了赵佶后才被封为美人。陈氏对神宗的感情非常深厚,在神宗死后不久,陈氏也就跟着神宗皇帝去了,当时赵佶才刚刚4岁,既失去了父亲,也失去了母亲,成了孤儿。

赵佶周岁的时候就被授为镇宁军节度使,封宁国公。哲宗即位,进封为遂宁郡王。绍圣三年(1096),以平江、镇江军节度使封端王。端王出宫,有了自己的府邸。宗室亲王平常要学习儒家经典、史籍,但是赵佶对这些都没有兴趣。而是对笔砚、丹青、骑马、射箭、蹴鞠,甚至豢养禽兽、莳花弄草怀有浓厚的兴趣,特别是在书画方面显露出了卓越的天赋。据说赵佶是南唐后主李煜转世托生,所以才有极高的艺术才华。为什么这么说呢?就在赵佶降生的前夜,他的父亲宋神宗恰巧在秘书省看到南唐后主李煜画像,神宗对李后主的画像一见倾心,随即徽宗就呱呱坠地了。

赵佶天资聪颖,但是却没有从母亲那里继承来端谨庄重的性格,况且母亲早逝,对他自然没有多少影响。相反,在周围不良环境的影响下,赵佶逐渐养成了轻佻放浪的脾气。他的密友王诜可以说与他趣味相投。王诜字晋卿,是英宗和宣仁高太后的女儿魏国大长公主的驸马,是赵佶的亲姑夫。此人放荡好色,行为极不检点,家中姬妾成群,还经常出入烟花柳巷,公主温柔贤淑,孝敬公婆。虽然贵为公主,也管不住自己的丈夫。公主得重病,他竟当着公主的面和小妾胡来,对妻子毫不尊重。神宗生气得曾两次将王诜贬官。但是赵佶却和这位姑父很合得来。一天,王诜派高俅给赵佶送篦,正赶上赵佶在园中蹴鞠,高俅在旁候报之时,连声喝彩,赵佶招呼他对踢,高俅使出浑身解数,卖弄本事,踢得一腿好球。赵佶心里很是喜欢,即刻吩咐仆人:"去向王都尉传话,就说我把篦子和送篦子的人一同留下了。"高俅从此得到赵佶的重用。

虽然赵佶在外行为放荡,但是在向太后面前俨然是另外一副正人君子的模样,他非常尊重孝顺向太后,每天都到向太后居住的慈德宫问安起居。因为他聪明伶俐、孝顺有礼,所以向太后对他钟爱的程度远远超过了其他诸王,在哲宗病重期间,向太后对将来立谁为帝的问题早就胸有成竹了。可以说是向太后将赵佶推上了皇位。向太后是神宗的皇后,口碑极好,她和神宗的感情很好,但是从来不干预朝政、恪守妇道。如果家族中有求官者,她一概将他们拒之门外,没有私心。她为人处世不偏不倚,正直贤淑，所以在朝廷上下，大臣百姓对向太后很信任。

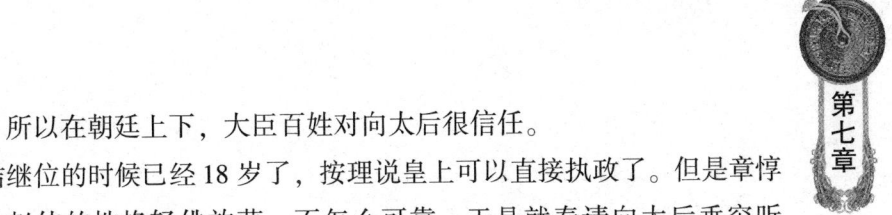

赵佶继位的时候已经18岁了，按理说皇上可以直接执政了。但是章惇等人认为赵佶的性格轻佻放荡，不怎么可靠，于是就奏请向太后垂帘听政。太后本来不想干预政事，但是拗不过大臣的劝说，况且赵佶也哭拜在地，请求向太后垂帘听政。向太后不得已只好答应了。

赵佶对向太后言听计从，不仅仅是感激向太后对自己的支持，更重要的是他现在在朝中需要得到各政治派别的广泛支持，稳固自己的地位。向太后听政六个月后就还政引退了，赵佶则继续调和两派，改元建中靖国，意思是要"中和立政"、"调一天下"。他知道自己名声不好，为了改变轻佻浮浪的名声，他在生活方面也做了些尚俭戒奢的姿态，他将百姓王怀献给他的玉器退还回去，还将自己在内苑豢养的珍禽异兽放归山野。元符三年三月，出现日食，徽宗因此下诏求直言，表示要虚心纳谏，徽宗这副励精图治的样子得到了朝廷上下的称赞。

建中靖国元年（1101）正月，向太后去世后，赵佶再也没有什么顾忌，任用善于溜须拍马的蔡京。蔡京是著名的大奸臣，他被徽宗召回朝廷，担任翰林学士承旨一职。蔡京首先建议，重修神宗朝的历史，为变法张本；恢复绍圣年间根究元祐大臣罪状的安惇、蹇序辰的名誉，为绍圣翻案。1102年，赵佶改元"崇宁"，即崇尚熙宁之意。不久，韩忠彦罢相，曾布也被蔡京排挤出朝。七月，赵佶任命蔡京为宰相。

赵佶衡量官员好坏的准则只有一条，就是看这个官员能否领会主子的心思，也就是会不会拍马屁。尽管他也认为不一定说好话的就是忠臣。大观元年（1107），赵水使者赵霖从黄河中捕到一个乌龟，这个乌龟长得很怪异，它长有两个头。赵霖将这个乌龟献给赵佶说是祥瑞之物。蔡京也附和说："这正是齐小白所说的'象罔'，见之可以成就霸业。"资政殿学士郑居中唱反调说："怎么能有两个头呢！别人看了都觉害怕，只有蔡京称庆，其心真不可测！"赵佶命人将龟扔掉，说是"居中爱我"，于是提拔郑居中为同知枢密院事。然而毕竟还是好话听起来顺耳，蔡京就因为会说好话，会揣摩他的心意，会顺着他的意愿办事，才得到徽宗的格外宠信。赵佶在位26年，蔡京就担任了24年的宰相，虽然中间曾经有三次被罢免宰相的职责，但是很快就恢复了，表明蔡京的马屁拍到赵佶的心里去了，赵佶离不开蔡京了。

赵佶倚重童贯、王黼、朱勔、梁师成等人，这些人个个都是极善谀媚的奸佞之徒，特长就是溜须拍马，排斥异己。宠幸这些奸臣的赵佶是个昏而不庸的皇帝，他并没有受制于这些奸臣，而是牢牢地把握着最高的决策权，这正是他的聪明之处。他继承并极度扩大了神宗皇帝管理朝政的一些办法，最突出的就是天下的事，无论巨细，全都得秉承他的"御笔手诏"处理。他一脚踢开原先负责讨论、起草诏令的中书门下、翰林学士。蔡京等贵戚近臣如果要办什么事情或求恩泽，也要请赵佶亲笔书写，然后颁布执行。有时赵佶忙不过来，就让宦官杨球代笔，号曰"书杨"。对"御笔手诏"，百官有司必须无条件地执行，否则便是"违制"，要受到严惩。政和（1111~1118）以后，就连皇宫大内的事务徽宗也要亲自过问，并且经常像太祖皇帝一样骑马到各司务巡视。

喜欢艺术　迷信道教

"太平无事多欢乐"，这正是赵佶奉行的人生哲学，再加上蔡京、蔡攸父子俩，一个说："陛下当享天下之奉。"一个说："皇帝应当以四海为家，太平为娱。岁月蹉跎，韶华易失，何苦操劳忧勤，自寻烦恼？"赵佶想想也是，现在天下太平，而天下又是赵家的，所以更应该及时行乐。

蔡京为赵佶提了个口号，叫作"丰亨豫大"，形容宋朝在赵佶的统治下富足隆盛，一片太平盛世的安乐景象。赵佶认为要丰亨豫大，就必须先把朝廷、宫室以及其他各种场面都搞得富丽堂皇。于是，赵佶命人首先破土兴建了大内北拱宸门外的新延福宫。政和四年（1114），新延福宫正式竣工落成，因由五个小区组成，故称"延福五位"。此宫东西长、南北短，东到景龙门，西抵天波门，其间殿阁亭台错落相望，鹤庄鹿砦掩映在嘉花名木之间。凿池为湖，疏泉成溪，怪石堆山，小桥流水，花影移墙，峰峦当窗，浓荫蔽日，风送花香，鹤鹿翔跃，鸟鸣啁啾，清幽雅致，不类尘寰。赵佶置身其间，心旷神怡，亲自作文，以记其美。

皇帝既然应享天下之奉，就必须把天下所有美好的东西收罗到皇宫中来，供皇帝享用，赵佶是这样想的，也是这样做的。早在崇宁元年春天，他就派童贯在苏杭设置造作局，役使数千工匠，制作象牙、犀角、金银、玉器、藤竹、织绣等物，无不备极工妙，曲尽其巧。赵佶还嫌不够，崇宁

四年（1105），他又派朱勔在苏州设应奉局，搞起了规模更大的"花石纲"之役。

除花石外，前代的书法、名画、彝器、砚墨，只要能得到的，赵佶全都想方设法不惜重金弄到自己手上。他在宫中专门设立了一个御前书画所，由著名书法家米芾等人掌管，里面收藏了数以千万计的珍品。书法有晋二王的《破羌帖》《洛神帖》，更多的是唐代颜、欧、虞、褚、薛、李白、白居易的墨迹，光颜真卿的真迹就有800余幅。丹青名画有三国时曹不兴的《元女授黄帝兵符图》等，不胜枚举。

古代的钟鼎礼器赵佶收集了1万余件，全都是商周秦汉之物。赵佶擅长书画，砚墨自然是少不了的。在他贮藏文房四宝的大砚库中，光端砚就有3000余枚，著名墨工张滋制的墨不下10万斤。

赵佶并不像一般的收藏家是为了附庸风雅而徒有虚名。虽然赵佶有众多的奇珍异宝，但是他还是对古书画、彝器潜心研究了一番。为了方便保存，他把收集到手的书法名画大多都重新装裱，亲自为之题写标签。装裱时有一定格式，后世称为"宣和装"，现在这种装裱还能见到，可见影响深远。他命人将历代著名书法家、画家的资料加以记录整理，并附上宫中所藏的各家作品的目录，编成《宣和书谱》和《宣和画谱》，为后世留下了美术史研究的珍贵史籍。赵佶还对所藏古彝器进行考证、鉴定，亲自编撰了《宣和殿博古图》。

政和七年（1117），赵佶下令在京城东北部仿照杭州凤凰山的规模筑山。调拨上万名士兵、工匠，昼夜不停地累石积土，耗费了无数的钱财，花费了六年的时间，终于在宣和四年（1122）建成了一座山。徽宗将这座山命名为万岁山，后因地处汴京艮位而改名曰"艮岳"。

赵佶对道教很是迷信，他在藩邸时经常看些道教神仙鬼怪的书籍，很是向往神仙的生活。道士郭天信曾经说他有可能当上皇帝，果然不久他就即位。即位之初，他曾经因为生儿子太少而烦恼，有个茅山道士刘混康对他说，京城东北角风水太低，只要稍微垫高些，便是多子之相。他照刘老道的话一做，果然还没过多长时间他的嫔妃就连连给他生了儿子。既然道士的话都应验了，在他眼里道士简直成了活神仙。他下令道士、女冠的地位在和尚、尼姑之上。政和四年，还在他出生的福宁殿东侧建了座玉清和阳宫，供奉道教祖师的画像。

109

皇帝推崇什么，什么就会立刻应运而生，一些能呼风唤雨、先知先觉的活神仙先后出场。先是王老先，接下来就是大名鼎鼎的林灵素。赵佶一见林灵素，不知怎地竟觉着十分面熟，像在哪儿见过似的。他把这想法和林灵素一说，林灵素灵机一动，信口胡诌起来："天有九霄，以神霄为最高，其治所叫做府。神霄玉清王，乃是上帝的长子，主管南方，号称长生大帝君，后来降生人世，就是陛下。长生大帝君有个弟弟，称作青华帝君，主管东方。还有仙官八百余名，如蔡京本是左元仙伯，王黼乃文华使，蔡攸乃园苑宝华使，童贯等人也是仙官成员。我林灵素本是仙卿褚慧，和众仙官一道降临，辅佐陛下求治的，所以才让陛下看了眼熟。"赵佶原是作为人去膜拜神的，这下子自己竟也变成了神仙！连自己宠爱的小刘贵妃据林灵素说也是九华玉真安妃下凡，赵佶心里乐坏了，于是就封林灵素为"通真达灵先生"，厚加赏赐，还把林灵素的老家温州改名为应道军。后来又进封为"通真达灵玄妙先生"，授予中大夫和冲和殿侍宸的官职。

政和六年（1116），赵佶手捧玉册、玉宝来到玉清和阳宫，上玉帝尊号曰"太上开天执符御历含真体道昊天玉皇上帝"。并大赦天下，令各地的所谓洞天福地全都修建宫观，塑造玉帝圣像，又铸神霄九鼎，安放到了上清宝和阳宫的神霄殿。

政和七年（1117），赵佶对道教的崇拜达到了最高峰，他先和林灵素商量编出了清华帝君白昼显灵于宣和殿、火龙神剑夜间降临内宫的故事，编造出了所谓的帝诰、天书、云篆等物，诏示百官，刻石立碑，以记其事。还集合道士2000余人在上清宝和阳宫由林灵素讲述帝君显灵的过程。接着定期在上清宝和阳宫举办大规模的斋醮，谓之"千道会"。

政和七年四月，赵佶向道录院发了一道密诏，"册立朕为教主道君皇帝"。于是群臣和道录院遂遵诏上表册立赵佶为"教主道君皇帝'。蔡京、童贯等朝廷大臣也都兼任了道教官职。就连朝廷要提拔侍从以上的官员，也得先由算卦的道士推算他的五行休咎，然后再正式任命。一时之间，朝野上下，乌烟瘴气，鬼影憧憧，几乎成了道士的世界。

宣和三年（1121）五月，汴京连遭暴雨，积水成灾，城外积水深达十余丈。赵佶很害怕，忙命林灵素前往作法祛邪，好让城外的积水迅速退去。林灵素率领道徒在城上刚刚迈开虚步，防汛的民夫早就对徽宗重用道

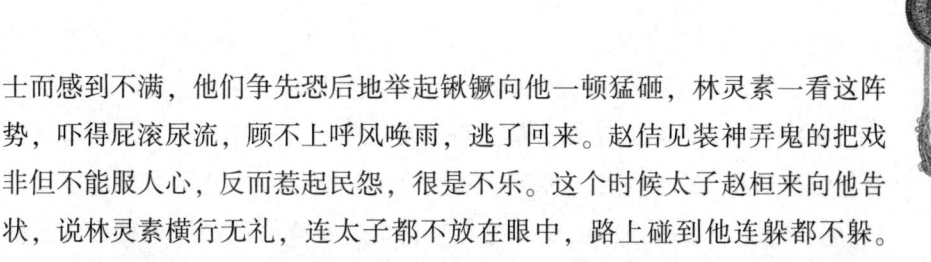

士而感到不满，他们争先恐后地举起锹镢向他一顿猛砸，林灵素一看这阵势，吓得屁滚尿流，顾不上呼风唤雨，逃了回来。赵佶见装神弄鬼的把戏非但不能服人心，反而惹起民怨，很是不乐。这个时候太子赵桓来向他告状，说林灵素横行无礼，连太子都不放在眼中，路上碰到他连躲都不躲。赵佶一听很生气，就将林灵素赶回了老家。此后赵佶的道教活动稍微有所收敛，但他做神仙的美梦一直还有，大概到死的那一天才知道这是不可能的事情吧。

爱好女色的风流皇帝

赵佶性格轻浮，又正值风流年华，除了爱好花木竹石、鸟兽虫鱼、钟鼎书画、神仙道教外，还有两桩最喜欢做的事情，这便是女色和秘戏。

赵佶在17岁的时候大婚，娶的是德州刺史王藻的女儿，王氏比赵佶小一岁，她相貌普通，秉性温良，端庄老实，并不会施展手段讨赵佶的欢心，但好歹是赵佶的原配，赵佶即位后顺理成章地立她为皇后，王氏为赵佶生下皇长子赵桓。虽然不讨赵佶喜欢，但王皇后25岁的时候就生病去世，也可以说是一种安慰，不然的话，可能面临冷落、被废的命运。

赵佶当上皇帝之后，宠爱的是两个女子，一个姓郑，一个姓王，这两人本来是侍奉向太后的押班侍女，生得既美丽又聪慧，懂礼法，善言辞，郑氏还会识字解文，颇有才气，秀外慧中，向太后对她很是看重。赵佶去给向太后请安的时候，目光时时落在这两位侍女身上，向太后早就看出了眉目。所以在赵佶即位后，做了成人之美的好事，将二人赐给了他。赵佶如愿以偿，自然十分高兴。

赵佶一直自认为是个儒雅的才子，不仅喜欢女子的美貌，也能够欣赏女子的才德。郑氏喜欢读书，给皇帝的章疏都是自己亲自写的，从不命人代笔。她的字体娟秀，文辞藻丽，赵佶本来就非常喜欢书法，看了郑氏的字常常有股春风拂面的清新之感，所以在郑、王二人中间，他更加偏爱郑氏。他经常写些情词艳曲赐给郑氏，这些作品传到宫外，人们竞相吟唱，郑氏对赵佶更是顺承备至。大观二年（1108），王皇后驾崩。到政和元年（1111），赵佶册立郑氏为皇后。

除郑皇后和王氏之外，备受赵佶宠爱的嫔妃之中还有大小二刘贵妃、

111

乔贵妃、韦贵妃等人，这几个人各领风骚，人人都擅一时之宠。政和二三年（1112~1113）间，赵佶最偏爱的是大刘贵妃，这位贵妃出身寒微，但是却貌美如花，很得赵佶的宠爱。每逢宴会，赵佶总要将她带在身边，才觉得饭菜比较香。谁知道大刘贵妃红颜薄命，不幸在政和三年秋，突发疾病，侍从奔告于赵佶，因为大刘贵妃的身体一直好好的，所以赵佶起先以为是小病，也没有在意。等到赵佶前去探视时，大刘贵妃已经香消玉殒了。赵佶后悔不迭，万分悲痛，特加谥号"明达懿文"，并亲自记叙她的一生，命乐府谱曲奏唱，不久又追封她为明达皇后。

正当赵佶为大刘贵妃的死感到伤心寡欢的时候，宦官杨戬觉得应该为主分忧，便找来一个女子，赵佶一见这个女子便心醉神迷，瞬间就把丧妃的悲痛抛到九霄云外去了。这个女子便是小刘贵妃，她的出身和大刘贵妃一样并不高，父亲刘宗元是个酒保。小刘贵妃天资颖悟，虽然小小年纪，但是非常善于迎合赵佶的旨意。她已生得仪态万千，身材纤细，轻盈袅娜，美丽动人。小刘贵妃每次睡醒之后，脸上总像刚喝过酒似的飘着两朵红云，不施脂粉，脸若桃花一般美丽。她不仅长得纤巧，而且擅长烹饪，经常亲自下御厨为皇上做几盘菜，赵佶吃了点头称赞。她还很擅长涂饰，自己动手剪裁衣衫，标新立异，装扮起来更似天仙一般，深得徽宗的喜爱。但是随着时间的流逝，刘妃的绝美容颜也经不起光阴的消磨，她为赵佶生下了三男一女四个孩子，赵佶对她的新鲜感消退，又去找其他的美人了。

李师师是染局匠的女儿，四岁的时候没有了父亲，流落街头，被隶属娼籍的李家收养，李家将她培养成了名动京华的歌妓。有一首诗称赞她："远山眉黛长，细柳腰肢袅。妆罢立春风，一笑千金少。归去凤城时，说与青楼道。看遍颖川花，不似师师好。"赵佶听说了李师师的艳名，自政和之后，经常溜出宫门，穿着微服出行，乘一顶小轿子，带着数名内侍，秘密地前往李师师家过夜。毕竟天子到青楼妓馆，总不是件光彩的事，赵佶对此很是忌讳，害怕被人发觉，闹得难堪。但是世上没有不透风的墙，况且是皇帝的风流韵事。很快赵佶的行动就被人发觉了。秘书省正字曹辅上疏谏道："听说陛下厌居宫禁，不时乘小辇去尘陌郊垧极尽游乐，臣没想到陛下承担宗社重任竟玩安忽危到这等地步！"宋徽宗听了这话非常不高兴。第二天，曹辅就被发配到了郴州（湖南郴县）。

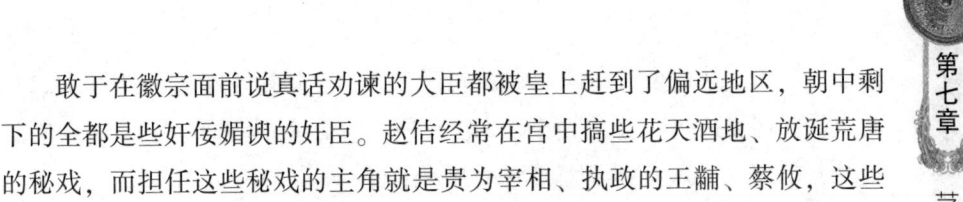

敢于在徽宗面前说真话劝谏的大臣都被皇上赶到了偏远地区，朝中剩下的全都是些奸佞媚谀的奸臣。赵佶经常在宫中搞些花天酒地、放诞荒唐的秘戏，而担任这些秘戏的主角就是贵为宰相、执政的王黼、蔡攸，这些大臣把自己弄得跟丑角一样，和徽宗一起玩得昏天黑地。

赵佶在位 26 年，过着极尽腐朽糜烂的生活，在历代皇帝中没有几个能比得上他。有什么样的皇帝就有什么样的大臣。赵佶最宠信、最重用的将相大臣、宦官嬖幸，如蔡京、王黼、童贯等人，每一个都是奸贪残暴，干尽了坏事儿的家伙。蔡京当宰相后大肆贪污受贿，一个人拿好几份俸禄，就连粟、豆、柴薪之类的东西也要从国库中支取。他经常在家大摆宴席，宴请同僚联络感情，每次请客吃饭都浪费甚多。蔡京在汴京拥有两处豪华的府第，又在杭州凤山脚下建了座雄丽的别墅。宣和末年，他将大批家财用大船运到杭州别墅贮藏起来，把另外 40 余担金银宝货寄藏到浙江海盐的亲戚家，这些财宝不但使他的后代受用不尽，连这家亲戚也沾光成为当地的首富。王黼公开卖官鬻爵，每个官都有定价，当时称作"三千索，直秘阁。五百贯，擢通判"。

被金人掳走

崇宁二年起，蔡京建议徽宗攻打西夏，于是赵佶派童贯带兵发动了一连串对西夏的战争，攻占了许多地盘，逼得西夏向宋朝低声下气地奉表谢罪。自从与西夏交兵以来，宋朝确实从来没有取得过如此赫赫的战果。赵佶洋洋得意起来，他遣官奏告天地、宗庙、社稷，为这场胜利轰轰烈烈地庆祝了一番，连带把自己也好好地夸奖了一番。

宋夏边境刚刚熄灭了战火，赵佶又打起了辽朝的主意。他和金朝联盟夹击辽，收复了燕京。金朝答应将燕京归还给宋朝，但是宋朝要给金朝 100 万贯的"燕京代税钱"，付了钱，才发现金留给宋的只是一座空城。接下来，金的矛头就掉转来指向了宋。

宣和七年（1125）十月，金兵分两路大举南侵宋朝，西路军以粘罕为主将，由大同进攻太原；东路军主将是斡离不，由平州（今河北卢龙）攻燕山，两路军计划在汴京会合。金兵推进得非常迅速，十月，东路军攻下檀州（今北京密云）、蓟州（今天津蓟县）。十二月，郭药师叛变，金兵不战而入燕山，从此金兵命郭药师做先锋，大踏步地南下了。西路军十二月初出兵，连克朔州（今山西朔县）、武州（今山西神池）、代州（今山西代县）等地，十八日到了太原城下开始围攻。

紧急军报像雪片一样飞到汴京，赵佶看过之后吓得心惊肉跳。面对国难，此时的赵佶已经丝毫没有才子般风流洒脱的模样了。他整天愁眉苦脸，一副大祸临头的样子，还动不动就涕泪交流，表示悔过的样子，留给大臣一个改过自新，准备抗金的错觉。实际上他根本就不敢担当抗金的责任，面对金军的强势逼近，徽宗根本就没有勇气面对，每天都想着要逃亡。为了便于逃跑，他任命皇太子赵桓为开封牧，想让儿子以"监国"的名义替他挡住金兵，自己好保着皇位向南逃命。他传旨要"巡幸"淮浙，派户部尚书李棁守建康（今南京），替他打前站。太常少卿李纲刺破胳膊，以血上疏说："皇太子监国，本是典礼之常规，但如今大敌入侵，安危存亡在于呼吸之间，怎能仍旧拘泥常规呢？名分不正而当大权，又何以号令天下，指望成功呢？只有让皇太子即位，叫他替陛下守宗社，收人心，以死捍敌，天下才能保住！"

赵佶心里只想着赶快逃命，仔细权衡了一番之后，只好下了禅位的决心。但是他并不想给大臣和民众留下为了逃命才将皇位禅让给儿子的印象，所以绞尽脑汁找了个自以为体面点的借口。十二月二十三日傍晚，赵佶到玉华阁召见宰执大臣，先传令提拔吴敏为门下侍郎，让他辅佐太子。赵佶接着写道："皇太子可即皇帝位，予以教主道君的名义退居龙德宫。可呼吴敏来作诏。"不一会，吴敏从外面拿进来草拟好的禅位诏书，赵佶在结尾处写道："依此，很令我满意。"

第二天，皇太子赵桓在经过一番辞让后即位。上赵佶尊号曰"教主道君太上皇帝"，居龙德宫；郑皇后尊号曰"道君太上皇后"，居撷景西园。

赵佶在退位的第二天虽曾明确表示说："除道教教门事外，其余一律不管。"但赵佶退位并不是心甘情愿的，他怎么能放弃昔日的权威呢？并且他的宠臣也不会甘心轻易地放弃权力。在心情稍微平息下来之后，他们就开始以"太上皇帝圣旨"的名义发号施令了。东南地区发往朝廷的报告被他们截住不得放行；对勤王援兵也要求就地待命，听候他们的指挥；纲运物资也要在镇江府卸纳。他们把持着东南地区的行政、军事、经济大权，准备在镇江重新把赵佶捧上台。汴京的新皇帝赵桓听到此事后，下诏说按照赵佶退位诏办理，剥夺了他们的权力，还将童贯、蔡攸等人贬官。赵佶和儿子赵桓的矛盾却由此激发了。

二月初，金兵从汴京城下撤退，赵桓接连派人请赵佶回京。赵佶表示自己今后不再干预朝政，享受闲适的生活。父子俩的矛盾在表面上有所缓和。四月三日，赵佶回到汴京，赵桓亲自到郊外迎接。只见赵佶头戴桃冠，身着销金红道袍，飘飘摇摇地从宋门入城，住进了龙德宫。

但是随后的几个月，太上皇赵佶过得并不舒心，失去了权力之后，他昔日的宠臣一个个被儿子宋钦宗或贬或死，而跟随自己多年的十几个贴身内侍也都被赶出了京城，连李师师的家财也被赵桓一道命令籍没了充作赔款，而自己的一举一动都在赵桓的严密监视之下。

靖康元年闰十一月二十五日，金兵攻陷汴京。第二年的二月六日，金人宣布废掉赵佶、赵桓两个皇帝。金兵早就将赵桓扣押在了青城，这时又点名令赵佶前来。

二月七日早晨，赵佶在龙德宫蕊珠殿吃罢素餐，觉着这座宫殿离金兵占据的外城太近，很不安全，就搬到了延福宫。刚坐下，就见几个人从门外走了进来，为首的是已做了金兵走狗的李石。李石说："金人请太上皇到南熏门内一个房子里写拜表，只要拜表送去，金人就会把皇上送回来，没别的意思。皇上还让我们捎话说：'爹爹、娘娘请快来，免得错过机会。'"赵佶虽然还不知道金人已经废掉了自己，但是这几个月来赵佶一直过着心惊胆战的日子。听了李石的话，赵佶吓了一跳，他生怕这是一个陷阱，沉吟了半晌，说："军前没什么变动吗？卿别隐瞒，朕以后给卿等升官，别再贪眼前小利误了朕的大事，若有变动，朕好早做打算，徒死无益。"李石发誓："若有不实，甘受万死！"赵佶又怕当今朝廷做什么手脚，就说："朝廷既不放我南去，围城时又对我封锁消息，所以才弄到被困的这种地步。今天我轻易一动就会招来不是，卿别瞒我。"李石又说："不敢乱奏。"赵佶暂时相信了他的话，派人将郑皇后请来。不一会儿，郑皇后进来，两个人嘀咕了一阵，赵佶穿上道袍，又取过自己平常佩带的佩刀，令内侍丁孚拿着，和郑皇后乘肩舆出了延福宫。走到南熏门，他刚想下轿，护卫的人忽然围拥肩舆向门外跑去。他在轿中跺着脚气急败坏地大叫："果真有变！丁孚快拿刀来！"扭头一看，丁孚早就被抓到一边去了。赵佶就这样中了圈套，被金人劫走了。

当年十月，赵佶从燕京又被押到了大定府（今辽宁宁城西），次年七月，又被押到了金国都城所在地的上京会宁府（今黑龙江阿城县南），穿着素衣的赵佶拜见了阿骨打庙后，又拜见金太宗吴乞买于乾元殿，金太宗封他为"昏德公"。不久，赵佶和赵桓等900余人，被迁到了韩州，金朝拨给他们15顷土地，令他们自行耕种。

在以后的几年里，每逢丧祭节令，金人都要赏赐给赵佶一些财物酒食，每赐一次，又总要赵佶写一封谢表。后来，金人把这些谢表集成一册，拿到设在边境的和南宋进行贸易的榷场一直卖了四五十年。

赵佶一直希望有一天能重新回去，但是没有等到。绍兴五年（金天会十三年，1135）四月，赵佶死在金朝。绍兴七年（1137）九月，消息传到南宋，赵构痛哭流涕。绍兴十二年（1142）八月，赵佶的梓棺从金朝运到了临安。赵构将宋徽宗葬在永佑陵，庙号"徽宗"。

第八章

被迫做俘虏的窝囊君主——宋钦宗赵桓

帝王档案

☆姓名：赵桓，原名赵亶，又名赵煊

☆民族：汉族

☆出生日期：公元 1100 年 5 月 23 日

☆逝世日期：公元 1156 年 6 月

☆配偶：朱皇后、朱慎德妃

☆子女：3 个儿子，1 个女儿

☆在位年数：2 年（公元 1125 年～公元 1127 年）

☆继位人：赵构

☆庙号：钦宗

☆谥号：恭文顺德仁孝皇帝

☆享年：57 岁

☆陵墓：永献陵

☆生平简历：

公元 1125 年，登基当上了皇帝。

公元 1126 年，起用李纲抗击金兵。

公元 1126 年，到金营去议和，被金人扣押。

公元 1127 年，北宋灭亡，被金国贬黜成庶人，并被金国掳走。

公元 1156 年，病死，享年 57 岁。

第八章 被迫做俘虏的窝囊君主——宋钦宗赵桓

人物简评

赵桓是宋徽宗的大儿子，生母是恭显皇后王氏。但是这个长子却一点出息也没有，面对强大的金国，完全被吓破了胆，只知道一个劲儿地摇尾乞怜，希望能和金国和平共处。不仅如此，他还亲小人远贤臣，不辨是非善恶。后来连国家也灭亡了，自己则被金兵掳走，做了阶下囚。赵桓于是成为了北宋的最后一个皇帝，他的一生可以说是悲哀的。

生平故事

宋钦宗赵桓是北宋王朝的第九个皇帝。原名叫亶，到了后来又把名字改成煊，最后才将名字定为桓。

哭着当上皇帝

赵桓出生的时候，他的父亲刚刚当了4个月的皇帝，屁股还没有坐热。在他5个月大的时候，就被册封为检校太尉，山东东道节度使，韩国公。第二年六月又成了开府仪同三司，封京兆郡王。崇宁元年（1102）二月他的名字改成了赵煊，八月的时候又把名字改成了赵桓。

大观二年（1108）一月，赵桓被册封为定王，然后到外面去学习，虽然艰苦，但平时学的那些书也不过就是些《礼》《易》《尚书》之类，还有《汉书》等史籍，另外再穿插一些诗词歌赋。之所以学起来很吃力，是因为赵桓这个人天生就比较愚钝，资质太差，和那些天生聪颖的人根本没法比，因此一篇普普通通的文章，他都要花好几天的时间才可以背诵。但是勤能补拙，他虽然是笨了点，然而却特别勤奋，而且和别人说话的时候非常有礼貌，渐渐的人们也就不觉得他笨了，甚至还认为他很聪明，也非

119

常有容人之量，还很孝顺。

赵桓的生母王皇后在生下他之后渐渐不被皇帝喜欢了，由于她越来越不受宠爱，情绪经常处在非常低落的状态，因此在大观二年九月的时候，才刚刚25岁的王皇后突然就撒手人寰。这时候赵桓的年纪还非常小，只有九岁。于是在失去了母亲的伤痛中，赵桓渐渐变得不喜欢说话，也不爱与人交往。从此以后，赵桓变得恬淡无为，不再被世间的各种诱惑而吸引，说话办事非常老成持重。尽管他是东宫，即将来的太子人选，但是对于朝廷上的事情却从来也不参与。

时间过得非常快，一眨眼的工夫，赵桓就已经到了20岁，举行了加冠仪式以后，他就算是一个成年人了。在政和五年（1115）的时候，赵桓的父亲赵佶已经当了16年的皇帝了，赵佶打算向先帝学习，立下太子，将来让他继承自己的皇位。由于自古以来都是立嫡长子为太子，所以很自然的，赵佶就将赵桓册立为皇太子了。

赵桓想尽一切办法要让自己在太子的位置上一直待下去，平时说话办事也更加小心谨慎了。为了让天下的人都知道自己是一个非常节俭的人，他平时的生活都十分朴素，即使是在拜谒太庙的过程中也要向皇帝请示，准许自己不乘坐金辂，不使用卤簿，而是穿着平常的衣服，骑着马前去。他想要让父亲知道自己没有太大的野心，因此还要求那些官吏们在他面前不要自称为臣。在搬到东宫居住以后，赵桓向皇帝请示，将东宫以前的诸司局务减少一点，以便减少钱财和粮食的浪费。为了让别人都知道自己是一个刻苦学习的人，他一天的生活除了向父亲问安和吃饭睡觉之外，不论早晚，只要有空余的时间，他都要将学官召过来进行授课。

赵桓这个皇太子当得可以算是战战兢兢如履薄冰了，各方面做得都相当到位，然而他这个太子之位还是不那么牢靠，父亲赵佶好像有点不喜欢他。

金兵开始和宋朝开战了，虽然这看起来和赵桓没有一点联系，实际上却帮了他的大忙。由于在金兵的铁蹄之下，宋朝的军队节节败退，完全不是对手，因此赵佶对赵桓的态度渐渐发生了转变，变得越来越好，最后甚至显得特别疼爱了。他亲自御笔朱批，将赵桓拜为开封牧，并且一再向天

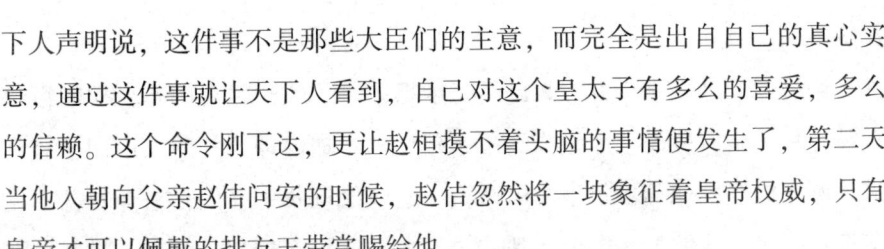

下人声明说，这件事不是那些大臣们的主意，而完全是出自自己的真心实意，通过这件事就让天下人看到，自己对这个皇太子有多么的喜爱，多么的信赖。这个命令刚下达，更让赵桓摸不着头脑的事情便发生了，第二天当他入朝向父亲赵佶问安的时候，赵佶忽然将一块象征着皇帝权威，只有皇帝才可以佩戴的排方玉带赏赐给他。

到了宣和七年十二月二十三日，宋徽宗赵佶经过深思熟虑，做出了一个非常重大的决定，把皇位禅让给皇太子赵桓。当然，他之所以在金兵攻打宋朝的时候突然之间对太子的态度来了个180度的大转弯，目的已经显露无疑，他就是想要把这个危险的皇位尽快让出去，这样就可以让他的儿子当替死鬼，去抵抗如狼似虎的金兵。后来的事实证明，赵佶的这个决定是非常英明的，不过对于赵桓来说却是被自己的父亲给算计了。

赵佶打着自己的如意算盘，命人将皇太子赵桓叫到跟前来，要将皇位传给他。于是赵桓被传召的人领到赵佶居住的保和殿东阁，然后就跪下磕头，行完礼之后看见赵佶在床上半躺着，那些朝廷重臣们都在他的床前围绕着，心里不由觉得非常奇怪，不知道要发生什么事了。少宰李邦彦和太师童贯马上将一件御袍抖开，给赵桓披到身上。赵桓不明白到底是什么情况，不由得双腿一软，重新跪了下去，还哇的一声哭了出来，坚决不接受这件黄袍。他一面哭，一面扑倒在地上，把袍子甩了出去，大臣们也没有办法了。

赵佶一看他这样怎么能行，自己绝对不会再当皇帝了，一定得把太子弄到皇位上去。于是便在纸上写了一句话："汝不受则不孝矣。"赵桓哭着将那张纸接到手里，看了看便哭着说："臣若受之则不孝矣。"过了一会儿又抬起头，流着泪以沙哑的嗓音说道："父皇欠安，臣儿定难从命。"就这样一直僵持了很久，赵佶也没有办法了，就下令让内侍把赵桓扶起来去福宁殿登基当皇帝。于是那些内侍连拖带拽把赵桓弄了出去，一路艰难地前行，走了半天才到达福宁殿的西虎门那里。一直等在那里想要向新皇帝祝贺的大臣们，也赶紧过来帮忙把赵桓扶着，让他进入到大殿里面去。他们本来想着马上就把赵桓扶到座位上面去，让他即位当皇帝。但是赵桓经过一路的折腾，昏了过去。这些人没有办法，只好把他抬到了床上，先让他休息一下。

经过他们这么一折腾，天已经完全黑下来了，皇宫中的亭台楼阁很快就被一片黑暗所吞没。那些收到命令赶过来参加内禅典礼的大臣们已经在殿外班列成序，就等着新皇帝出来，一起向他祝贺了。但是左等右等不见新皇帝出来，他们怎么也想不到这个皇太子还没有即位，就晕了过去。那几个重臣见百官都在焦急地等待，经过商量，决定不再继续等下去了，先宣诏然后再让太子登基也是一样的。于是由太宰白时中对着文武百官，高声将禅位诏书朗读了出来，但是这样一来，那些官员们更不肯离去了，都说要向新天子祝贺了之后才回去。

几个重臣一见这种情况，一点办法也没有了，只能等着赵桓醒过来。后来大宦官梁师成由后宫到这里来，对那些大臣们说："新皇帝自从之前被拥到福宁殿那里以后，到现在还昏迷不醒呢。"那些官员们听他这么说，便开始议论起来，几位宰执大臣则是你看看我我看看你，都没了主张。于是他们把一直以来都和赵桓比较亲密的大臣耿南仲召进宫侍候，并且准备把御医叫过来给赵桓瞧一瞧，让大臣们各自退下，说是"今天已经太晚了，其他时候再与群臣在大殿见面"。

第二天，在又一次固辞不允后，赵桓终于接受了这个现实，登基做了皇帝，并且接受官员们的朝贺。

犹豫不决

当上皇帝之后，宋钦宗赵桓可谓是日理万机，一刻也不闲着，他天天都要在便殿和文武百官见面，谈论国家大事，并且批阅奏章，经常到很晚的时候还不睡觉，真是勤勤恳恳、兢兢业业。而且他一直保持着当皇太子时候的那种勤俭节约的好习惯，严格约束自己，什么不良嗜好都没有。

但宋钦宗除了能够克己奉公之外，没什么大的才能，顶多算是一个有中等才干的人。而且他有一个致命的缺点，就是优柔寡断、反复无常，经常处在一种犹豫不决的状态。要知道，想要做一个政治家，首先必须果决干练，遇见事情就犹犹豫豫的，怎么可能成就大事业？因此无论宋钦宗再怎么努力，他也治理不好国家，连很多特别简单的事情他都分辨不出对错，至于深谋远虑、雄才大略什么的，就更不要提了。

宋钦宗当上皇帝的时候正值一年快要过完，按照惯例，新皇帝登基以后，要在第二年改元，于是中书大臣经过一阵商量之后，准备使用靖康这个年号，意思就是"日靖四方，永康兆民"。

靖康元年（1126）正月初二这天，宋钦宗传下圣旨想要对侵犯自己国家的金兵来一次御驾亲征，将吴敏任命成亲征行营副使，命兵部侍郎李纲与开封府的聂山为参谋官，集结大军准备出征。但是才过了一天时间，濬州被攻破，金兵渡河杀过来的消息便传到了京城，这么一来京城里顿时乱作一团。消息传来的那天晚上，太上皇赵佶就收拾了一下，朝东南方向逃去，而那些王公大臣们一看太上皇都跑了，他们还有什么可留恋的啊，也都把自己的财产收拾收拾，带着妻子儿女一起逃难去了。

到了初四，整个京城已经戒严，天刚亮，宋钦宗赵桓就迫不及待地和那些大臣们商议对策，很多人都提出建议说让皇上出狩襄邓，宋钦宗觉得这个主意似乎不错，虽然还没有最终确定下来，但是基本认可了这个办法。但是这个时候，兵部侍郎李纲却到了大殿之上，平时他都是很少参与朝政的，现在却突然上奏说："现在连大街上的那些老百姓都在相互议论，说是皇上想要出狩避敌，假如真这么做的话，宋朝的江山可就岌岌可危了。您现在是当今的天子，怎么可以置天下于不顾，到别处去避难呢？"

听到李纲这么说，内侍陈良弼就提出意见说："京城这里的城墙都已经破败不堪了，尤其是城东樊家冈那个地方的护城河都是又浅又窄的，根本就起不到阻挡敌人的作用，如果守城的话，那里一定守不住。"李纲顿时反驳道："全天下所有的城池之中最坚固的就是京城的了，假如连这里都守不住的话，那去别的地方就更不可能守得住了。"

于是对于京城能不能守住，皇帝该不该撤到别的地方去这个问题，大臣们展开了一场无休止的争论，谁也说服不了谁。宋钦宗听他们各说各的理，而且好像都很有道理的样子，就没了主意，不知道应该怎么办才好。这时，李纲大义凛然地说："如果陛下觉得臣还算是个能带兵打仗的人的话，让臣来统帅军队，臣定当竭尽全力守护京师，击退外敌。如果敌人想

第八章 被迫做俘虏的窝囊君主——宋钦宗赵桓

123

进京城，除非从臣的尸体上跨过去！但是臣的官职卑微，恐怕不能让那些将士们信服。"

宋钦宗很赞赏他的勇气和决心，于是马上将他晋升成尚书右丞，接着就宣布退朝，回去吃饭了，这种做法好像是说他已经同意了李纲所说的话，准备留在京城了。然而刚吃完饭，宋钦宗赵桓就派人传召大臣，继续讨论到底该不该离开京城这个问题，并且将李纲任命为东京留守。这个反复无常的宋钦宗，只在一顿饭的工夫中就把主意改变了。

在福宁殿将这个根本讨论不出结果的问题再次提出来，大臣们便又继续那未完的争论。李纲显然知道宋钦宗的这个毛病，早已经准备好应对之法了，于是他先声夺人，举出唐明皇南逃川中这件事。李纲说："如果现在您出狩，就好比是龙离开了他生活的海水，前途未卜啊！希望皇上能够三思而行。"但是宋钦宗却还是拿不定主意，正在犹豫的时候，内侍王孝竭在一旁说："皇后和国公都已经逃跑了，陛下您绝对不能留在这种危险的地方！"宋钦宗听了他的话吓了一跳，直接从龙椅上跳了下来，急得哭了出来，声音颤抖着说："你们谁也不要再留我了，朕将亲自前往陕西，然后再领兵马收复京城，绝对不会留在这里！"

李纲见宋钦宗坚持要走，哭着跪在地上请求他收回成命，不然就死在殿前。正相持不下的时候皇叔燕王赵似、越王赵俣突然到了，他们也认为坚守京城才是最好的办法。于是在这几个人的努力劝说之下，宋钦宗终于改变了主意，等他的心情平静下来，便命令人去把皇后和国公追回来。接着回过头来，狠狠地盯着李纲说道："朕是被你一再劝阻才决定留守京城的，现在抵御金兵都是你的责任了，你一定要守住京城，绝对不能玩忽职守！"李纲赶紧跪下，并保证不会让他失望。

虽然已经做出了决定，但却连一天的时间还不到，宋钦宗就又改变了主意。宋钦宗一直感到非常害怕，担心什么时候金兵就攻破了京城，因此怀着这样紧张不安的心情，无比煎熬地过了一个白天。等到半夜的时候，派去追皇后他们的那些人还没回来，宋钦宗忍不住又改变了主意，决定天一亮就离开京城。

初五的早晨，李纲早早就去上朝，却看见一队禁卫军整整齐齐地站在

那里,而皇帝的车子则在院子里面停着,那些嫔妃们正一脸匆忙地准备上车。李纲一看,这是要走了啊,昨天说好的要留守京城,怎么突然就又改主意了?他赶紧上前去,对那些禁卫军们大声说:"你们是愿意跟着皇上一起离开,还是愿意留下来誓死守卫京城呢?"这些士兵一个个都是男子汉,不像皇帝那样贪生怕死,一起高声叫道:"愿意誓死保卫京城!"声音传进了宋钦宗的耳朵里,他看见士兵们的情绪如此高昂,于是就又把出走的想法给打消了。

初六那天,宋钦宗亲自登到宣德门上,对守城的所有军士们宣布说要死守京城,坚决和入侵的金兵对抗到底。并将李纲任命成亲征行营使,让他全权负责守城的事情。这一举动让所有的将士们都非常感动,甚至跪在地上哭了出来,到处都是喊万岁的声音。

这个时候,在黄河北岸的金兵差不多全都渡过了黄河,向京城进逼过来,但是京城这里的防御却还没有准备,一切都得从零开始。李纲抓紧时间部署守城的兵力,他在东西南北的城墙上都安排了12000人的重兵,还准备了很多火油、檑木、砖石、弓弩、石砲等守城用的东西。然后他还设立了四万人的中军,分成前后左右四部分,前军驻扎在东门之外,负责保卫延丰仓,因为那里囤积着40多万石粮食,而后军则负责将樊家冈守住,另外的军队则作为机动部队在城中留守,哪里出现情况就去支援哪里。这样急急忙忙将守城的事情安排完,金兵就已经到了城下了。

金兵一点也不给宋朝喘息的机会,马上就开始向京城发动进攻。刚开始的时候金兵选择了向西水门那里猛攻,但是宋朝的军队异常凶猛,很快就将他们打了回去。第二天金兵又开始向北封丘、酸枣诸门攻击,李纲亲自登上城墙指挥战斗,守城的将士们全都奋勇作战,又一次将金兵打败了,杀敌近千人,将金兵想要一举攻下京城的计划粉碎了。

现在的局势已经非常明朗,尽管金兵进攻起来非常强悍,但是宋朝却占有绝对的优势。首先从人数上来说,金兵的兵力只有6万多,比宋朝守城的人少多了,而且宋朝又有坚固的城墙用来防守;其次,金兵是孤军深入,而宋朝的军队却是以逸待劳,而且还有各地的军队正在赶来营救。因此无论怎么看,这次战斗宋朝都赢定了。

然而宋钦宗却是个胆小如鼠的人，他根本看不清楚局势是对谁有利，只是看到金兵在攻城，就吓得不知道怎么办了，一个劲儿地派人到金兵那里去求和。

　　金人见这个皇帝如此好欺负，于是就提出了一些非常无理的要求，他们想要以黄河为界线，和宋朝共分天下，而且索要很多的钱财，还要求宋朝派出大臣到他们那里商量具体事宜。宋钦宗听了这样的要求，就望了望那些朝廷的重臣们，但是这些人全都默不作声。这时李纲站了出来，想要到金人那里去和谈，但是宋钦宗却不让他去，最终派枢密副使李棁带着宋钦宗的命令到金人那里谈判。

　　在临行前，宋钦宗对李棁说可以将岁币增加三五万两，慰劳金人将士们的银子三五百万两，此外再给金人的将领赠送1万两黄金以及美酒美食等东西加以贿赂。谁知宋使来金营以后，金人却用攻破京城要挟他，说了一些更加苛刻的议和条件。

　　李纲听说皇上想要答应金人的这些无理要求，差点没气死。他极力反对议和的事情。主张和金人相持一段时间，只要拖到其他地方的援兵赶到，他们就可以进行反攻了。但是软弱的宋钦宗对他的话根本理也不理，非常厌烦地说："你只需要领着军队把京城守好就行了，至于和谈的事情你就不必插手了。"

　　就这样10天过去了，全国各地救援的军队都来到了城外，加起来有20万人之多，就算是踩也能把金人的军队给踩死。京城的守军一见援军到了，顿时感到精神振奋。而攻城的那些金兵总共才6万人，发现情况不利之后，他们赶紧将部队向后撤退，然后在堡垒之中坚守不出。

　　来救援的军队当中大将种师道和姚平仲都对李纲坚决抗敌的想法感到非常赞同，但是对于如何抗敌却存在着不同的意见。种师道是一个老将，在打仗方面有着十分丰富的经验，他打算和金人一直这么耗下去，等到金人的粮草物资供应不上的时候，再寻找机会进行反击，这样很轻松便可将他们打垮。而姚平仲是个急性子，他想要秘密派出一队人马，趁着晚上的时候对金人的大营发动突袭，把他们的将领活捉回来。但是他的这个计划不知怎么被金人知道了，并且还布下了埋伏。因此姚平仲不但没有偷袭成功，反而吃了败仗，死了 1000 多士兵。听说这件事以后，朝中的那些投降派非常高兴，马上开始造谣，说来增援的军队已经全被金兵杀了，李纲就是罪魁祸首。

想要和金人议和，没有那么多银子，想要打仗，却又打败了，于是宋钦宗整天闷闷不乐，眉头深锁，不知道怎么办。他开始反思，觉得自己当初就不应该留在京城，一开始的时候就应该坚决议和，不应该让军队反抗。为了能得到金人的宽恕，他马上罢免了李纲和种师道的官职，并派出使者告诉金人，说劫营这件事并不是他的意思，而且向金人保证要对劫营的人进行严惩，另外还派人携带着割地的诏书去请罪。

正当宋钦宗奴颜婢膝地进行和谈时，京城的那些老百姓们却不干了。他们听说积极抗金的李纲和种师道居然被朝廷罢了官，顿时感到义愤填膺。好几百名太学生一起到宣德门给皇帝上书，对那些卖国投降的奸臣强烈地指责，并且请求继续和金人斗争到底，将李纲和种师道官复原职。宋钦宗只好下令将李纲和种师道重新起用，还下诏让他们立即进宫。宦官朱拱之因为宣召李纲的时候动作缓慢，马上被暴怒的老百姓打死了，连和他在一起的那 20 多个太监也同他一块去见了阎王。

李纲和种师道一上台，就宣布了一条命令，凡是杀敌的人都重重有赏，于是士兵们抗击金人的热情又重新被调动了起来。金兵见守城的军队士气越来越足，而且时间越久，来救援的宋朝军队就越多，感到局势对自己非常不利。金人担心宋朝的军队把他们的后路截断，于是等不到勒索的金帛凑够，就拿上割地的诏书退兵了。

看见金兵开始撤退，种师道想要抓住这个机会发起进攻，但是宋钦宗却不同意他的请求。李纲想要领军队跟着他们，找机会攻打，也遭到拒绝。于是金兵拉着一大堆金银珠宝，顺利退走了。

国灭被虏

金兵从京城外面撤走之后，宋钦宗和那些主张投降的大臣们觉得总算可以安安稳稳地过平静的生活了。他们马上派人将逃跑的太上皇接回来，

并且不听李纲加强军事准备的建议。

然而让人意想不到的是，东路的金兵刚刚退走，西路的金兵却没有撤退的意思，继续向太原发动猛攻。宋钦宗派兵前去救援，却在路上的时候被金兵团团围住，几乎被全歼。这时那些主张投降的大臣们觉得，让李纲留在京城早晚是个祸害，便鼓动宋钦宗把他调去指挥河北的战争。宋钦宗也早就对李纲非常厌烦了，便按他们说的办了。后来又把李纲撤了职，贬到南方。

金兵平时最担心的就是李纲，一见他被贬了，再也不用担心什么，马上率领军队向宋朝大举进犯。很快金兵就又打到了京城，这个时候朝廷之中已经没有人主张和金兵作战了，所以上下声音已经统一，就是投降。自从金兵再次进攻开始，宋朝就一直在想方设法和金人和谈，根本就没有做出什么像样的防御部署，因此这次京城被围时，比上一次要危险得多。

很快京城就被金兵攻破了，宋钦宗吓得不知道该怎么办才好，只是捂着脸哭个不停。等哭完了，便立即派使者去向金人请求和谈。使者回来告诉他，金人说想要议和，必须让太上皇出去和他们商量。宋钦宗一听就觉得这件事绝对不能答应，尽管他和父亲之间不是特别和睦，然而那毕竟是他的父亲，不能在这种时候让父亲以身犯险。但是不和谈又不行，于是他决定自己亲自去和金人谈判。

宋钦宗从朱雀门一路骑着马向金人的大营行去，后面跟着陈过庭、孙傅等一帮大臣，还有300个穿着素服的士兵护送着。来到了金人的营地以后，金人的首领却拒绝和宋钦宗见面，因为他们对他带来的降书特别不满意。没有办法，宋钦宗只好在那里住着等，一直住了两天，金人才在接连改了4遍的降书上面签了字。整个过程中，宋钦宗这个高高在上的皇帝一直低声下气，以臣子的身份自居，向金人摇尾乞怜。等到签完字以后，金人又让宋钦宗设下香案，向着金国的方向跪拜磕头，以表示向金国俯首称臣。做完这一切之后，金人才答应将他放回去。

自从宋钦宗出去议和之后，京城里的那些老百姓就日夜盼望着他的归来，不管刮风还是下雪，都站在城墙上眺望他的身影。到宋钦宗回城的时候，那些老百姓全都去欢迎他，在路旁跪倒一大片。有很多人拦住他的马头，放声痛哭，顿时感染了其他人，哭声此起彼伏。宋钦宗一见这样的场景，也忍不住大哭起来。想着自己堂堂一国之君，竟然做了金国的臣子，真是没脸见人了，越哭越厉害，一边哭一边哽咽着说："都是宰相把我们给误了啊！"

不过哭归哭，对于金人所提出来的条件，宋钦宗一个也不敢违背。金人派人来向他索取1000万锭黄金，2000万锭白银，1000万匹布帛，于是宋钦宗马上颁布圣旨，命令赶紧搜集金银财宝；金人派人来要骡马，宋钦宗便马上找了7000多匹让人立即给金人送过去；金人派人来向他要少女1500名，说是要充实后宫，把她们当奴婢使唤，宋钦宗马上就按他们的意思去做，甚至连自己的那些妃嫔也送去冒充少女。那些妃嫔和民女因为不愿意活活受辱，有一大批都跳进河里自杀了。

虽然宋钦宗这样不顾一切地讨好金人，但是金人却依然表示不满意，他们觉得搜刮来的财宝还是太少了，应该继续对宋朝施加压力。于是金人对宋钦宗说让他再次到他们的大营来商议事情，不然就派兵到京城烧杀抢掠。宋钦宗感到非常害怕，虽然不愿意再到金人那里去，不过却想不出别的办法，于是就让皇太子留在京城监国，自己动身前往金人的大营。

靖康二年（1127）一月十日早上，宋钦宗领着一队人又从京城出发了，他们刚从朱雀门出去，就被上万名老百姓截住了。原来这些百姓们听说皇上又要去和金人谈判了，便自发地集结在这里等候，他们哭着喊着不让宋钦宗离开。宋钦宗自己也觉得这一去凶多吉少，不由得也哭了起来，但是还是没有停下脚步。车驾行至郊外，张叔夜拦着马车进行劝阻，宋钦宗十分悲凉地说："为了不让京城的子民受到伤害，朕必须去议和，这是别无选择的事。"张叔夜一边哭着一边磕头，这时走了一段距离的宋钦宗又把头转过来，哭着道："你们要努力把国家管理好啊！"说着便已经泣不成声。

宋钦宗这次一到金人的大营，就被金人当作人质给关押了起来，然后威胁京城里的那些官员们赶紧从城中搜刮金银财宝。那些老百姓们见皇帝被扣押，自发地根据坊巷分成不同的部分，互相之间进行监督，就连妇女们佩戴的金银首饰什么的都不放过，也一并被没收。不仅是平民老百姓家

第八章 被迫做俘虏的窝囊君主——宋钦宗赵桓

里的财产，甚至连寺院道观旅馆妓院之类的地方也不能幸免，反正一切可以找到财物的地方都被搜了个底朝天，整个京城顿时乱成一团，人民生活在水深火热之中。

这次宋钦宗在金人那里受到的冷遇比上一次还要厉害，金人的首领根本不给他见面的机会。而且他被关到一个只有三间小屋子的房子里，那里面几乎什么东西也没有，只有一套非常简陋的桌椅，还有一个供人睡觉的土炕。宋钦宗整天被关在这个屋子里面，简直和犯人差不多。

自从宋钦宗到了金人的地盘以后，他天天都让御带官王孝竭进城去安抚百姓，于是老百姓每天都站在大街上等御驾出现，就算是天气特别恶劣也不能阻挡他们。后来金兵把进城的道路挖断了，不允许再从内城进出，王孝竭就再也没有出现过了，这让京城的人们非常恐慌。后来，金人宣布将宋钦宗和太上皇赵佶贬为庶人，并将太上皇赵佶也带到他们那里关押起来。然后金人让宋朝的宫廷内侍太监邓述将那些皇子皇孙以及妃嫔公主们一一列出表单，让宋朝的官员将他们全都交出来。这样一共搜出了3000多人，全都被押到了金人的大营。

金人在尽情地掳掠了一番之后从京城附近退了回去。退走的时候不仅带着皇上的那一大批亲眷，还有数不清的金银珠宝、图书典籍、仪仗法物以及各种有价值的，能带走的东西。这次洗劫，让整个北宋王朝的积蓄都被清空了。

宋钦宗一直被押到了金国，然后被金人封成"重昏侯"，而他的父亲赵佶则被金人封成"昏德公"，这两个名号和在一起就是一昏再昏的意思。1156年的时候，宋钦宗死在了金国，享年57岁。

第九章

忍辱偷生的君主——宋高宗赵构

帝王档案

☆姓名：赵构

☆民族：汉族

☆出生日期：公元 1107 年 5 月 21 日

☆逝世日期：公元 1187 年 10 月

☆配偶：宪节皇后邢秉懿、宪圣慈烈皇后吴氏、张贵妃、潘贤妃、张贤妃等

☆子女：1 个儿子，5 个女儿

☆在位年数：35 年（公元 1127 年～公元 1162 年）

☆继位人：赵昚

☆庙号：宋高宗

☆谥号：圣神武文宪孝皇帝

☆享年：81 岁

☆陵墓：永思陵

☆生平简历：

公元 1107 年，在京城出生。

公元 1121 年，被封为康王。

公元 1126 年，金兵将北宋的京城围起来，到金营谈判，并当了一段时间的人质。

公元 1127 年，登基当上皇帝。

公元 1129 年，金兵大举南下，逃至杭州避难。

公元 1141 年，将韩世忠和岳飞等人的兵权解除，不允许将领们继续抗金。

公元 1161 年，金兵再次南犯，再次准备逃走，手下将领却阴差阳错大败金兵。

公元 1162 年，将皇位传给了养子赵昚，自己做了太上皇。

公元 1187 年，去世，享年 81 岁。

人物简评

宋高宗忍辱偷安，主张向金人求和，不希望和金国再起战争，对待敌国极端的懦弱无能。然而面对自己国家的臣子和百姓时，他却是另外的一副面孔。他宠信奸臣和势利小人，排挤正直有才能的大臣，对自己国家的百姓也是尽情地欺压和掠夺。

不过，他也组织过对金人的战争，而且在建立南宋以后，并没有将北宋的东西完全否定，如果从这方面来看的话，对于宋朝来说，他也算是有点功劳的。

生平故事

受苦的皇帝

宋高宗赵构是南宋的开国皇帝，字德基，是宋徽宗的第九个儿子，也就是宋钦宗赵桓的弟弟，他的生母是显仁皇后韦氏。

赵构是在大观元年（1107）五月的时候在京城的大内出生的，刚过了百日的时候，宋徽宗就给他起了个名字叫赵构，授节度使，检校太尉，并封为蜀公。次年二月的时候，又把他进封成广平郡王。到了宣和三年（1121），又将他封为康王。次年，赵构在文德殿加冠，赐字德基，接着便有了自己的王府，搬到皇宫外面去住。赵构天生就是一个聪明人，记起东西来非常快，读书的时候可以一天就背诵几千字。

宣和七年（1125），金兵将辽国一举灭亡，然后调转马头，向宋朝攻过来。由于宋徽宗赵佶整天沉迷在酒色之中，是个不折不扣的昏君，当他知道金兵一路上所向披靡，杀奔京城的时候，吓得魂都丢了，赶紧把皇位传给了自己的儿子，然后带着妃嫔和宠臣逃跑了。靖康元年（1126）正月初七，金兵打到了京城，大军兵临城下。第二天就向京城的各个城门发起猛烈的攻击。刚当上皇帝的宋钦宗和他父亲一样胆小怕事，想和金兵议和，就算割地赔款也在所不惜。这个时候，金人派出吴孝民当使者，说出了他们和谈的条件。于是宋钦宗马上和赵构见面，任命他为军前计议使，去金人那里议和。赵构见皇上让自己去和谈，认真想了想，觉得只是谈判而已，应该不会出人命的，于是装出一副大义凛然的样子，很爽快地答应了下来，还请求马上就出发前往。皇上欣然同意了他的请求，赵构和跟随他一起去谈判的张邦昌，坐着一个简单的木筏，渡河来到金人的营地。

金人不停地向京城进攻，却不能将京城的防守攻破，于是就想给宋朝的使者来个下马威，希望能在谈判的时候捞到更多的好处。因此等赵构他们到了金人的营帐外面的时候，看见金兵整齐地环列，刀枪剑戟寒光闪烁，看上去杀气腾腾。见到金人摆出这样的阵势，张邦昌差点没吓得瘫倒在地上。但是赵构想，这种小儿科的方法想要吓唬谁呢，我们是来谈判的，又不是来和你们打仗的，想要比谁的军队强，到战场上去啊，在这里摆弄算什么本事？于是他不慌不忙地走进了金人的营地，一点也不害怕。

但是金人根本一点也不讲道理，他们把赵构和张邦昌全都扣押了起来。到了二月七日，宋钦宗颁下圣旨把三镇割让给金人，然后用肃王作为人质，把康王赵构给换回来。赵构刚骑着马从金人的大营里出来，金人就又觉得这件事做得亏了，不能让他走，于是马上派出一队人马追赶而来。然而赵构一出了金营，就一路飞驰，早已经追赶不上了。金人觉得他们的目的差不多已经达到，最后就不再计较那么多，领着军队撤走了。

赵构从金人那里回到宋朝的京城，这时候肃王已经代替了他给金人当了人质。后来宋钦宗看见金兵果然撤军了，觉得这全是赵构的功劳，而且他在金营中一定吃了不少的苦，于是决定将他任命为太傅。正当赵构被扣留在金人的营地之中做人质的时候，马忠、范琼、姚平仲、种师道等来支援的各方军队已经陆续赶到京城，军队总兵力有20多万，宋朝的士气大振。宋钦宗觉得这次被金人打到京城，还在被逼无奈的情况下和他们签订了条约，非常丢人，因此就把那些主张和金人议和的大臣们一个个全都免了官，然后下令让各路来支援京城的军队守住三镇，并且分兵向金军进攻。

十月的时候，金人向太原发动大规模的进攻，尽管宋朝的守城军队全都奋勇抗敌，但最后还是因为兵力相差悬殊，抵挡不住金人的大军。很快太原就被金人攻占了。到了十一月，金人又相继攻下了真定和中山，北方的关隘重镇接连被攻占了。宋钦宗感到完全不是金人的对手，于是又派使者与金人和谈。

在金人强大的攻势面前，宋朝的军队节节败退，朝廷中那些主和派又开始占主流了。宋钦宗同意了王云提出的建议，马上把赵构叫到皇宫里，想要让他第二次当使者，去和金人议和。并且准备派高世则和耿延禧与他随行，还将随身佩戴的玉带解下来赠给赵构作为赏赐。从皇宫里回来之后，赵构就赶紧将高世则和耿延禧两个人叫了过来，非常郑重地对他们说："现在国家正处在危急的时刻，我们的皇上整天担惊受怕，假如这次谈判能够将这些问题解决掉，那我们这些做臣子的应该赴汤蹈火在所不辞。但是话说回来，我们几个人离开自己的地盘，深入到金营当中去，不知道会遇到什么样的凶险，所以你们回家以后一定要向家人交代好后事，明天一早我们就出发。"

到了第二天，也就是十一月十六日，大约在五更的时候，赵构就和高世则、耿延禧、王云等人一起出发前往金人的大营。他们日夜兼程，一刻也不停留地向北飞奔。本来打算在真定府向金人请求和谈的，但是让他们没有想到的是，金人又开始向京城方向推进了。这一次金人不再要求把三镇割让给他们了，而将条件改成以黄河当作界线，两个国家分占天下。过了没几天，金人的大军都赶到京城，然后在京城之外安营扎寨，将京城围了个严严实实。

十一月十九日，赵构一行人来到了相州，知州汪伯彦告诉他们说："金人已经在十四日那天从大名府魏县渡过黄河向南边走了，现在如果要追肯定已经追不上，不如您就先留在这里，再从长计议。而且，肃王自从被金人当作人质以后，直到现在还没有消息呢，如果您现在又去自投罗网，恐怕他们也不会轻易将您放回来的。"但是赵构根本不相信他说的话，

第九章　忍辱偷生的君主——宋高宗赵构

还认为汪伯彦是不想让他和金人和谈才这么说的，于是坚决地拒绝了他，并说："我这次是在国家有危险的时候受到皇上的委托，不能就这样善罢甘休，一定要继续追赶下去，把这次和谈的任务进行到底，也好给皇上一个交代。"

第二天，赵构就又朝着磁州赶了过去。谁知他刚刚到了磁州城外，就遇到了一直在这里等候他到来的守臣宗泽。宗泽一看见他来了，马上迎上前来十分激愤地告诉他说："以前肃王就被骗进金人的大营当人质，直到现在还没有消息，应该是回不来了。现在金人又想让人到他们那里去议和，这肯定是一个骗人的陷阱，如果您现在去了，肯定不会有什么好结果的，不如就先在磁州留下来吧！"赵构还是对这种劝告不以为然，依然想要去找金人求和。正在相持不下的时候，突然有两个士兵把汪伯彦的书信给赵构送来了。书信里面说："大王那天晚上刚从相州离开，相州的西面就有一大片火炬的光芒，连接在一起差不多有二三里地长，金人还派出500多人的铁骑紧追不舍，寻找大王的下落。假如大王在这里渡过黄河，就等于是送羊入虎口，凶多吉少。更何况现在金人已经到达京城附近，再和谈已经没有什么意义了，因此还不如回到相州，在这里集结军队，也可以对金人起到牵制作用，帮助皇上守住京城。"看完这封信，赵构顿时惊出一身的冷汗，幸好这封信来得及时，否则他仍然执行以前的命令的话，只会是浪费了时间，却什么作用也起不到。

于是赵构就听从了他们的建议，回到了相州去。这样过了几天之后，耿南仲到相州来和赵构见面，告诉他京城那里已经快支持不住了，皇上命令他带着所有的兵马，赶紧去支援京城。赵构接到这个圣旨，马上和耿南仲一起发布招兵的命令，将所有能集结起来的力量全都算上，构成一支救援军队。

到了十二月一日，赵构于相州建立了大元帅府，这里聚集的人包括从相州招募来的侠义之士，从信德府赶过来的救援军队，由大名府派出的救助太原的军队以及从太原、辽州和真定府等地放逃到这里来的一些散兵，总共凑了1万人，被赵构分成五军。十四日那天，一切准备妥当以后，赵构就率领这五路人马朝金人打了过去，一路打到了大名。到了那里以后，

宗泽和梁扬祖等人也带着兵马加入了赵构的军队,这样一来,士气顿时振作了不少。

后来金人将京城的城墙攻破了,北宋王朝差不多快要灭亡。金人为了能够将宋朝皇帝的宗室一网打尽,威胁宋钦宗马上将康王赵构召回。宋钦宗派出曹辅做使臣,携带诏书去和赵构见面,诏书里面说:"金兵虽然对京城猛烈进攻,但是并没有将京城攻陷,现在正和他们谈判。康王与诸将士们驻扎在原地待命,不要轻举妄动,以防发生什么变故。"汪伯彦和耿南仲这些人将议和当成救命的稻草,他们建议把军队转移到东平那里去;而宗泽却和他们的意见不一致,他想要让赵构向南进入澶渊,然后把那里当作大本营,接着渐渐将京城的围困解除掉。

但是这时候的赵构已经不是刚刚到金营去和谈时的那个赵构了,他已经被金人长驱直入的大军吓破了胆,根本没有勇气再去和金人战斗了。他就以目前自己的兵力太少,打不过金兵为借口,不去救援京城,也不和金兵发生正面冲突。宗泽想要让军队驻扎在澶渊,赵构就给了他一万人马,让他去那里屯兵,并且对外界放出话去,说大元帅一直在军中镇守。实际上他却与汪伯彦那些人在十二月二十九日出发,冒着大雪朝东平奔了过去。

宗泽自己领着军队向澶渊出发了,路上遇到了金兵,前后打了13次大小不同的仗,都取得了胜利。赵构到了东平以后,在那里过了一个月的舒服日子,一点也没有率领军队去救援京城的想法。不久,赵构又转移至济州。这个时候,抗金的力量已经聚集了不少,原来那些大元帅府的官军再加上一些自发组成的抗金队伍,总人数已经超过了8万,而且还在逐渐增加。他们对外号称有百万大军,驻扎在济、濮等州府。但是赵构依然害怕和金兵正面冲突,对金兵畏之如虎,继续让军队待在那里不动弹。他的这种做法让那些本来打算救援京城的部队也不能过去了,于是京城终于被金兵攻陷。

金人看到京城的宋朝守军已经没有能力再抵抗下去了,而赵构领着那些军队按兵不动,根本构不成什么威胁,知道这是一个消灭北宋的绝好机会。于是他们把皇上宋钦宗和太上皇宋徽宗关在金营之中,然后又下令将

137

他们贬谪成庶人。靖康三年（1127）的三月七日，金人将张邦昌册立成伪楚皇帝。北宋王朝就这样灭亡了。

北宋被金人灭亡这件事很快就天下皆知了，汪伯彦建议赵构赶紧向南逃跑，先到宿州然后再继续向南，逃到江南那里。但是他的这个建议遭到了将士们的一致反对。在金兵撤走以后，新任的"大楚"皇帝张邦昌由于忌惮在外面统领着大军的赵构，所以并不敢真的把自己当成皇帝。他把元祐皇后迎接过来，让她住到延福宫去，然后把她尊为宋太后；然后让人把宋朝的传国玉玺交到了赵构的手上。

这时候宗泽等人向赵构进言说不如移驾至应天府，赵构同意了他们的请求。到了五月一日，赵构于应天府的天治门登基当上了皇帝，建立南宋，然后下达圣旨，将年号改成"建元"，大赦天下，连张邦昌和他的所有臣子们也一概既往不咎。登基典礼结束之后，赵构向着北方大哭了一场，以告慰被金人掳走的父亲和兄长。也是在这一天，元祐皇后决定撤帘归政，还给赵构送来了一封贺信，里面的大致内容就是：能让祖宗的基业继续维持下去，这个担子以后就都由你来挑了。

不想抗争

虽然金兵已经将大部队撤走了，不过他们依旧掌控着很多地方，比如河间、相州、磁州、真定、河中、太原等地。由于赵构刚刚当上皇帝，而且他的这个皇帝当的实在是有点侥幸，因此他必须要向天下人表示一下自己抗金复仇的决心。

赵构把以前抗金功绩最突出，却被宋钦宗贬了的李纲找来，将他重新起用，任命他为尚书右仆射兼中书侍郎，然后让汪伯彦当了同知枢密院事，又让黄潜善当了中书侍郎。最后将张邦昌封成太保、奉国军节度使、同安郡王。但是时间不长，宋高宗赵构就发现了一件事，张邦昌在宫内居住的时候竟然找宫人和他睡觉，接着又有人说金人以将张邦昌废掉当作借口，又要举兵南下了。宋高宗顿时火冒三丈，下令赐死张邦昌。

因为北方的老百姓们一直是处在宋朝的统治之下的，相对于金人来

说，他们更愿意做宋朝的臣民，因此那些将士和老百姓都希望宋高宗可以将金人赶出去。他们根本不用别人组织，自发的组成一个个的抗金队伍，有的人数竟然多达数万人，就算是少的也有几千人。这些队伍虽然打不过金人的大部队，但是却经常打游击，神出鬼没的，给金人带来了不小的麻烦。

自从李纲重新掌握了兵权，他让张焕和马忠领着1万人的军队向河间那里的金军发起进攻，取得了胜利。但是因为此时南宋的小朝廷才建立起来不久，根本来不及将正规的军队进行整编，因此就目前他们的这些军队而言，抵御小规模的进攻还行，一旦金兵大举入侵的话，就会捉襟见肘了。考虑到这样的实际情况，李纲在河北设立了河北招抚司，同时在河东设立了河东经略司，给这两个大型的机构下派官员，还拨付了一定的银两，让他们负责将各自地区的那些抗击金兵的义军召集起来，组合成更强大的抗金力量。

尽管这些大臣和老百姓们对抗金的热情如此高涨，但是南宋的领导阶层却并不那么积极地对抗金人，在朝堂上每天都会为抗金还是议和这个问题吵得不可开交。宋高宗本人对于这个问题也是充满了矛盾的心理，整天在做着思想斗争。一方面，他希望可以借着李纲抗击金兵的威望，来鼓舞军队的士气，而且可以显得南宋王朝并不是那么软弱，给他自己挽回一点面子。但是在他的内心深处，其实是想和那些投降派一样，通过卑躬屈膝地向金人投降，来换取偏安一隅的生活。宋高宗希望通过俯首称臣的办法，让金人承认他这个刚刚建立起来的南宋王朝。因此，尽管宋高宗并不想让宋钦宗他们回来抢走他的皇帝宝座，但还是以探望和迎接被抓走的宋徽宗和宋钦宗为借口，让人带着大量的金银珠宝到金人那里去，想要用金钱贿赂金人，让他们接受自己的投降。

在金兵从宋朝原来的京城东京撤走以后，宋高宗就再也没到那里去过。这当然不是因为他对以前居住的地方一点感情也没有，只是担心他什么时候也会像自己的父亲和兄长那样被金人抓走，变成一个什么都做不了主的囚犯。所以他只留下了宗泽在那边将残局收拾一下，自己安心在应天府做皇帝。其实自从宋高宗一当上皇帝时，就开始想要向南逃跑了。在登基的第二天，宋高宗让翁彦国知江宁府，还拨给他很多的钱，命令他在那里将宫室修葺一下，从备南逃时使用。

李纲听说宋高宗准备去东南巡幸，非常不赞同，他上奏道："从古至今，那些有作为的皇帝们都是在西北崛起的，然后在中原站住脚，执掌东南，这种现象说明那些兵强马壮的军队都位于西北。假如现在陛下您到东南巡幸，就会让天下人感到非常失望，如果以后想要再把失地收复就会变得极为困难。"但是宋高宗根本不理他，讨论了几次以后，宋高宗就接受了黄潜善的建议，传下圣旨，往扬州去了。

种种的现象都让李纲明白自己在这样的朝廷中根本不可能有所作为，因此在不得已的情况下，他向宋高宗提出了辞呈。宋高宗马上就将他贬成观文殿大学士，从李纲复出到他再次被贬，时间非常短，只有75天。而李纲一被贬，张焕也接着被宋高宗贬谪了，接着河东经略司和河北招抚司都被宋高宗废除。

李纲被贬这件事在大臣当中引起一阵轰动，太学士陈东、布衣欧阳澈等一些人马上给宋高宗上书，都说李纲对宋朝忠心耿耿，不应该遭到贬谪；而黄、汪这两个人根本就是无能之辈，不应该重用他们；还请求宋高宗亲自领兵打败金人，将被俘虏的宋钦宗等人救回来。这么一来，黄潜善那些人便对陈东、欧阳澈恨得咬牙切齿，因此黄潜善就秘密去见宋高宗，请求将这两个人杀掉。宋高宗准了他的请求，立即将二人斩首。过路的人见此情景都感到非常伤心，觉得宋高宗已经不可能将北方的地区从金人手里夺回来了。

而当宋高宗一心想着向南逃跑的时候，北方的人们却将抗金斗争进行得如火如荼。其中很有名的一个就是老将宗泽，他在李纲掌权的时候做了开封府尹，后来又当上了东京留守兼开封府尹。除了他带领的正规军队之外，在两河附近的地区还有很多义军抗击金兵，例如八字军和红巾军等。这些义军的战斗力非常强，有一次差点将金兵的将领给捉住。

金人见宋朝的抵抗力量这么活跃，于是准备再次派出大军进行镇压，直到把他们打到不敢再反抗了为止。但是宋高宗却一点也不在乎，不仅不准备应战，还继续向南逃跑。京城的军队和老百姓们听到这个消息，不由得感觉没有收复失地的希望了，于是聚在一起大声痛哭。

十二月，金兵分成好几路再一次南下，向南宋进犯。然而面对来势汹汹的金国大军，宋高宗却置之不理，继续和他宠信的那些奸佞小人在扬州吃喝玩乐，过着纸醉金迷的生活。看着金国的大军迅速向南面杀了过来，那些将领们非常担心，一个叫张浚的将领请求宋高宗赶紧做好对抗金兵入侵的准备。但是黄潜善和汪伯彦这两个人在旁边听到之后却大笑起来，还语带嘲讽地说："这些事情你就不用管太多了吧，皇上自有主张！"

建炎三年（1129）正月，金兵的前锋很快将徐州打了下来，然后一直推进到了淮东。到了二月三日，天刚亮，天长军报告说：金兵马上就要打到扬州来了。内侍邝询赶紧向卧殿跑了过去，连皇宫里的那些规矩也忘了，大声叫道："不好了，金兵到了！快跑啊！"这时候宋高宗正一手搂着自己的美妾睡觉，但是听到这个呼喊顿时清醒了，一坐而起，也不细问一下到底是什么情况，穿戴好衣服就骑着马跑了。当时跟在他身边的除了王渊和张浚以外，只有为数不多的几个士兵。宋高宗一路逃到了临安，他觉得金兵之所以又发兵进攻，可能是因为他将张邦昌赐死了，让金人非常不高兴。于是为了求得金人的原谅，他颁布了一个"罪己诏"，而且还大赦天下，但是却不将李纲赦免，也不把李纲放出来。宋高宗觉得金人一定痛恨李纲，只有治李纲的罪，才可以让金人的怒火平息。

黄潜善和汪伯彦自从掌权之后就没做过什么好事，他们把持着朝廷的大权，将忠臣排挤下去，而且对军队的建设百般阻挠，以至于金兵再次南下的时候找不出像样的军队来抵御侵犯，造成了皇帝一逃再逃的现象。这两个人的种种作为，引起了朝廷内外的强烈不满，于是御史中丞张澄将他们的罪行列出了二十条，向宋高宗上书，请求将他们逐出朝堂。由于当时朝野上下的声音一致，都要求罢免他们，宋高宗也没有办法，只好照办。时间不长，南宋的军队在陈彦的领导之下，将金兵打败了，并将扬州夺了回来。而宋高宗的朝廷则在杭州那里暂时安身。

第九章 忍辱偷生的君主——宋高宗赵构

得过且过

虽然金兵一路南下，一度占领了扬州城，不过他们却并没有继续向南入侵，而是又渐渐撤了兵。经过这件事情以后，宋高宗为了向朝廷的大臣们以及天下的百姓表示自己并非不想保家卫国，迫不得已由杭州向北转移。

宋高宗一路来到了江宁府，把这里改为建康府，并摆出一副要把这里建设成京城的样子。为了不让前一次从扬州逃跑的时候那种匆匆忙忙的情况再次发生，在到了建康没多久，宋高宗就派出一队兵马，保护着孟太后前往江西的境内去躲避战乱。

这一年的六月，金人又一次举兵向南进犯，让金国的四太子金兀术统领大军，准备活捉皇帝宋高宗，把宋朝的天下彻底灭亡。而在这之前，宋高宗一直不停地给金国写信苦苦哀求，希望他们可以放过南宋，给他留一条活路。看来他的这种哀求并没有得到金人的怜悯，反而更增添了他们灭掉南宋的欲望。

宋高宗曾经和那些大臣们商量过一些对付金兵的办法，得出的结论是只守江而不守淮。其实宋高宗早就做好了再一次到杭州避难的准备，在布置防线的时候，他又把杭州升成临安府，准备将那里当作国都。等所有的事情准备完毕以后，他就不慌不忙地开始向杭州转移。

然而金兵一路上势如破竹迅速南下，很快就攻陷了临安，宋高宗赶紧逃到明州，接着又向昌国县逃亡，最后竟然让金兵追得逃到了海上。后来因为金兀术担心金国的军队如果在南方这里停留太长时间的话，会对自己非常不利，于是就急急忙忙领着军队向北方退了回去。

金兀术在退兵的时候遭到了南宋军队的猛烈反击，带领军队抗击的是镇江的韩世忠。在金山龙王庙，打斗进行得非常激烈，以至于金兀术在和宋军战斗的时候从马上摔了下来，差一点被活捉了。两国的军队交战了很长的时间，南宋的军队越打越勇猛，韩世忠的妻子梁红玉亲自擂鼓助威，将金兵打得狼狈逃窜，连金兀术的女婿龙虎大王也在战斗中被活捉了。看到南宋的军队这么勇猛，金兀术感到完全不是对手，最后使用了火攻的方法，对宋军的战船发动突袭，趁着宋军阵脚一乱，赶紧抓住机会逃到了江北。

宋高宗看到金兵已经退走，才不急不忙地自温州转移到越州，并将越州升成绍兴府，把这里当作南宋朝廷的临时居所。在这里待到了绍兴二年（1132），宋高宗才将朝廷重新迁回到临安。

绍兴十年（1140）五月的时候，金兵又一次派兵向南宋进攻，宋高宗这才从纸醉金迷的生活中回过神来，而且还表现出一副积极对抗金兵的模样，急急忙忙地组织军队进行防御。他下旨命令岳飞自襄阳向金兵发起攻击，并且将以前北宋时期的京城收复。

岳飞是著名的抗金将领，非常善于领兵打仗，他接到命令以后就率军向北进攻，接连将颍昌、蔡州、洛阳等地收复。然后他亲自领着5万轻骑于郾城驻扎，在那里将金兀术军队中最精锐的拐子马打败了，取得了极大的胜利，这在历史上称为郾城大捷。这个时候，韩世忠和张浚也收复了不少的失地，其他地方武装也将不少地方的金兵打跑。各地胜利的军队形成了一种对金兵的合围之势，并且将金兵的退路也给切断了。这样一来，金兀术率领的这批孤军深入的金兵，正面临着全军覆没的危险。

在南宋的朝廷中有一个和金人私通的奸臣，名字叫作秦桧，他对金兀术的处境感到非常担心。由于秦桧深受宋高宗的宠信，于是鼓动宋高宗将张浚和杨沂中等人率领的军队撤回来，接着又说岳飞率领的军队已经成为了孤军，让宋高宗把岳飞也召回。宋高宗一连传下了12道金牌，命令岳飞立刻收兵返回。岳飞不敢违背皇上的旨意，于是将军队退回了鄂州。这样一来，本已经收复了的城市，再次被金国占领了。

宋高宗不仅将一个打败金兵的绝佳机会放弃了，而且还因为怕那些将领们拥兵自重，于是将所有的大将都召到京城。后来又随便找了个理由，把抗金功劳最大的岳飞残忍地杀害了。

第九章 忍辱偷生的君主——宋高宗赵构

主动让位

绍兴十一年（1141）的时候，宋高宗派人和金国再次和谈，并向金国俯首称臣，让南宋做了金国的一个附属国。宋高宗终于不用担心金国一直发兵攻打南宋了，为了维持这种关系，他每年都要给金国送很多的金银财宝及各种物品，连他的母亲也是每年都给金国的皇后送很多的礼物。

从金国和宋国开始打仗的时候起，老百姓就整天遭受烧杀抢掠，日子过得非常艰难。现在南宋已经向金国俯首称臣了，但是百姓的日子还是那样不好过，因为南宋每年都要向金国缴纳大量的钱财物品，这些都要从老百姓的身上搜刮出来。因为要交高额的税银，导致民不聊生，农民起义的事情在各地时有发生。

但是宋高宗却不管百姓的日子过得怎样，他只想着过更奢华的生活，于是命人修建了很多漂亮的宫殿，并且经常举办一些盛大的典礼，想要装出一副天下太平的样子。

但是宋高宗的好日子并没有过太长的时间，金国的新皇帝完颜亮想要发兵把南宋彻底消灭掉。绍兴三十一年（1161）九月，金国的皇帝完颜亮亲自率领着60万大军，分成几路向南推进，准备将南宋一举拿下。

宋高宗听到这个消息，吓得完全乱了阵脚，找到年纪已经很大的将领刘琦和王权，命令他们领着军队和金兵作战。王权因为看到金兵有那么多人，没有开打就赶紧逃跑了，整个军队不战即败。宋高宗听到这个消息，又准备逃到海上去，但是由于宰相的极力劝谏，他最后表示要御驾亲征。但是很快他们就被金国的军队打败了，只好又向南方逃去。

但是就在这时，事情出现了转机。十月份的时候，金国的完颜雍趁着完颜亮领兵攻打南宋这个机会，发动了一场政变，自己做了皇帝。这个时候完颜亮正准备渡过长江，彻底将南宋打垮，在听到这个消息以后，他决定先将南宋灭了，然后再回去处理国内的事情。但是南宋的军队突然变得英勇起来，完颜亮在采石被打败了，他非常生气，命令那些金兵必须渡过长江，就算死也要进攻。在完颜亮的一再逼迫下，金兵发生了兵变，将他杀死，然后向北撤去。南宋的军队趁势反攻，将很多失地收了回来。

　　完颜亮率领那么多的金兵都被打跑了，这让南宋的人们异常兴奋，于是抗金的热情又一次被调动了起来。看到这样的情况，宋高宗觉得再坚持向金国称臣已经不可能了，但是如果下令将失地收回，又和自己的意愿不符，于是他就宣布退位，让他的养子，也就是宋太祖的七世孙赵昚当了皇帝。这样一来，他就没什么事情需要做了，退居到德寿宫当起了太上皇。淳熙十四年（1187），宋高宗死于德寿殿，享年81岁。

第十章

南宋能力最强的皇帝——宋孝宗赵昚

帝王档案

☆姓名：赵昚，别名赵伯琮、赵瑗、赵玮、赵元永

☆民族：汉族

☆出生日期：公元1127年11月27日

☆逝世日期：公元1194年6月28日

☆配偶：成穆皇后郭氏、成恭皇后夏氏、成肃皇后谢氏

☆子女：4个儿子，2个女儿

☆在位：27年（公元1162年7月20日~公元1189年2月18日）

☆继位人：赵惇

☆庙号：孝宗

☆谥号：绍统同道冠德昭功哲文神武明圣成孝皇帝

☆陵墓：永阜陵

☆享年：68岁

☆生平简历：

公元1127年11月27日，出生，名伯琮。

公元1133年，为和州防御使，赐名赵瑗，改贵州防御使。

公元1142年，封普安郡王。

公元1160年，立为皇子，改名赵玮，进封建王。

公元1162年6月，立为皇太子，改名赵昚。

公元1162年7月20日，登基皇位，定年号隆兴，立志光复中原，收复河山。恢复名将岳飞谥号武穆，追封岳飞为鄂国公，肃清秦桧余党，命老将张浚北伐中原，遭到金军突袭，双方各有胜负，损失惨重。

公元1163年，下诏将会子加盖"隆兴尚书户部官印会子之印"，增加朝廷权威性，促进流通。

公元 1164 年，被迫和金国金世宗签订"隆兴和议"，第二年改元"乾道"。

公元 1175 年，兴修水利。

公元 1189 年 2 月 18 日，正式传位于太子赵惇，是为光宗，自己退居于重华殿，做太上皇。

公元 1194 年 6 月 28 日，病逝。

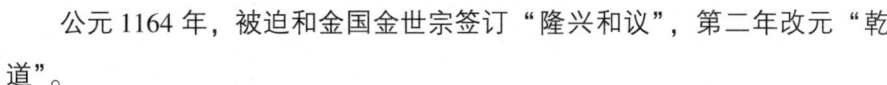

人物简评

宋孝宗赵昚是南宋的第二位皇帝，是一位有作为的皇帝。他一生比较节俭，史称宋孝宗"性恭俭"，宋高宗称赞他"勤俭过于古帝王"。宋孝宗即位之初，就不肯用乐，经常穿的是旧衣服，而且也不兴土木，也不赏赐大臣，宫中穿钱币的绳子都腐烂了，可见这钱是很多年都没有用了。宋孝宗不但节俭，而且还尊佛崇道，他在位期间励精图治，使南宋出现了"乾淳之治"的小康局面。

生平故事

宋代从真宗开始，皇位就在太宗一系传承，一直到高宗的时候。孝宗皇帝名赵昚，原名叫伯琮，是太祖赵匡胤的第七世子孙。因为高宗的独子赵旉夭亡，于是大臣们提议从太祖的后代中选继承人。公元1132年，6岁的赵伯琮被高宗选进了宫里，于36岁的时候被立为太子，更名为昚，同年登上了皇位。从此之后，宋朝的皇位又回到了太祖一系。

在南宋皇帝当中，孝宗皇帝是最励精图治的一位。一心想着改革内政，将中原恢复，重振国势，在高宗时期，朝廷上上下下的妥协之风也曾有所好转。但是，面对高宗处处的牵制、主战派人才缺失、主和派又极力的阻挠，还有一系列内外不利的因素，孝宗觉得力不从心，最终中兴大业只得付之东流。

战与和

孝宗在还是皇子的时候，就表现出抗击金兵的雄心。公元1161年，完颜亮南侵，朝廷中一大部分的大臣都主张逃跑，当年孝宗35岁，他对此十分的气愤，于是主动上书，请求率兵和金兵决战。但为了避免高宗起疑心，他再次上书，请求高宗亲征的时候由他随驾保护，以示他的一片效忠之心。孝宗皇帝即位之后，表面上并不反对高宗的妥协以及求和政策，但平时在处理朝政时，他和高宗的做法完全不同。他驱逐了秦桧党人，高宗贬黜的一批大臣也被他重新任用，还积极主动联络北方抗金的义军。公元1162年7月，也就是孝宗即位后的第二个月，他就颁布了手谕，将主战派的老将张浚召回朝中，共同商议恢复中原的大计。

高宗时期张浚担任枢密院事，主持抗金，曾先后率军在川陕、两淮等地征战，战绩显赫，当时在南宋朝野间享有盛誉，金人都非常害怕他。在秦桧当政时，张浚受到排挤，无奈只得从朝廷离开。孝宗早就已经听说了张浚，内心也非常仰慕他，现如今他执政了，想要恢复中原，张浚是主持大局最合适的人选。孝宗这位刚刚即位的新皇帝，一心想要振兴中原，并且对自己这么信赖和尊敬，这让压抑了很久的张浚感到非常的兴奋。他建议孝宗皇帝亲赴建康，以招揽中原百姓的民心；在两淮布兵，向山东进军，声援西线川陕军队。同时，他还将一批主力抗战的人才推荐给孝宗，这些人也先后被孝宗重用。朝中上下的妥协退让气氛这才消失得无影无踪，主战派的势力也得到了很大的增强。

公元1163年，孝宗把张浚任命为枢密使，指挥江淮抗金前线的军马，这之前，金人向南宋索要海、唐、泗、商、邓五州之地以及岁币，但被张浚拒绝了。金朝在虹县和灵璧备兵，随时准备进攻南宋，一时间南北局势变得异常的紧张。张浚主张先发制人，即刻出兵攻击金朝。但是张浚这个提议却遭到了主和派强烈反对。其中右丞相史浩就是主和派的一个代表。

史浩和孝宗是师生关系，并且他们之间非常的融洽，孝宗即位最初的时候进行过一系列的改革，比如联络中原的豪杰，为岳飞父子平反昭雪等，史浩都曾支持过，并且还将陆游等一批有识之士推荐给了孝宗。但是，史浩做这些的目的并非要恢复中原，而是为了维持南宋偏安一隅的现状。他认为，北伐消耗大量的人力财力，南宋的兵力也比较弱，主动出击风险会很大，若退守长江以北，坐观金人的变化，是属上乘之计。他同张浚争辩五日，但最终都没能说服张浚。此时的孝宗正是初生牛犊不怕虎，

151

史浩曾有所阻止，使孝宗一度的犹豫，但这次在张浚的鼓励和支持下，孝宗坚定了决心。同年四月，孝宗为了躲避开主和派的干扰，命令李显忠等人直接出兵北伐。

北伐的初期，宋军捷报连连，李显忠攻克宿州等，金将大周仁等也都先后投降，北方人民纷纷响应，归附之人也越来越多。当捷报到达临安时，孝宗大喜，立即加升了李显忠的官爵。但是，宋军在不断取得胜利的同时，军队内部出现了很多问题。首先是将领之间不和，其中邵宏渊为人心胸比较狭隘，属争强好胜之人，孝宗将他任命为招讨副使，其位在李显忠之下，对此他耿耿于怀。张浚也没能适时处理好这个问题，邵宏渊根本就不受李显忠的节制，使得宋军没有办法协调行动，统一指挥。其次是面对胜利，李显忠也有了轻敌的心理。宿州攻克之后，他不仅不谋进取，还不作防守，整日和部下饮酒作乐。当有人报告说金军万余人向宿州靠近的时候，他居然还不以为然地说："这区区万人，不足以为患！"不但如此，李显忠在犒赏军士时也没有保持公平，三个士兵才分得1000钱，平均下来，每个人只得了300余钱，这根本就无法调动士兵们作战的积极性，加之邵宏渊一直从中鼓噪起哄，士卒们更加的怨怒，宋军一度高昂的士气被大大地削弱。

宋军军心不稳，士兵作战的士气也不足，金人此时已经从之前仓促应战的慌乱之中调整过来了，他们调兵遣将，准备进行反击。孝宗和张浚已经深觉北伐现在面临的潜在危险，他们以为，现在正是盛夏，人马都疲倦，这对连续作战非常不利，于是下令宋军撤退。但是，诏书还未抵达军中，金军就已经到了宿州城下。公元1163年5月23日，金军向宋军发起了进攻。起初李显忠让邵宏渊出兵，从两方对金军进行夹击，但是邵宏渊却一直按兵不动，李显忠只得独自率军出战。在战斗中，邵宏渊假装出城巡视，并对士兵们说："这么热的天气，就是手不离扇都不凉快，更何况在烈日的暴晒之下穿着厚重的铠甲作战？"其实他的言外之意就是说宋军这次获胜的可能性是零。他这样悲观的情绪，让战士们没有一点斗志，军心也涣散。

当天晚上，中军的统制官周宏等将领带着自己的军队潜逃了，宋军出

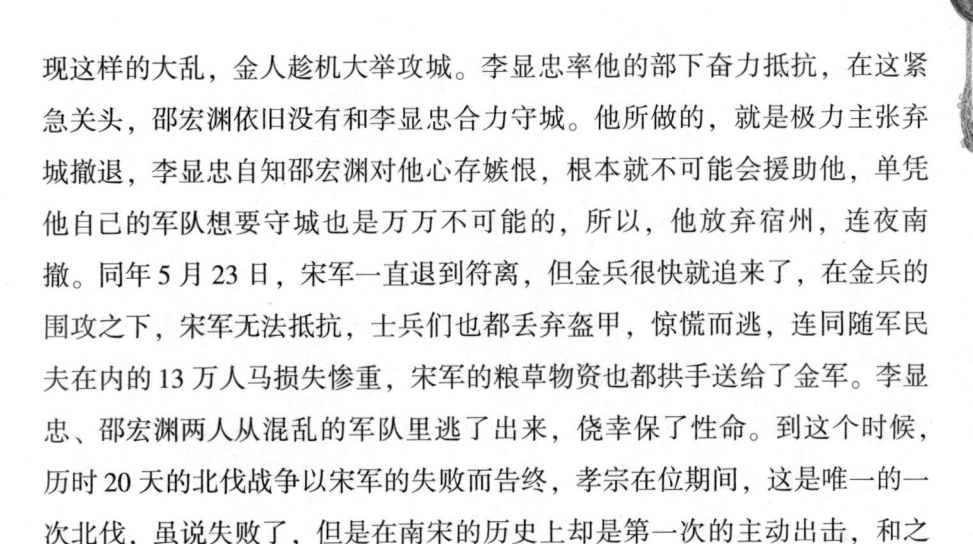

现这样的大乱，金人趁机大举攻城。李显忠率他的部下奋力抵抗，在这紧急关头，邵宏渊依旧没有和李显忠合力守城。他所做的，就是极力主张弃城撤退，李显忠自知邵宏渊对他心存嫉恨，根本就不可能会援助他，单凭他自己的军队想要守城也是万万不可能的，所以，他放弃宿州，连夜南撤。同年5月23日，宋军一直退到符离，但金兵很快就追来了，在金兵的围攻之下，宋军无法抵抗，士兵们也都丢弃盔甲，惊慌而逃，连同随军民夫在内的13万人马损失惨重，宋军的粮草物资也都拱手送给了金军。李显忠、邵宏渊两人从混乱的军队里逃了出来，侥幸保了性命。到这个时候，历时20天的北伐战争以宋军的失败而告终，孝宗在位期间，这是唯一的一次北伐，虽说失败了，但是在南宋的历史上却是第一次的主动出击，和之前应付金人的进攻是完全不同的。

　　北伐失败以后，主和派也有了攻击主战派的理由，他们又开始活跃了，上奏的人也越来越多，他们上书弹劾张浚，要求和金人之间进行合议。孝宗始终都没有忘记要恢复中原的大业，他是不会轻易放弃的。符离兵败的初期，他曾经对张浚说："抗金的事情，朕还要倚仗你，你千万不要畏惧人言心怀犹豫。北伐之事，是当初朕和你一同决定的，现在也应当共同承担责任。"孝宗勇敢承担责任，在无形当中就保护了张浚，同时也表明了他们君臣之间志同道合的决心。虽然迫于主和派的压力，孝宗将张浚降任为江淮东西路宣抚使，但没过多久，就恢复了张浚以前的官职，之后又将他升为右丞相，目的就是为了表达对他的信赖。但是，北伐的惨败，还是打击了孝宗勃勃的雄心，他渐渐地从之前高涨的热情当中冷静下来，意识到恢复中原这一计划在短期之内是很难实现的，作为权宜之策，议和是可以考虑的。因此，他不再像之前一样疏远主和派了，甚至还重新任用秦桧的余党汤思退为相，准备和金朝议和。

　　公元1163年8月，金人向南宋提出了割海、泗、唐、邓四州之地，纳币称臣以及遣还中原归附之民的要求，并且扬言若是宋朝不允，就立即挥师南下。虽然孝宗暂时不反对与金议和，但是他以为，在议和的时候不能答应金人这些无理要求，要尽力的争取在平等基础上达成和议。九月，孝宗不顾张浚等主战派的反对，毅然派出卢仲贤出使金朝议和。卢仲贤临走前，孝宗还告诫他千万不能答应金人割四州之地的要求，但汤思退担心这次议和不成，就私下授意卢仲贤可以割让四州。结果，当卢仲贤到达宿州的金营之后，面对金人的威胁，竟然没有半句的争辩，并且表示金人提出的要求他愿意接受。孝宗听到后，十分的恼火，当即就革了卢仲贤的职位，并且发配郴州管制。随后和谈陷入了僵局。

同时，德寿宫的太上皇高宗也一直向孝宗施加压力。他们在谈话的时候，高宗对孝宗的做法就表现出非常不满。孝宗前往德寿宫问安，总是兴致勃勃地说起恢复中原的计划，但是高宗最不想听到的就是这样的言论。有一次，他终于忍不住，粗暴地打断孝宗的话，并且告诫孝宗若是想恢复中原，还是等到百年之后吧。由此可见，这是他对孝宗发出的严厉警告，是想断了孝宗恢复中原的念头。事实上，在北伐的时候，高宗就很反对，还处处牵制孝宗出击，现今终于有了再次和谈维持偏安的机会，高宗觉得千万不能错过，极力敦促孝宗答应金人的要求，尽快地达成合议。

孝宗的心中一直都很感激这位选中自己继承皇位的养父，因此，一般情况下他都会顺从这位养父的意愿。同时，主和派在高宗这座靠山的保护之下，气焰高涨了很多，他们时不时就会拿高宗来压制孝宗。与此同时，他们极力地鼓吹金军的强大，同强大的金军对比之下，宋军显得非常的弱小，也只有求和才是良策。这种情况之下，孝宗也没有明确的态度，他开始左右摇摆。他曾一度因不肯屈从金人提出的割地要求，有过再次和金军开战的打算，但是对于战事的胜利却没有丝毫的把握。所以，一旦金人愿意和南宋继续和谈，他就又开始犹豫了。

这样矛盾的心理之下，公元1164年的3月到7月，孝宗将江淮一带的守备撤退了，四州也主动放弃了，同时还同意了张浚的请辞。到了8月，南宋再次派人和金朝议和。汤思退等人担心孝宗再次反悔，就秘密派人到金营，让金人出兵南下，以武力的方式胁迫孝宗。金人在得到了这些情报之后，更加有恃无恐，他们扣押了魏杞，再次向南宋提出割让商、秦二州的要求，不然他们就举兵南侵。金人于十月南下，向南宋发起了大规模的进攻。孝宗命令汤思退指挥江淮的兵马，但是汤思退却不肯赴任，江淮前线的宋军主力已经全部撤回，金军在没有任何阻力的情况下，攻下了楚州、濠州、滁州。南宋朝野上下舆论哗然，都声讨主和派卖国的无耻行径。孝宗免去汤思退的官职，押赴永州管制。太学生张观等72人也都纷纷上书孝宗，请求将汤思退等人斩首以谢天下，汤思退在前往永州的途中听说了此事，忧惧而死。

　　面对金朝的巨大军事压力，无奈之下，孝宗只得作出了让步。公元1164年11月，南宋派王抃前去金营求和，提出新的合议条款，对金人的无理要求也基本予以满足。与此同时，金朝在位的世宗皇帝吸取完颜亮南侵时候的教训，主张"南北讲好，与民休息"，既然实质性的好处他们也已经得到了，军事的手段也可以适可而止，就同意了合议的条款。同年12月，金、宋正式签订了合约，历史上称为"隆兴和议"。

　　孝宗是在紧迫的形势下和金人讲和的，但是他恢复中原的强烈渴望也是一直都存在的。孝宗吸取上次张浚仓促北伐导致失败的教训，对于用兵之事也开始变得谨慎了。集中精力做好战前准备，蓄势待发。

　　最先做的就是大力的整顿军政，提高军队战斗力。从公元1166年年底到公元1170年，他总共进行了三次大规模的阅兵活动，在南宋历史上这可是前所未有的，这不但鼓舞了战士们的士气，同时也振奋了民心。除亲自校阅军队之外，孝宗还规定各地的驻军在每年的春、秋两季集中演习，那些练兵成绩突出的将佐，将会受到破格提升，武艺出众的士卒也会得到重赏。中央禁军兵员冗滥，无法将之作为作战的主力，孝宗对他们进行挑选，裁掉老弱，重新选取一些强壮者来补充，使正规军的战斗力得以迅速地提升。在之前对金的作战中，民兵是战斗中一支重要的力量，但是常常得不到朝廷的重视。比如在淮东地区，原来有一种叫作万弩手的民兵组织，在抵御金兵南侵的时候发挥过很大的作用，但是于公元1165年被遣散。公元1169年，孝宗又恢复了淮东万弩手，改名为神劲军，还规定每年的训练时间为这年8月到次年的2月，为两淮的前线增添了一支生力军。

　　孝宗再次计划北伐，将帅的人选问题还有待解决，同时能够依赖的主战派大臣也越来越少。张浚、吴璘等人都相继去世，最终被孝宗选中的是一直坚持抗金的虞允文，将北伐这一重任托付给了他。在完颜亮南侵的时候，虞允文曾经在采石之战当中大败金兵，充分地表现出他杰出的军事才

第十章　南宋能力最强的皇帝——宋孝宗赵昚

能，而且他一直都主张以武力来恢复中原，这和孝宗的心意是相同的。公元1167年，孝宗将虞允文任命为知枢密院事，并且接替吴璘出任四川宣抚使。虞允文在四川练兵讲武，发展经济，卓有成效，南宋的西北防线得到了很好的巩固，为再一次北伐时出兵川陕打下了坚定的基础。

公元1169年8月，孝宗召虞允文入朝，将他升为右丞相兼枢密使，掌握着朝廷的军政大权。一方面虞允文为北伐在物力、财力和兵力上积极的作准备。另一方面，他建议孝宗派遣使者前往金朝，要求修改隆兴和议中的一些侮辱性的条款：一是改变宋朝皇帝站着接受金朝国书的礼仪，二是要求金朝归还河南的宋朝帝王陵寝之地。这些对于孝宗来说都是巨大的耻辱。因此，孝宗立即同意了虞允文的建议。公元1170年闰5月，孝宗派范成大出使金朝，提出了归还河南陵寝之地和更改接受国书礼仪的要求。金朝皇帝金世宗坚决拒绝宋朝的要求，金朝的大臣对南宋擅自破坏和议非常生气，范成大与金人据理力争，但最后还是无功而返。

虽说虞允文一直都支持北伐，但实际上他内心还是所有顾虑的。在隆兴和议签署之前孝宗对于议和总是犹豫不决，最后还是在太上皇的逼迫以及主和派的压力之下，无奈接受了屈辱的和约。他担心，一旦再次北伐，孝宗会像之前那样改变主意，北伐会再一次的半途而废。并且，孝宗对于东宫的一些旧人还十分的宠幸，这也使得虞允文意识到潜在的危机。北伐如果不利，自己必会遭到朝野上下的围攻，严重的话还会引来杀身之祸。公元1172年9月，虞允文辞去了相位，再次在四川担任宣抚使。临行前，孝宗要他到四川之后就立即出兵，在河南与江淮军队进行会师，虞允文忧心忡忡地说："我担心陛下届时未必能够配合。"孝宗即刻表示："如果你出兵朕犹豫的话，就是朕有负于你，但是如果朕已经举兵而你没有动，那么就是你有负于朕！"但是，孝宗这番慷慨激昂的话也并没有打消虞允文心里的顾虑。他到了四川之后，对于备战的工作很积极，但一再地推迟出兵的时间。公元1173年10月，孝宗对虞允文下诏，要他早日出兵，但是虞允文却以"军需未备"为理由，让孝宗"待时而动"，事实上这就是婉拒了孝宗提出的要求，因而让孝宗恢复中原的计划再一次落空。

实际上，虞允文所担心的也并不是没有道理，他刚刚在四川上任之时，孝宗将坚决反战的梁克家任命为宰相，让一个反对战争的人来主持朝政，对虞允文的行动一定会有所阻碍和牵制。公元1174年2月，虞允文因劳累过度去世，这对孝宗的中兴大计无疑是沉重的打击。南宋再也找不出像虞允文这样坚决主战又有才能的大臣了，主战派大多数的干将都已经亡故，在世的也逐渐变的消极保守，更别提主和派的官员了。面对朝廷上下这么多的文武官员都安于现状的意识，孝宗心痛不已，但是却无可奈何，一直以来他想要恢复中原的愿望就这么消沉下去了，往日的雄心也渐渐消失。公元1174年到1189年间，就是孝宗皇帝在位的后期，不管对内或是对外的政策都渐渐平稳了，宋朝又在"中外无事"、偏安一隅中沉静了。

得与失

孝宗在积极处理对外关系的同时，更注重强化内部统治的机能。高宗后期，朝政大权是由秦桧一手掌握着，他的党羽布满朝野上下，相权也在逐渐膨胀，几乎威胁到了皇权。孝宗明显地感觉到秦桧的嚣张跋扈，为防止再次出现大臣擅权的局势，孝宗采取了许多加强皇权的措施。

在孝宗即位以后，独揽朝纲，从军政国事到州县的狱案，他都要亲自过问。这样做的原因就是要把权力都集中在自己的手中，作为一个皇帝，从始至终都能够坚持孜孜不倦地处理政事，真的是很难得。

孝宗刚即位时，就着手改革政治上存在的弊端。他首先整顿的就是吏治，对于那些贪官污吏进行严惩，对于官吏也进行更加严格的考核，甚至对地方中下级的官吏他都要亲自任免。南宋在建立之后，财政是比较拮据的，但是孝宗非常的节俭，他尽量减少一些不必要的开支，还经常询问财政的收入和支出情况，核查具体的账目，只要有一点的出入，他都要刨根问底。为改变民贫国弱的局面，孝宗非常重视农业生产，每年都会亲自过问各地的收成情况，并且对新的农作物品种十分关注。有一次，范成大呈上一种叫作"劫麦"的新产品，孝宗就专门命人在御苑先进行试种，结果发现这种"劫麦"的麦穗饱满充实，便开始在江淮各地进行大面积的推广。

第十章 南宋能力最强的皇帝——宋孝宗赵昚

孝宗这么勤政也确实是让皇权都集中到了他自己的手中，很多本该臣下处理的政务，渐渐的都要他自己来裁定，大臣们只能俯首听命，很少有自己的主见。可是，孝宗的这种勤政对南宋的政治却起到了消极的作用。孝宗处理政事都是非常细致，毫不夸张的说是达到了繁琐的程度，他把很多精力全都放在了细枝末节上，却忽视了治国的大政方针。有些大臣也曾经劝过孝宗要抓住国家的大政，孝宗觉得大臣们说得很在理，但是一遇到具体的问题，他却依旧如此。在很重要的决策上面，孝宗经常是事先没有考虑好就贸然实施，一旦遇到挫折，就马上收回成命，在他在位期间，反复更改朝令的情况出现过很多次，其中比较典型的就是张浚北伐以及隆兴和议，使得恢复中原的计划最终还是落空，这样的结果同孝宗的这种为政作风是有很大关系的，有的人评价他是"志大才疏"，这也是有一定道理的。

　　孝宗在位时期，南宋并没有什么大的业绩，这与他的集权是有一些关联的。孝宗在位的 27 年当中，前后一共有 17 人出任过宰相，参知政事更有 34 人之多，宰相更换得这么频繁，在宋朝的历史上是非常罕见的。每一位宰相在任的时间都不是很长，由此可见，太宗就是为了防止权臣的出现。他为了树立君主的绝对权威，有的时候也会听信一些片面之辞，没有经过核实调查，就将一些宰相的官职罢去了。公元 1166 年，有人向孝宗检举参知政事叶颙接受贿赂，检举的那个人和叶颙一直都有很大的矛盾，孝宗在真相没有明确之前，就免了叶颙的官职，但是后来经过有关官员的查证，并未发现叶颙受贿的证据，孝宗意识到错怪了叶颙，又重新将其召回朝。公元 1175 年，朝廷要选派使臣前往金朝求河南的陵寝之地，当时推荐的是汤邦彦，但是他这个人生性非常的胆小，他怀疑推荐他的那人是要他去送命，因此一直怀恨在心，于是就向孝宗上书称叶衡诋毁孝宗，孝宗勃然大怒，即刻免去了叶衡的相位，并且将他贬到郴州。宰相是百官之首，孝宗这样轻易的罢免，说明他并不是真正的信任宰臣们。

　　在选宰臣的具体方法上，孝宗采用了宋代立国以来"异论相搅"的祖宗家法，提倡宰相们有各自的政见，以此让他们相互牵制。宰臣不能团结合作，对皇帝控制朝政虽然很有利，但是却给孝宗恢复中原带来了很大的负面效应。除了宰相内部的相互牵制之外，孝宗还利用宰臣之外的一些政治力量来制约宰臣，就是重用在他即位之前的部属。但是这些部属依仗着孝宗对他们的宠幸来祸乱朝政，被士大夫们指斥为"近习"。因为他们跟随孝宗的时间比较长，加上关系也十分密切。同其他朝臣相比，孝宗更加信任他们，所以重用他们作为自己的耳目，这也是孝宗在位期间的一大政治特点。

　　孝宗比较有名的近习有曾觌、张说、龙大渊等人。曾觌和龙大渊原来是孝宗为建王时候的低级僚属，因为这两个人比较善于察言观色，因此深得孝宗的欢心。孝宗在即位初期，就破格提升曾觌和龙大渊，给予了他们参与军机大政的权力。朝臣们都纷纷上奏反对，对这二人的不学无术和浅薄的见识进行抨击。但是，孝宗不但没有听从劝告，反而将那些反对的大臣降职免官。从此之后这两个人就更加的无所忌惮。公元1167年，参知政事陈俊卿握着二人不法行为的证据，对他们进行上奏弹劾，说他们偷听、泄露机密政事，孝宗一时愤怒，将二人驱逐出朝。但是，孝宗的心里对二人还是念念不忘。公元1168年，龙大渊去世。接到龙大渊的死讯，孝宗又想将曾觌召回，但是在诏书未下达之前，朝臣们就已经猜到了孝宗的心思，纷纷上奏反对。公元1170年，反对最为强烈的陈俊卿被罢去宰相一职，孝宗又将曾觌召回，对他更是恩宠有加。一时间曾觌的权势显赫，朝中的许多文武官员都出守其门。一直到公元1179年，出守建康的陈俊卿两次面见孝宗，并且指出近习结党营私的危害。孝宗一直对朋党都严加防范，在陈俊卿的再三提醒下，这才对曾觌等人稍有疏远。

　　张说因为娶了高宗吴皇后的妹妹而受到了重用。公元1180年，孝宗将他任命为签书枢密院事，以此进入执政之列。朝中上下议论纷纷，同知枢密院事刘珙耻于与张说共事，愤然辞职，范成大拒绝草诏，无奈之下，孝宗只得收回成命。一年以后，孝宗又命张说为枢密院事，虽然这次朝臣们还是激烈反对，但是孝宗这次并没有为之所动，并且将持反对意见的王希吕、李衡、莫济、周必大等人一并罢职，强行任命张说，从此，再也没有人敢公开议论这件事了。张说能够得到孝宗的重用，除了他外戚的身份，还和他对抗金朝恢复中原的态度有关。当时孝宗正准备再次北伐，但是朝

第十章　南宋能力最强的皇帝——宋孝宗赵昚

中的大臣不是明确的反对，就是犹豫的观望，张说积极赞同北伐，除了虞允文之外，张说是少数支持出兵的大臣之一，所以，孝宗才坚持任用张说，希望他能够协助自己和虞允文早日恢复中原。但是，张说这个人是个无才无德的人。他一上任，就和曾觌等人相互勾结，仗着孝宗的恩宠，为所欲为，让孝宗非常失望，于是公元1189年，孝宗罢了张说的官职，将他贬到抚州。

纵观孝宗这一朝，他对外主张中兴恢复，但是始终都是徒劳无功；对内开始重新树立皇权的威严，可是吏治腐败的现象从根本上并没有得到改善。在淳熙后期，孝宗感到力不从心，对那些繁琐的政事开始厌倦，于是打算让位于太子，可是由于太上皇高宗还健在，没有办法施行。公元1187年10月，高宗病逝了，孝宗决定服丧三年，他以"守孝"为名退位了。公元1189年2月，孝宗正式退位，将皇位传与太子赵惇，是为光宗，他自己退居重华宫，当起了太上皇。

父与子

孝宗一直对高宗选中自己为继位之人，感激不尽。他即位之后的20多年中，一直笃行孝道，侍奉高宗如同自己的父亲一般。除每月固定日子去德寿宫问安外，孝宗还经常陪高宗游玩闲聊，每逢节日和高宗生日，就会率妃嫔、百官前去庆祝，而且礼仪十分隆重。高宗本性奢侈，孝宗便大规模的扩建德寿宫，装饰也非常华丽，还在德寿宫附近开凿了大池，名为"小西湖"，旁边还建造了亭台假山，一切都是模仿西湖建造的，以便高宗不出宫门即可游赏。

孝宗对高宗可算是百依百顺，就连处理政事都要顺从高宗的意愿。一次，地方上的一名官员因犯贪赃罪而被罢免，高宗庇护此人，要求孝宗恢复此人的官职。孝宗认为此人罪行属实，便没有同意，高宗大怒，孝宗只能听从。这么一个地方官员任免的小事，孝宗都要听命于高宗，至于那些军国大政就更不用说了。隆兴末年，当孝宗在战与和之间犹豫不决的时候，高宗极力催促孝宗求和。淳熙元年，金使来宋，孝宗在高宗的逼迫

下，按照旧约，起立接受国书。宋人在回顾孝宗恢复中原大业时说，孝宗恢复中原没有成功，一方面是因为当时缺乏人才，国贫兵弱，另一方面是因为太上皇高宗主张妥协苟安，而孝宗不愿违背他的意思，这确实在很大程度上影响了孝宗的中兴大业。

公元1187年10月，高宗驾崩，孝宗十分悲痛。他精神恍惚，无心听政，每天的饭菜都是一些素食。由于悲伤过度，再加上不思饮食，短短数日，孝宗就消瘦衰弱了很多。后宫一位姓吴的妃子，曾多次劝慰孝宗，但是丝毫没有效果，便私下吩咐内侍将鸡汤掺入素食之中，孝宗尝到味道有异，查明真相后，便要将吴氏杀掉，在太后劝说下，将吴氏逐出皇宫，那名内侍也被免职流配。高宗死后，孝宗坚持要服丧三年，这不仅是对高宗深厚感情的真实流露，也是因为他对政务已经感到厌倦。

孝宗不仅是一位孝顺的儿子，同时还是一位宽厚仁爱的父亲。孝宗共有4个儿子，少子赵恪幼年夭亡，长子赵愭也于公元1167年病死，二子赵恺和三子赵惇就成了太子的候选人，孝宗最终立三子赵惇为太子。在一些朝代，立储中落选的皇子一般会受到君主的猜忌，以致有性命之虞，而孝宗始终都没有猜忌赵恺，一直都非常的关爱他。为了避免太子和赵恺之间发生冲突，他命赵恺到宁国府任职，还常常派人给他送去大量的物品，抚慰儿子。公元1180年，赵恺病死，孝宗亲自为他发丧。赵恺死后，孝宗就把无人照顾的赵恺年幼的儿子赵抦接入宫中抚养，而且十分宠爱，封赵抦为嘉国公，还亲自挑选名儒教授他学业。

三个儿子先后都去世了，留在孝宗身边的只有光宗赵惇。然而，十分不幸的是，光宗在即位之后，没过多久就患上了精神疾病，总是怀疑猜忌孝宗。光宗发病以来，去重华宫问候孝宗的次数屈指可数。孝宗并没有计较，反而对光宗的身体十分关心。他一方面命御医精心调治，一方面多方寻找良药秘方，只要一有所获，他立刻就照方配药，准备让光宗来朝见时服用。他曾多次诏谕光宗要安心养病，不必经常来问候，可见他是多么的疼爱儿子，同时也是为光宗卸去不孝之名，可谓用心良苦。可是，光宗不但不能体会孝宗对他的这般宽慈，反而以此为借口，不再朝见孝宗，后来甚至还制造假诏书说孝宗免他过宫。公元1192年11月，光宗已经连续半年多都没有去重华宫拜见孝宗了，最终在群臣的劝说下，他才同皇后李氏过宫问安。见到光宗和皇后之后，孝宗没有一点怪罪之意，而是十分高兴，留光宗和皇后饮宴，直到天色已晚，才让他们回宫。孝宗以为从此他们父子会和睦如初，他可以享受天伦之乐了，可事实却出乎孝宗所料，光宗很快就恢复了之前的态度，对他还是如当初一样冷落。日渐衰老的孝宗在重华宫中感到非常的孤独寂寞，一天，他登上露台眺望宫外，借此来排遣心中的孤独，无意中看到街巷中正在玩耍的一群孩子，有的高喊"赵官家"（指光宗），孝宗触景生情，感叹道："我叫他都不来，你们在那喊又有什么用啊！"言语之间流露出了内心的伤感和凄凉。

公元1194年，孝宗抑郁成病，光宗都不来宫中探病。同年5月，孝宗病情恶化，他感觉自己将不久于人世，在这之前还想再见儿子一面，他每天都问很多次，光宗是否来过，但光宗还是无动于衷。同年6月，孝宗带着对不孝之子的失望和悲愤离开人世，享年68岁。

第十一章

有精神障碍的皇帝——宋光宗赵惇

帝王档案

☆姓名：赵惇

☆民族：汉族

☆出生日期：公元 1147 年

☆逝世日期：公元 1200 年

☆配偶：慈懿皇后李凤娘、黄贵妃

☆子女：2 个儿子，其中一个早亡，三个女儿皆早亡。

☆在位年数：5 年（公元 1189 年 2 月 18 日~公元 1194 年 7 月 24 日）

☆继位人：赵扩

☆庙号：光宗

☆谥号：循道宪仁明功茂德温文顺武圣哲慈孝皇帝

☆享年：54 岁

☆陵墓：永崇陵

☆生平简历：

公元 1147 年 9 月 30 日，出生于藩邸宫中，光宗把这天定为重明节。

公元 1171 年，被立为太子，时年 26 岁。

公元 1189 年 2 月 18 日，登基，时年 43 岁。

公元 1194 年，被迫退位。

公元 1200 年 9 月 17 日，驾崩于寿康宫，享年 54 岁。

公元 1203 年，加谥号循道宪仁明功茂德温文顺武圣哲慈孝皇帝

第十一章 有精神障碍的皇帝——宋光宗赵惇

人物简评

你能想象一个患有精神疾病的人来治理国家吗？光宗赵惇就是这样的一个患有精神疾病的皇帝。这位皇帝在43岁才正式登基，可是刚登基没两年，就患上了精神疾病。精神障碍，似乎是宋朝皇家的遗传性疾病，很多皇室子弟都患有此病。对于一个患有精神疾病的人来说，平平淡淡生活才是最好的。但是，朝廷内外的钩心斗角，让这位皇上操碎了心，也让他的心灵受到了不同程度的损伤。其实，分析光宗的一生不难发现，光宗对父亲的猜疑以及惧妻的性格在很大程度上造成了他的病态心理。在位5年，他的病情愈加严重，因此刚当了5年皇帝就被迫草草收场了。虽然光宗没有当几年皇帝，也没有像他父亲那样有所作为，却十分传奇。

生平故事

立太子之路

历朝历代，立太子的过程中都夹杂着无数的心计和坎坷，孝宗立太子的过程也是如此。孝宗的皇后郭氏为孝宗生了4个儿子，这几个儿子还算比较有才能。但是显然，上天要考验一下这个南宋的第二任皇帝。孝宗先是按照传统立了自己的长子赵愭为皇太子，没想到这个可怜的皇太子还没等到坐上皇位就先他父皇而去了。如果按照常理，孝宗的次子庆王赵恺应当是皇太子的不二人选，但是为什么赵惇最后会坐上皇位呢？

赵惇坐上皇位在很大程度上与孝宗自己的偏爱分不开。孝宗觉得庆王太过宽厚仁慈，认为一个有着妇人之仁的人难当大任，而赵惇英勇神武，酷似当年的自己。谁不喜欢一个像自己的孩子呢？于是孝宗就决定要打破传统，立赵惇为皇太子。当然传统的枷锁是难打破的，要找一个合适的机会才行。

到了公元1170年，孝宗终于等到了这个机会。当时主管天文的太史上书称："根据天象的变化，应该要立太子。"宰相虞允文也趁机请求孝宗早日立储。其实大臣们请求立储也是为了皇家着想，如果哪天皇上突然仙逝了，也好有所准备。早就想立储的孝宗，等到大臣们一建议，马上幽幽地说："朕早就有了立太子的意思，而且在我的心中早就有了太子的最佳人选。朕之所以没有立太子，是想让他多熟悉熟悉政务，多研究学问，这样他当上太子之后才不会怪罪于我，而且我也担心他当上太子之后，会骄纵自己，不能勤恳学习。不过，现在也到了立太子的时候了。"

公元1171年2月，孝宗终于如愿以偿地立了最像自己的恭王赵惇为太子。为了帮助太子铲除障碍，孝宗还将自己的次子庆王赵恺改封为魏王，让他去镇守外藩。4月，太子又担任了临安府尹的职务。在这期间，太子真正成了宋朝各个官员的楷模，他关心民政，了解民情，将所辖地区料理得井井有条，多次受到了孝宗的赞赏。

东宫的"孝子"

按理说，父亲长寿，做儿子的自然高兴。但是这事如果放在皇家，那就另当别论了。

在东宫时，赵惇为了稳固自己的储君地位，对孝宗表面上还算是毕恭毕敬、孝顺有加，但是即位之后，父子二人的矛盾就开始愈演愈烈。

东宫一向是天下权力斗争最激烈的地方，太子的言行稍有不慎，就可能为自己招来杀身之祸。要知道，全天下想当皇上的人可是数不胜数呢！赵惇对这一点深有体会，所以当他搬到东宫之后，一直严守礼法，刻苦读书，绝不给任何人留下扳倒自己的理由和借口。当然除了做好自己分内的事情之外，对孝宗也是照顾有加，一片孝心，天地可鉴。

对赵惇宠爱有加的孝宗也经常会写诗赐给太子，有意无意地提醒他将来继承了自己的皇位，要为恢复故国不断努力。既然父亲总是有意无意地提醒自己要有恢复故国的伟大志向，赵惇当然也不能让父亲失望，先不提实际行动如何，表面文章还是要做到的。于是皇太子经常会写诗来赞颂父皇的丰功伟绩，并在诗中表现出自己未来的伟大志向。孝宗对这种父唱子和的感觉很是满足，自认为太子已经继承了自己的英明神武。

赵惇就这样谨慎小心地在东宫做了十多年的孝子，眼看着自己的头发也白了，眼睛也开始模糊了，依然不见孝宗有把皇位传给自己的意思。一向稳重谨慎的赵惇也开始着急了。于是有一天，太子就故意试探孝宗道："父皇啊，我的胡子都开始变白了，前几天有人送药让我把胡子染黑，我都没敢用啊。"聪明的孝宗当然明白儿子的意思，但是他故意微笑地答道："有白胡须好啊，这样可以显示你的老成，要染胡子的药干嘛！"太子一听，这意思就是还不想退位啊。看来自己只有另想别的方法了，父皇不答应，自己可以去求助别人。可是天下之大，谁能动摇皇上的意思呢？那个人当然是让皇上都要敬三分的太皇太后吴氏（高宗皇后）了。赵惇把希望都寄托在这位太皇太后身上了。为了达到自己的目的，赵惇在太皇太后面前毕恭毕敬，不时邀请太皇太后品尝各种时鲜美味。太皇太后当然也明白他的意思，有意无意地向孝宗暗示，要早点把位子传给太子才好。不过孝宗可不吃这一套，他有理有据地说太子还要继续历练几年才好。面对这样一个对皇权有着强烈占有欲的父亲，赵惇觉得特别憋屈。

公元1187年10月，81岁高龄的高宗赵构驾崩，孝宗十分伤心。如果当年不是高宗禅位，孝宗也当不上这个皇帝，因此孝宗一直对赵构心存感激。赵构的去世，让孝宗开始考虑自己的情况，如今自己已经年将六旬，想要恢复故国的梦想也不太可能实现了，还不如把皇位传给太子赵惇，自己享享清福呢。于是孝宗决定要为赵构守丧三年，不仅表明了自己对高宗的孝心，同时还借机把皇位禅让给太子赵惇，以摆脱烦琐的政务。公元1189年2月，当了17年太子的赵惇终于做了皇上。

退位之后的孝宗居住在重华宫。他本以为儿子会像自己对待高宗那样来对待自己，但是没想到，父子之间的矛盾和冲突却如此剧烈。

光宗登上皇位之后，开始正大光明地卸下了自己伪装多年的面具。不再装出"孝子"的模样来讨孝宗的欢心了。当然，刚登基不久的光宗，曾

第十一章　有精神障碍的皇帝——宋光宗赵惇

经仿效孝宗侍奉高宗的先例，每个月有4次去重华宫见父亲，偶尔也陪父亲游个花园、下个棋、喝喝茶。不过没过多久，光宗就厌倦了这样的生活，开始找各种借口回避这种例行的公事，父子之间的隔阂与矛盾也慢慢显现出来。

父子关系恶化

终于当上皇上的光宗，就像是一只被关在笼子里多时终于回归天空的鸟一般，开始肆无忌惮地享受权力带给他的快乐。一天，光宗领着宫中的嫔妃一起游览聚景园。这件事被大臣们知晓了，都议论纷纷，认为高宗还在世，孝宗出游，应该恭请高宗同行才是，怎么能光顾着自己玩乐而忘了父亲呢？光宗一看这样的奏折，十分生气，没想到自己都当了皇帝了，连出个游都要受父皇的牵制。而此时的孝宗正好派宦官给光宗送来了一只玉杯。光宗想到刚才奏章的事情，一时气从心来，手中握住的玉杯不小心掉在地上打碎了。没想到，重华宫的宦官都是爱颠倒是非，挑拨离间的人，宦官回到重华宫时，居然对孝宗报告说："皇上一看见太上皇的赏赐就十分生气，直接把玉杯给摔碎了。"孝宗一听自然十分不悦，觉得光宗是故意这样对待自己的，所以在光宗探望自己的时候故意冷落和怠慢他。就这样新旧矛盾层出不穷，让父子二人的关系更加恶劣。

让父子二人关系恶化的事情，还有一件就是立储的问题。按理说，立皇后的长子为太子无可厚非，但是孝宗偏偏不肯，他认为皇长子嘉王天性懦弱，不适合继承皇位，相比之下，魏王赵恺的儿子嘉国公赵抦却要聪明伶俐很多，是太子的不二人选。哪个皇帝会在有儿子的情况下同意立别人家的孩子为太子呢？

听到父皇要立哥哥的儿子为太子，光宗开始对孝宗猜忌起来。在他看来，父亲要威胁的不仅是嘉王的太子之位，更是自己的皇位。自己兢兢业业熬了十多年才得来的皇位，难倒还没坐稳就要被剥夺了吗！极度的不安再加上光宗身边另有企图的李后和宦官也不断挑拨离间，让这种无形的恐惧开始在光宗心里生根发芽。精神上的压力终于让赵惇失去了理智，变成了一个偏执狂和猜忌狂。重华宫成为了赵惇最害怕去的地方，遇到孝宗则是能躲就躲，不能躲便硬着头皮问候一下，马上找个理由赶紧离开。大臣们看到天子不像以往那样孝顺，自是要尽职尽责地劝谏，可是没想到这些言语不仅没有起到提醒的作用，反而更激发了光宗的疑惧和固执。

无良皇后世人唾

光宗有个严厉的父亲也就罢了，还娶了一个霸道的皇后。光宗病情的加重，在很大程度上与这位霸道的皇后有关。光宗的皇后李氏是历史上有名的悍妇，喜欢搬弄是非，对权力有着极大的欲望。

李后出生将门，她的父亲是一名将军。一个将门之后，是如何成为一国之后的呢？原来在绍兴末年，当时著名的医学家皇甫坦受到了高宗的召见。不知这个皇甫坦收了李家多少好处，在高宗面前极力夸赞李氏的言行，简直要把李氏说成天上有地下无的人物。在皇甫坦的巧语之下，赵构信以为真，遂聘李氏为恭王赵惇的妃子。

李氏在当恭王妃的时候，还是比较恪守本分。可是当上太子妃之后，刁蛮的本性就逐渐暴露出来。这个对权力有着极强欲望的女人，开始在高宗、孝宗、太子之间不断挑拨离间，搬弄是非，比如她会在高宗面前埋怨孝宗对太子不好，在孝宗面前苦诉太子的长短。高宗看到李氏的言行，对当年自己的决定十分后悔，但也不知要如何是好。

孝宗对李氏的行为也十分反感，经常训斥她，让她像太皇太后学习，不要插手政务。但是李氏可不是一个弱女子，对孝宗的训斥更是不予理会。她不仅没有反思自己的行为，反而在心里种下了仇恨的种子。

公元1187年，孝宗把大臣们都召集过来，说自己年纪也大了，该把位置禅让给太子了。群臣听后对孝宗的做法纷纷表示赞同，只有枢密院事黄洽一言不发，孝宗就询问他的意见。黄洽是一个比较深谋远虑的臣子，他当时就对孝宗说："太子足以担此大任，但是李氏却不能母仪天下，望陛下三思。"那意思就是说，太子当皇上没什么问题，但是皇后还要另举他人才对。虽然孝宗对太子妃也颇为不满，但是当着诸位大臣的面，直言不

第十一章 有精神障碍的皇帝——宋光宗赵惇

讳，让孝宗有些下不来台，怎么说李氏也是自己的儿媳妇啊。黄洽看出了孝宗的意思，退朝之后，马上请辞。这时候，孝宗认为李氏虽刁蛮骄横、喜欢搬弄是非，却不足以祸乱朝政。不过事实证明，孝宗判断失误了。

光宗当上皇上之后，李氏就自然而然地成为了一国之母。李氏变得更加肆无忌惮。从小到大被父皇压制，如今又被如此强悍的妻子牵制的光宗，真是可怜至极。

李氏不仅对自己的丈夫十分无礼，就连对孝宗夫妇也是傲慢得很。有一次，孝宗皇后谢氏苦口婆心地规劝她作为一国之母要成为全国女子的典范，言行举止要有度。没想到，李氏当场反驳道："我是官家的结发夫妻！"也就是说，我是她的正妻，我的事情还轮不到你来管。在场的孝宗见此情景，勃然大怒，但也无可奈何。之前，孝宗当皇帝的时候，还可以警告李氏一下，希望她能有所收敛，如今自己已经成了一个没有权力的太上皇。想要废后，也变得困难起来。不过，孝宗可不想被一个女子压制着，瘦死的骆驼比马大，更何况自己还在世呢！于是，孝宗把他的老臣史浩召集了过来，与其秘密商量废后的事宜，但是史浩觉得光宗才刚刚即位，废后一定会引起天下人议论，对政局的稳定十分不利，于是废后之事只好暂行搁置。

强势的女人对丈夫喜欢的人总是心怀恨意，即便自己的丈夫是权倾天下的皇帝也不例外。有一次，光宗在洗手的时候瞄见端着盥盆的宫女双手白皙，不由喜上眉梢。可是不巧，这件事被皇后看见了。强势的皇后连皇上偷瞄宫女双手的权力都不给留下。没出几天，李氏便遣人送来了一个食盒。光宗打开食盒，里面装的竟然是一双血淋淋的手。这双手的主人不用猜也知道，就是上次端盆的那个宫女。一个无辜的宫女就这样死在了李后的手里。一个宫女都容忍不了，更何况是后宫的三千佳丽呢！公元1191年11月，皇后趁着光宗离宫的机会，暗中杀死了光宗最宠爱的黄贵妃。光宗知道真相之后，心中悲痛欲绝，但是因为惧怕老婆，面对霸道的李氏，虽然身为一国之君却是敢怒不敢言，只能把悲痛埋在心里。第二天，光宗强打起精神，主持了祭祀天地的大礼。可是天不遂人愿，仪式刚进行到一半，一阵狂风暴雨猛然袭来，祭祀被迫中断。要知道在古代祭祀仪式可是十分重要的，被迫中断的祭祀仪式终于让光宗崩溃了。

可怜天下父母心，孝宗看到儿子生病，心中自然十分担心，为了把儿子的病治好，他悄悄命人到民间去搜集秘方，并按照药方抓好了药。原本想派人送给光宗，但是孝宗考虑到可能会被李后阻挠，就准备等到光宗到重华宫问安的时候让他服用。

李氏早前已经听说孝宗打算立魏王的儿子为太子，猜想孝宗想要借着光宗向其问安的机会发泄对自己的不满，如今孝宗又让光宗过宫服药，更是触动了她敏感的神经，认为孝宗想要谋害光宗。直到此时，李氏才认识到光宗对自己的重要性，如果这个懦弱的丈夫没了，自己的后位也就不保了。于是，她极力阻止光宗去向孝宗请安。想要让一个人不去见另一个人最好的方法，就是让他们之间产生仇恨，李氏很快就想到了这一点。不久之后的一次宴会上，李氏居然当着孝宗的面，直接提出了立嘉王为储君之事。孝宗听后没有言语，没想到李氏竟然厉声指责道："我是你赵家正式聘来的，嘉王也是我亲生的，为什么不能立我的儿子为太子？"孝宗听后愤怒到极点，拂袖离席。李氏回宫之后就向光宗哭诉，后来又重新提起了服药的事情，故意歪曲事实说孝宗就是想要害死光宗。光宗本就因为孝宗不想立自己的儿子为太子而耿耿于怀，再加上李氏的一番歪曲事实的挑拨离间，让他对自己的父亲更加恐惧和仇恨。在此后的一年多时间里，他再也没有迈进过重华宫。

对于皇上不去看望太上皇的事情，很多大臣开始上书劝谏。光宗也不是铁石心肠的人，偶尔也会被打动，但是每次都会被李后的挑拨离间改变主意。这种反复无常的举动虽然是光宗的病症，但是与李后在光宗身边吹枕边风不无关系。时间一长，光宗的精神疾病就变得更加顽固了。

朝中有个精神有问题的皇帝，政务必定是乌烟瘴气。从公元1192年开始，光宗的病情时好时坏，这可乐坏了李氏。这个对权力有着极大欲望的女人终于从幕后转向了台前，开始操纵手中的大权。不过，她的兴趣并不是朝廷大政，而是通过手中握有的权力，给她的娘家捞好处。娘家三代都被她封为了王，就连那些八竿子打不着的亲戚都被她封了官，甚至连李家的门客都奏补得官。李氏外戚恩荫之滥，是南宋建立以来所没有的。

天下第一不孝子

光宗的病情越来越严重，对自己的父亲孝宗的疑惧也日益渐深。每月按例的问候经常会找借口不去。渐渐的，天子不孝的名声开始在天下传播开来，连市井街头的百姓对天子这样的行为都感到非常不满，太学生们也纷纷加入了劝谏的行列，甚至出现了几百人上书要求光宗尽孝的情景。面对这样的情景，光宗依然不为所动。

在1194年，孝宗病倒了，按理说身为儿子应该在床前侍奉才对，当时光宗却连探望都没有过。躺在病床上的孝宗一想到自己的亲生儿子竟然对自己如此冷落，心中更加难过，病痛加上抑郁的情绪，让他的病情更加严重。这一年5月，孝宗的病情越来越严重，光宗却依然在宫中玩乐，没有探望过一次。天子这样的行为，终于激起了民愤。太学生们纷纷写文章嘲讽当朝天子的不孝行为。与此同时，屡次上书劝谏的大臣们，也纷纷请辞。光宗当然不能放人走了，于是下诏一律不许。光宗既不让大臣们辞职，也不听劝，依然我行我素。这时候，百姓对光宗的不满都达到了顶点。

孝宗的病情并没有因为百姓对他的怜悯而有所减轻。到了这一年6月，病重的孝宗带着对儿子的不满离开了这个让他心寒的皇宫，驾鹤西去了。此时的光宗已经偏执到了极点，他依然对百官的奏请不予理睬，不肯主持丧事，最后只能交由太皇太后吴氏来主持丧事。

事实上，内心极度恐惧的光宗，对父亲孝宗的死一直不敢相信，他认为这只是一个准备剥夺自己皇位的阴谋。虽然他每天装作没事一般照旧在深宫中，声色歌舞，但是他的内心极度恐惧，担心自己会被他人暗算。为了能够自卫，光宗每天都带着佩剑。不过光宗万万没有料到，威胁自己皇位的并不是自己的父亲，而是自己的儿子。随着光宗病情的恶化，政局也渐渐不稳定起来，大臣们对这个在其位不谋其政的皇上已经忍无可忍。这一年7月，嘉王赵扩在太皇太后的大力支持以及大臣赵汝愚、韩侂胄等人的拥护下把这位天下第一不孝子光宗赶下了台，登基为皇，也就是宁宗。

李氏的凄惨下场

光宗并不知晓政权交接的事情。当他得知真相之后，一直不能接受这个事实，拒绝接受宁宗的朝见，依然住在皇宫里面，不愿意搬到为太上皇预备的寝宫里。当担心变成了现实，光宗的病情更加严重，当然，跟着他一起失势的还有李氏，不过，这次李氏却一反常态，不再对自己的丈夫横眉竖眼，反而疼惜起来。没有了皇后光环的李氏非常担心一不小心触动了光宗那根十分脆弱的神经，常常帮助光宗宽解心中的郁结，还细心地叮嘱侍奉光宗的内侍、宫女，不准在光宗面前提起"太上皇"和"内禅"等敏感字眼。正可谓，早知今日何必当初，如果李氏早为自己的丈夫打开心结，光宗又怎么会早早地被迫退位呢！

李氏成为太后之后，对自己的命运也难以掌控。她开始变得疯疯癫癫，找各种术士，希望能够得到他们的指点。但是算命的却说她厄运难逃，为此，这个权力欲望极大的女子开始一反常态清心寡欲起来。她在大内僻静的地方开辟了一间精室，为了能够得到神灵的庇佑，每日独居精室，吃斋念佛。或许是上天想要惩罚一下这个曾经作恶多端的皇后，不仅没有让她因此而心安，反而让她受到了更大的精神折磨。

公元1200年，李氏在自己的精室中患了重病，却无人问津。7月，这位昔日天下闻名的悍妇就这样魂归西天。李氏去世之后，按照当时的规矩，从宫人到中宫都应该为她穿孝服，但是当时管理钥匙的人早就恨透了这个泼辣无礼的妇人，就是不肯开中宫殿门，以至于最后连礼服都没有领取。宫人们只好用一个席子把尸体包裹起来，准备抬回到中宫治丧。没想到半路上，突然有人说光宗来了。人们一听那个疯皇上又来了，赶紧丢下手中的尸体跑走了。过了很久，那些人才明白那不过是路旁的人故意喊叫，待他们再回去寻找李氏的尸体时才发现，那个尸体已经在阳光的暴晒之下腐烂变臭了。给她治丧的时候，为了遮住难闻的臭味，人们只得把鲍鱼放在尸体的周围，还点燃了很多香。李氏落得如此下场，也算是恶有恶报了。

173

随光宗病情而变化的南宋政局

南宋时期，最有成就和作为的皇帝非光宗的父亲孝宗莫属。虽然孝宗在晚年时期，处理政务比较保守，但是在位期间一直兢兢业业，把国家管理得妥妥当当，绝对称得上是一位尽职尽责的好皇帝。光宗即位之后，正处于王朝发展的转折点上。作为一个不健康的精神疾病患者，光宗连和自己的心理作斗争都顾不过来，怎么会有时间顾及那些繁琐的政务呢？孝宗花了几十年建立的中兴局面就这样断送在了光宗的手中，南宋王朝开始走下坡路。

光宗在发病之前，在处理朝政方面也算是恪尽职守，是个合格的皇帝。光宗曾经多次下令，减免赋税，在一定程度上减轻了百姓肩上的负担。同时在登基之初，光宗还采取了一些整顿吏治的措施，在用人方面也值得称道。光宗当时对人才十分看重，不顾宗室的阻止以及大臣们的强烈反对，坚决把当时考取进士第一名的赵汝愚擢升为知枢密院事。事实证明，光宗在位的几年，做出的无数决策当中，这个决定是最正确的。赵汝愚在后来解决赵宋统治危机的时候，起到了十分重要的作用。除了提拔赵汝愚之外，光宗还重用了当时永嘉学派的杰出代表——通晓历代政事制度的陈傅良。陈傅良主张为学要经世致用，在朝野内外都有很高的盛名。光宗让其担任起居舍人兼中书舍人，负责记录自己的言行，并书读诏命，6年间一直都留在朝中。

不过，随着光宗病情的加重，他处理政务也开始出现偏差，不能很好地作出合理的判断。比如在公元1193年，镇守川陕地区的将领吴挺去世。光宗听到这个消息后，坚持认为吴挺并没有去世，一直不肯派人去接管川陕的军队，直到半年之后，光宗才渐渐接受这个事实，派人重新接管川陕军队。在向孝宗问安的风波中，光宗的偏执表现得十分突出。除此之外，与一般的精神病患者一样，光宗一直坚称自己并没有得病，不肯接受治疗，一旦有大夫要为他诊治，他就会大发雷霆，把宫里搞得乌烟瘴气，让人们开始对他不满起来。

光宗还在东宫当太子的时候,孝宗曾经认为他没有什么特别的嗜好,其实不然,光宗嗜酒成癖。病发之后,饱受精神和心理折磨的光宗,更是想要借酒浇愁,几乎每日都喝得酩酊大醉。除此之外,他还对优伶之戏兴趣浓厚,把大笔的钱都花费在这种声色娱乐的事情上。南宋的国库本就紧紧巴巴,如今他以各种理由挪用国库,让刚刚缓过气的百姓怨声载道。

公元1194年7月,临安城内的百姓终于忍受不了爆发了,那些居民开始向外迁徙,而那些富家人开始藏匿金银财宝,导致物价飞涨;朝中大臣忍无可忍,也干脆辞职不干,带着家眷逃离都城。就连后宫的妃嫔似乎也感受到了当时的紧张气氛,收拾细软逃回了娘家。

为了能够挽救如此不堪的政局,赵汝愚、赵彦逾开始秘密谋划,准备"弹劾"光宗,立嘉王为新君。想要立新君,首先要控制住军队,于是二人联合说服了殿前都指挥使郭杲,取得了禁军的统率权。除了掌握军队之外,还要有一个废君的借口,所谓名不正而言不顺,因此二人又与外戚韩侂胄联合,让他取得太皇太后和皇太后的支持,给"内禅"一个正当的名义。丞相留正在此之前就曾经建议光宗立嘉王为储,当时光宗看到奏折之后,勃然大怒。在他看来,让自己立储,就是让自己让位,因此坚决不同意。然而,没过几天,留正却收到了一份光宗遣人送来的御札,上面写道"历事岁久,念欲退闲"八字,这意思就是说,我年纪大了,想要退休了。留正一看愣住了,皇上的态度也转变得太快了。前些天,还万分的不乐意,如今竟然主动写御札给自己说他想要退休了。难倒皇上是彻底疯了吗?还是其中另有隐情,自己没能揣摩透圣意呢?很显然,第二种的可能性比较大,光宗熬了十几年,刚当了5年多皇帝,怎么会自己请退呢?而且,光宗正值盛年,何来的"岁久"呢,因此,八字御札本身就经不起推敲。除此之外,如果当年光宗真的有逊位之意,赵汝愚等人根本不必大费周折地又取兵权又劝太皇太后了。很显然,这封御札并不出自光宗之手。

当所有准备工作都完成之后,好戏就要开始了。太皇太后先是下诏,以光宗"曾有御笔,自欲退闲"为由,举荐皇子嘉王即皇帝位,尊光宗为太上皇。光宗知道消息后,病情更加严重。固执的光宗,对抢了自己皇位的儿子一直耿耿于怀,在此后的五年中,一直不肯原谅儿子,拒绝接受儿

175

子的朝见。在退位之后的岁月里，他有时会疯疯癫癫地在宫里跑来跑去，有时又会坐在某个地方发呆。宫人们早已习以为常了。1200年9月，在李氏去世两个月之后，这个饱受精神折磨的皇帝也随之而去，享年54岁。

第十二章

有德无才的君主——宋宁宗赵扩

帝王档案

☆姓名：赵扩

☆民族：汉族

☆出生日期：公元1168年11月18日

☆逝世日期：公元1224年9月18日

☆配偶：恭淑皇后韩氏

☆子女：9个儿子，1个女儿

☆在位年数：30年（公元1194年7月24日~公元1224年9月18日）

☆继位人：赵昀

☆庙号：宁宗

☆谥号：法天备道纯德茂功仁文哲武圣睿恭孝皇帝

☆陵墓：永茂陵

☆享年：55岁

☆生平简历：

公元1168年11月18日，出生于恭王府邸。

公元1169年5月，赐名赵扩。

公元1189年，拜少保、武宁军节度使，进封嘉王。

公元1190年，被立为储嗣。

公元1194年6月，继位。

公元1195年，改年号为庆元。

公元1204年，采纳韩侂胄的建议，追封岳飞为鄂王。

公元1208年，与金议和，签订嘉定和议。

公元1224年，史弥远乘宁宗病危，矫诏立贵诚为皇子，赐名昀，授武泰军节度使，封成国公。

公元 1224 年 9 月 17 日，崩于福宁殿，享年 55 岁。

公元 1225 年，上庙号宁宗，谥号仁文哲武恭孝皇帝，三月葬于永茂陵。

公元 1228 年，加谥法天备道纯德茂功仁文哲武圣睿恭孝皇帝。

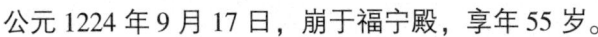

人物简评

宋宁宗作为光宗唯一的子嗣，从小接受了良好的教育。他喜欢读书，但只注重读书的数量而不知其解。一生没有什么奢侈行为，也比较关心百姓，总的来说他就是一位无才有德的君主。由于他遇事没有主见，总是左右摇摆不定，在位期间朝政大权一直被权臣掌握。

生平故事

拥立即位

宋宁宗（1168～1224），名扩，是宋光宗的第二个儿子，出生于乾道四年，他的生母是李皇后。宁宗于公元1194～1224年在位，谥号为"法天备道纯德茂功仁文哲武圣睿恭孝皇帝"，庙号"宁宗"。

宁宗在位期间对朝政要事几乎不予理会，大权掌握在韩侂胄手中，因此外戚专权的现象十分严重，朝廷日渐腐败。特别是两次北伐之后，将积弱积贫的宋朝更是搞得乌烟瘴气，财政危机越来越严重，百姓民不聊生，叫苦连天。在位后期，大臣史弥远掌握着朝政大权，百姓更是到了只知臣子不知帝王的地步，宁宗已经完全被架空，成为真正的傀儡。

宋宁宗赵扩的父亲是宋光宗，他于1178年被封为英国公。1180年，开始了从师学艺的生涯。1185年，一直备受恩宠的赵扩再次晋封为平阳郡王。同一年，皇上赐婚，将夫人韩氏迎娶回家。韩氏本是北宋名将韩琦的后人，温柔贤淑，通情达理，很讨赵扩的欢心。1189年3月，光宗登基即位，赵扩被封为嘉王。第二年，皇后李氏就提议册立赵扩为皇太子，可是太上皇还活着，光宗左思右想实在不敢擅自做主，就没有立即同意。这年春天，宰相留正上奏请求册立赵扩为太子，同样被宋光宗否定了。太上皇孝宗认为立储是国家大事，是关系国家兴亡的，绝对不可以草率。哪知天有不测风云，1194年6月，太上皇孝宗暴毙而亡，光宗伤心欲绝，称疾不出，不但不主持丧事，也不上朝处理朝政要事，一时之间朝廷无主，人心惶惶。于是在群臣的商议之下决定由太皇太后主持举行禅位大典，光宗因此被迫退位，赵扩被拥立为王，成为国家君主，史称宋宁宗。

宋宁宗的继位颇具有戏剧性。当时，太皇太后宣布让他继承王位的时候，宋宁宗还没有做好心理准备，连说："使不得，使不得。"太皇太后急了，命令左右的内侍说："把黄袍拿过来，我亲自给他穿上。"赵扩又急匆匆地拉住韩侂胄的手臂求助，还绕着殿柱躲避。

太皇太后喝令赵扩站住，哭着劝阻道："大宋王朝维持到今日，实在是不易，难道你忍心看着它易主吗？"韩侂胄也在一边百般劝说。赵扩看此情景，知道也改变不了什么了，于是便依言穿上了黄袍，叩谢太皇太后，嘴里还自言自语道："当真是使不得，使不得。"后来他在韩侂胄的搀扶下，走出内宫，坐上了宋朝皇帝的宝座。

宋宁宗即位后，没过多久，就卷入了朝廷大臣争斗的漩涡中。宁宗能够早日登上皇位，大臣赵汝愚和知阁门事韩侂胄的功劳最大。韩侂胄是外戚，太皇太后是他母亲的姐姐，而他又是现任皇后韩氏的叔祖，在这样的关系下，他渐渐地不甘心目前的地位了。韩侂胄原本想通过定策之功得到节度使的头衔，掌权的赵汝愚对他说："我是宗室大臣，而你身为外戚，辅佐太子登基，自然是你的分内之事，怎能邀功求赏呢？"于是奏知宁宗，将赏赐给了其他有功的定策人员，韩侂胄只是加迁一级，兼任汝州防御使。宁宗这样的任命让韩侂胄非常失望，之后，韩侂胄负责传递宁宗的诏旨，得到了宁宗的宠幸，于是就想寻找机会，反击赵汝愚。

在韩侂胄眼里，早已将赵汝愚看作是自己的仇敌，他开始拉拢结交外援，排挤和反对赵汝愚的一些做法。公元1194年9月，大臣京镗被韩侂胄拉拢。知阁门事刘弼因为没能参加定策，一直对赵汝愚怀恨在心，看到韩侂胄与赵汝愚之间出现了分歧，为了打击报复赵汝愚，向韩侂胄献计，让他控制御史台、谏院，从而攻击赵汝愚。事后，凭借宁宗的内批，很快，韩侂胄的党羽刘德秀、李沐、刘三杰就进入了台谏，霸占了言路。

朱熹见韩侂胄任用的是一些奸诈小人，担心危害朝政，常常借入宫应对的机会，劝阻宁宗，但是宁宗从来没有听从他的意见。无奈之下，朱熹再次请求赵汝愚给予韩侂胄丰厚的赏赐，将他出居外藩，不要让他再干预朝政。赵汝愚心气太高了，根本没把韩侂胄看在眼里，认为一个小小的知阁门事，很容易制驭的，不会造成多大的危害，因此朱熹的建议又被束之高阁了。

宁宗对大臣的任用与罢免渐渐的以内批为主要方式，大臣们对他的这种做法开始表现出不满。内批就是皇帝的手诏，也就是可以不经过三省由宫中直接发出。使用内批，大臣们也就没法在决策之前发表自己的意见，自然也就助长了皇帝的专断，使决策变得很随意。为纠正宁宗的这种做法，朱熹趁讲经的时候，对宁宗说："陛下即位的时间还比较短，但是进退宰相、改任台谏官员，都是陛下一人决策，朝内外臣民会认为陛下左右有人窃权，微臣实在是担心因此而使陛下的威严下降，求治反而得乱呢！"当时，正是宁宗重用、依赖韩侂胄的时候，看过朱熹的上疏后，顺手就转交给了韩侂胄，韩侂胄一看就非常生气，并且对宁宗说："朱熹这个人不能重用。"于是，宁宗又发出了内批，将朱熹侍讲的职务罢免了。

罢免朱熹后，引起了很大的争议，多数大臣都出来反对，但是宁宗依然坚持之前的决策，那些反对和劝阻的大臣都被宁宗罢免或贬职。工部侍郎黄艾进讲的时候，趁机询问宁宗为何突然就把朱熹赶走了，难道是他犯了什么不可饶恕之罪？宁宗说："他就是来讲经的，至于朝中事务他无权干涉，但是他现在想要干涉朝政。"黄艾解释了很多遍，希望宁宗能够收回成命，但宁宗始终都没有答应。大臣王介上书反对宁宗采用内批的形式升降大臣，认为如此独断，是非常不好的治国之策，而且还列举了本朝历史上使用内批造成危害的例子，希望宁宗能够改变这种做法，多征求宰相、执政大臣们的意见，不仅能使任免官吏之后，避免争议，还会使朝廷内外稳定和谐。同时，也能避免任用一些奸诈小人，给朝廷带来危害。但是宁宗仍然置之不理。同时，朝中存在着这样一个事实，宁宗一直都没有注意到，自从他使用内批以来，他与朝廷重臣之间的谈话也就越来越少，

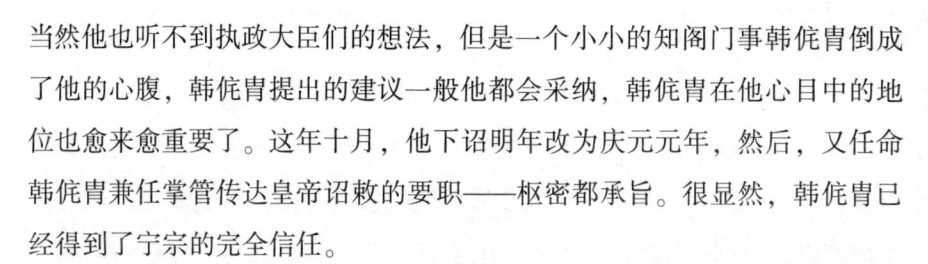

当然他也听不到执政大臣们的想法，但是一个小小的知阁门事韩侂胄倒成了他的心腹，韩侂胄提出的建议一般他都会采纳，韩侂胄在他心目中的地位也愈来愈重要了。这年十月，他下诏明年改为庆元元年，然后，又任命韩侂胄兼任掌管传达皇帝诏敕的要职——枢密都承旨。很显然，韩侂胄已经得到了宁宗的完全信任。

赵汝愚是一个不拘小节，性情粗疏之人。在孝宗死之前，他曾梦见孝宗将一个宝鼎亲手交给了他，之后孝宗就背负白龙升天而去，当时他对这个梦非常不解，但是后来拥戴身穿孝服的宁宗即位后，他才恍然大悟。得意之时，随口说了自己的梦，他根本没有想到这竟然会成为上奏他谋反的口实。11月，宁宗收到一封来自何澹的奏疏，说赵汝愚在朝外拉拢一些不法之徒，图谋不轨，乘龙授鼎，以假梦为由，暗地里与徐谊合谋，策划着重新拥立上皇做绍兴皇帝。宁宗本来就很恼恨赵汝愚以定策元勋自居，而现在有人出来弹劾他，根本不管是真是假，立即下诏，把赵汝愚贬为宁远节度使副使，放逐到永州，徐谊也因此受到了牵连，被放逐到了南安郡。赵汝愚接到诏书后，即刻启程，到了衡州就病倒了。当地长官钱鍪已经收到了韩侂胄的暗示，对他加倍凌辱，赵汝愚身体非常虚弱，钱鍪对他的折磨，更加速了他病情的恶化，不久之后就暴死衡州。赵汝愚的死讯很快就传开了，朝野内外都认为赵汝愚死得冤枉。宁宗听到这个消息之后，一点都不悲伤，反而认为韩侂胄帮他杜绝了一个奸源。人死灰灭，罪过也就不再追究，为了做样子给人们看，堵上臣民之口，宁宗恢复了赵汝愚的官职。

外戚专权

赵汝愚死后，朝中再也没有能与韩侂胄争雄之人了。韩侂胄为了让自己的权势得到巩固，打击政治上的反对派，迫害一些有才能之人。公元1198年，一直阻止党禁的吴太后已经去世，宁宗下诏登记伪学名单，上有旧相赵汝愚、留正、名儒朱熹，下有一般士人杨宏中等，这些人中任官的立即罢黜，没有任官的一律不能录用，与这些人有牵连的也不许再任官

183

职，这就是宁宗时期的"庆元党禁"。

庆元党禁一连持续了几年的时间，很多的正直之士遭到了排挤，韩侂胄趁机把亲朋故旧以及自己的一些亲信拉进朝廷。京镗为他出谋划策罢免赵汝愚，这时被升任为宰相；陈自强是他的启蒙教师，昏老庸谬，经韩侂胄的荐引，没用多长时间，也当上了宰相；苏师旦是韩侂胄以前的刀笔小吏，因为狡黠善辩，早已成了韩侂胄的亲信，没过几年，在韩侂胄的扶持下接连升到了知阁门事兼枢密都承旨——这可是韩侂胄赖以窃弄权柄的要职。在韩侂胄专权时期，政府、枢密、台谏、侍从等一些重要官职，都是韩侂胄安排的。宁宗就像一个傀儡，所有官吏的任免，都是韩侂胄说了算。韩侂胄的这些亲故得势后，没有一个不奸诈的，没有一个不贪污的。陈自强公开受贿卖官，各地官员邮寄给他的书信，信封上都必须标明某物若干"并"献，只要是没有"并"字的书信，陈自强从来都不会看的。苏师旦掌管着武将的任命大权，自三衙以至沿江诸帅，都明确标明了价格，多者达到数十万贯，少者也有十万贯。其余的担任宰执、台谏的官员也都是如此，没有一个不贪污的。

韩侂胄本人都有点忘乎所以。一个外朝的大臣，他常常出入宫廷，竟然在之前孝宗思考政事的地方随便躺卧，一些年老的宫人看到此景，常常悄悄落泪。

不仅如此，他甚至还插手皇帝的家事。皇后韩氏去世后，杨贵妃和曹美人都是宁宗十分宠爱的，这两人都希望宁宗能立自己为皇后的。杨贵妃性情机警，读过一些诗书，还颇懂得权术，而曹美人却性格柔顺，与杨贵妃完全不同。韩侂胄认为立曹美人为皇后比较稳妥，劝宁宗立曹美人为后。这个消息传到杨贵妃耳朵时，她便趁着侍寝的时候大展手腕，乞求宁宗将她立为皇后，结果宁宗同意了。杨贵妃担心韩侂胄抗旨不遵，便请宁宗把诏书写成了一式两份，一份按照常例发出，一份派内侍送交她的义兄杨次山，让他一俟百官上朝即行宣布，以防止出现意外。第二天，韩侂胄上朝的时候，立后的诏书已经宣读完毕。木已成舟，韩侂胄也没有办法了，只好作罢，但从此与杨皇后结下了仇恨。

工于心计的美女皇后

杨皇后出生于贫寒家庭,身份低微,在史书上根本找不到她亲身父母的姓氏。乾道年间,她跟着自己的养父养母来到宫中表演杂剧。由于她超凡脱俗的样貌,优雅的举止,因此深受太皇太后吴氏的喜欢,也因此招来了其他同伴的妒忌。

有一天,太皇太后正在洗澡,同伴们就怂恿杨氏穿上太皇太后的衣服,之后就到太皇太后面前说杨氏的坏话,污蔑杨氏有觊觎之心。可是众人的阴谋并没有得手,太皇太后不仅没有责怪杨氏,反而说:"这根本没有什么大惊小怪的,说不定她将来真的可以拥有和我一样的地位,那么穿上这身衣服也就理所当然了。"事实证明,这是真的。

在宁宗还是嘉王的时候,常常应邀参加太皇太后的家宴,那时的杨氏已经出落成为一个楚楚动人的女人,必然会引起嘉王的重视。宁宗登基之后,一直对杨氏念念不忘,杨氏也对宁宗有情,所以,两个人经常在内廷家宴中暗送秋波,因此杨氏得到了宁宗宠幸。太皇太后吴氏知道这件事情之后,十分生气,暗想一定要重重惩罚杨氏,但是内侍劝解说:"太皇太后息怒,您连皇位都交到了孙子的手上,又何苦对一个小女子动如此大的肝火,更何况这件事情不宜节外生枝啊。"甚至还有人说:"太后娘娘还没有玄孙,看杨氏臀圆面丰,一定可以为太后生下孙子。"可见,宁宗与杨氏早已经预示到了这一天的到来,早已经收买了太后身边的内侍,在关键的时刻为自己说话。太皇太后听到内侍们这样说,火气也逐渐消了,于是下旨让杨氏嫁给了宁宗,并且千叮咛万嘱咐说:"皇上,你要看在我的面子上,好好对待她。"

这句话当然是不用说的,宁宗对杨氏当然是百般宠爱,并且在庆元六年册封杨氏为贵妃。杨氏虽然集万千宠爱于一身,但是依旧感觉不安,因为自己出身卑贱,没有后盾,想要在激烈的政治争斗中站稳脚跟简直是痴心妄想,于是就与杨次山结为兄妹,这一举动的目的显而易见,她想要让杨次山帮助她观察前朝的举动,而杨次山也成为了她的得力助手。

就在杨氏被封为贵妃的同一年，宁宗的韩皇后撒手人寰，韩侂胄失去了靠山。此时，后宫之中除了杨氏受宠之外，还有一位温柔贤淑的曹美人备受宁宗喜爱。在重新册立皇后的问题上，韩侂胄觉得曹美人的性情柔和，较容易控制，杨氏工于心计，韩侂胄一直对她心存畏惧，因此极力推荐曹美人当皇后。杨氏从杨次山那里知道这个消息之后，对韩侂胄愤恨不已，可是却没有表现出一丝一毫的嫌弃之意，仅仅是给宁宗吹枕边风，极力讨好宁宗。与曹美人相比，宁宗的心里的确更加喜欢杨氏。公元1202年，杨氏终于如愿以偿，成为母仪天下的皇后娘娘。

首次北伐

宁宗册立了杨皇后，怕韩侂胄对此心怀不满，于是趁着喜庆，加封他为太师。韩侂胄早已成为了平原郡王，只是想长期保住自己的功名富贵，于是他的一些党羽就建议他北伐金朝，建立盖世功名，进而让自己的地位得到巩固。韩侂胄听了这些党羽的建议后，心花怒放，立即就开始准备了。为调动各方面的力量，他首先解除了党禁，并重新启用了他们中的抗战派。著名词人辛弃疾也是这个时候再起的。

这次北伐是在公元1205年4月开始的，所以史称"开禧北伐"。

韩侂胄提倡北伐，只是想进行一场捞取政治资本的军事战争，由于他的独断专行，内部矛盾重重，极不稳定，因而他的东西两线出兵、收复中原的梦幻，很快就破灭了。

宋朝军队不宣而战，首先对金朝发起了攻击。

战争初期，宋军是获胜方，收复了一些地方，但由于韩侂胄用人不当以及金朝事先就听到了宋朝要出兵的消息，已经做了准备，所以遭到宋军的进攻后他们立即进行了反击。而韩侂胄任用的中路军统帅皇甫斌率军发起的进攻，被金军击溃，韩侂胄急忙把他撤了。北伐主战场两淮统帅邓友龙等也因兵败而被撤职。

不久，金军就开始在东、中、西三个战场上，对宋军发起了进攻，宋朝军队由一开始的进攻转为了防守。在金军的大举进攻之下，真州、扬州

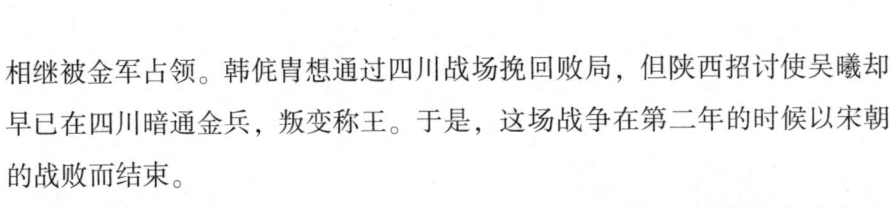

相继被金军占领。韩侂胄想通过四川战场挽回败局,但陕西招讨使吴曦却早已在四川暗通金兵,叛变称王。于是,这场战争在第二年的时候以宋朝的战败而结束。

大家有所不知,那时的金朝财政空虚,北边部族又频频进犯金朝边境,连年征战的士兵早已经心力交瘁,国库也日渐空虚,已经没有能力迎接战争。可是韩侂胄用人不当,让这一次的北伐战争再次以宋朝的失败而告终。事情已然发生,韩侂胄虽然后悔但也无济于事。逼不得已的他只得派人与金兵谈判。经过多次谈判之后,宋方答应将淮北地区归还金人,和议初步达成。没过多久,他又派遣方信孺和金人进行商议。此时,金帅仆散揆已经死了,完颜宗浩继任,为了获得更多的利益,他想方设法恐吓方信孺,哪知方信孺完全不吃这一套,金朝只能将他遣送回国,并且让他带了一封信。信中提出让南宋将谋划用兵的韩侂胄杀掉,并且将其项上人头献给金国。除此之外,每一年还要增加五万两的贡银,犒师银每一年增加一千万两,如此双方即可达成议和协议。除此之外,金国还提出,倘若南宋可以向金屈服称臣,双方便可以江淮为界;倘若称子,就可以长江为界。金国的条件这样苛刻,方信孺不敢告诉韩侂胄,事情就这样一拖再拖。可是,韩侂胄一再追问,方信孺不得已只好将事情说了出来:"其实,金人最想要的是太师您的脑袋。"韩侂胄听到之后,对金人愤恨不已,一心想着重新整兵,等到时机成熟便再次北伐。于是,朝廷又发布诏书,招募新兵,还启用了主张北伐的辛弃疾为枢密都承旨,指挥军事。

重臣专权

韩侂胄再次北伐的希望很快就破灭了。辛弃疾还没来得及动身,就因病死在了家中。由于前线接连不断的失败,蜀口、江淮地区的很多百姓都死于战争。耗费了大量的军费,国库日渐空虚。大将张岩建督府九个月,没有任何功绩,却消耗了近四百万贯。之前反对战争的大臣们又活跃起来,随着前线的溃败,朝廷上下的厌战情绪也随之逐步上升。

11月,礼部侍郎史弥远首先上疏反对韩侂胄继续用兵,请求将其斩首。这次上疏并没有说服宁宗。杨皇后因当年宋宁宗选皇后时，韩侂胄从中阻止，而一直怀恨在心，同时她也认为北伐过于轻率。于是，就鼓动荣王赵曮弹劾韩侂胄。

荣王赵曮并不是宁宗的亲生儿子。宁宗有四个儿子，但都早早夭折了。公元1198年，丞相京镗建议宁宗依照高宗旧例，挑选养子，荣王赵曮就被选入宫中。

荣王赵曮听从杨皇后的命令，借机进言。有一天退朝，荣王赵曮对宁宗说："韩侂胄再次出兵，对朝廷造成了巨大的危害，应该将他杀之以谢天下！"宁宗一听，十分恼怒，大骂荣王无知。荣王赵曮劝说宁宗遭到拒绝后，杨皇后只好亲自出面相劝。杨皇后说："韩侂胄专横误国，朝野内外人人皆知，大臣们只是害怕他的权势，才不敢弹劾。"宁宗仍然半信半疑，对杨皇后说："事情不一定属实，等待查明以后，再罢免他吧！"杨皇后说："陛下深居九重，如何密查，此事应该交给一位至亲办理。"听了皇后的一再劝说，宁宗才慢慢放弃了自己的意见，同意皇后的做法，派皇后的义兄杨次山来调查韩侂胄的具体情况。

虽然宁宗采纳了杨皇后的意见，但杨皇后还是十分担心宁宗反悔，于是，急忙召来杨次山，让他与朝廷大臣秘密结交，共同对付韩侂胄。杨次山首先找了史弥远，史弥远又联合了前枢密副使钱象祖、参知政事李壁，这两人之前都是反对北伐的。最后他们几人商量决定采取突然袭击，杀掉韩侂胄。

一场蓄谋已久的政变拉开了帷幕。在此次政变中，史弥远担任前台指挥官，杨皇后坐镇幕后，指挥全局，那一道命令禁军阻击韩侂胄的懿旨就是出于杨皇后之手。不幸的韩侂胄最终没有逃脱杨皇后布置的天罗地网，被押往玉津园。此时的杨皇后才向宁宗透露出想要杀掉韩侂胄的心意，现在正将其押往玉津园。宋宁宗听到这个消息之后，知道韩侂胄此去只有死路一条，便立刻下旨命人追回韩太师，但是受到了杨皇后的极力阻拦，她甚至使出了女人的杀手锏——哭，宋宁宗一看就心软了。杨皇后见状说道："韩太师一心想要除掉我与儿子（皇子赵曮），而且宋军两百万生灵都遭到了他的毒手……"停顿片刻之后，要挟道："如果皇上一心想要把韩

太师追回来，那么就请先杀了我。"宋宁宗一向是个没有主见的人，如今看着自己的皇后痛哭流涕，甚至以性命相要挟，眼泪都忍不住掉下来了，所以也只能放弃追回韩侂胄的念头。哎，可惜了这韩侂胄，原本还有一线生机的，就这样葬送在了杨皇后的眼泪中。

史弥远等人在处决韩侂胄的事情上先斩后奏，宁宗本想对他们进行严厉的处罚，但是又因为上有杨皇后、荣王的劝说，下有史弥远、杨次山等人的苦苦哀求，再加上来自金军的强大压力，他只好忍下这口气。不久，宋宁宗就发布诏书，其中列举了韩侂胄任职期间的一系列罪行，并且将其满门抄斩。之后，又把那些依附韩侂胄的官员罢官免职，至此韩侂胄专权的局面终于瓦解了。

在这次诛杀韩太师的行动中，史弥远与杨皇后的合作堪称完美，从那之后，两人之间的来往变得更加频繁，一内一外地把持着宋宁宗。杨皇后时时刻刻陪伴在宋宁宗的身边，对宋宁宗的脾气秉性早已了解透彻。因为宋宁宗是一个节俭的人，所以杨皇后也跟着在饮食衣着上尽量朴素。宋宁宗身体羸弱，杨皇后就对其百般照顾，甚至连他什么时候该吃什么，都了然于心。有一次，宋宁宗患上了痢疾，传御医进宫诊治，御医刚刚把完脉，方子都没开，杨皇后就说："感应丸是不是在治疗痢疾方面有奇效？"御医忙说："是，当然可以。"杨皇后接着说："那就劳烦御医多开一些了。"这让御医感到十分惊讶，当朝一国之母也懂得医理？第一次，宋宁宗服用了 200 粒感应丸，病情好转。再次服用的时候，宋宁宗已然痊愈。不得不说，正是因为杨皇后无微不至的照顾，才让宋宁宗对她如此依恋。

随后，宋宁宗又颁诏，荣王赵曮被册封为皇子，钱象祖升为右丞相，史弥远更是越级提拔，很快就掌握了朝政。十二月，宁宗宣布明年改为嘉定元年，议和之势已成定型。

公元 1208 年 3 月，出使金朝的使臣回到了国内，带回了与金朝的议和条件。这一次的条件更加苛刻，宁宗认为这是对宋朝极大的羞辱，完全无法接受，因为金朝要求南宋用韩侂胄、苏师旦的脑袋将金国占领的淮南地区买回来。焦虑不安的宁宗召集群臣商议讨论。吏部尚书楼钥说："两国议和是关系国家存亡的大事，需要尽快做出决定，更何况韩侂胄、苏师旦已经死了，要他们的脑袋又有什么不可以的呢？"宁宗听完这些话之后，认为十分有理，就立刻命人挖坟掘墓，取出这两个人的头颅，枭示两淮，送往金朝，以换回被金朝占领的淮南地区，最终宋金和议达成。这就是历史上著名的屈辱条约"嘉定和议"，和议条款是：两国境界依然和从前一样；嗣后宋以侄事伯父礼事金；增岁币为银帛各三十万；宋纳犒师银三百万两与金。宋朝皇帝与金国统治者也从侄叔变为侄伯，比"隆兴和议"有过之而无不及。

关于内政，宋朝的大臣倪思曾对宁宗说："朝政大权刚刚收回，一要防微杜渐，一旦再次出现干预君权的现象，就会回到之前的状态，希望枢臣远权平息外面的议论。"枢臣指的是史弥远。但是宁宗已经陷入其中不能自拔。史弥远因为在处置韩侂胄这件事情上有功，在短短的几个月内，就被杨皇后连升四级，从刑部侍郎升为了右丞相兼枢密使。韩侂胄的同党一再遭到贬斥，很快史弥远就控制了朝廷大权，专权长达17年之久，就连给他母亲守丧都不例外。公元1208年11月，史弥远的母亲死了，他不得不回家治丧。宁宗不想让史弥远回去，太子就给宁宗想了一个办法，请宁宗赐给史弥远一座京城的宅第，让他在京服丧，也便于处理朝廷事务。第二年5月，宁宗打破惯例起复史弥远，他还担心史弥远碍于舆论，不能及时赴京，派出督促的使者相望于道。于是，史弥远服丧还没有完，就重新做了宰相。

史弥远为了巩固自己的地位，采取了一些笼络人心的措施。他为已经死去的宰相赵汝愚平反昭雪，修改了在韩侂胄干预下编写的国史，也为被韩侂胄韩迫害的伪学党人朱熹、彭龟年、吕祖俭等人进行了平反，还录用了他们的后人，朱熹的著作也被重新摆在了学官。一些名士像真德秀、魏了翁也被再次任用。然而真正被史弥远重用的是他的党羽薛极和胡榘。与韩侂胄专权的时候一样，宰执、侍从、台谏、帅守等要职，都是史弥远推荐的人担任，当时政局的混乱、黑暗与韩侂胄专权时没有什么区别。

史弥远之所以能够成为朝廷一把手，杨皇后的功劳不可磨灭。倘若没有杨皇后的大力协助，史弥远的阴谋行动不可能一次次取得成功。他们为了各自的利益，相互勾结，最终导致了南宋长达25年之久的专政局面，对朝廷政治造成了极其恶劣的影响。

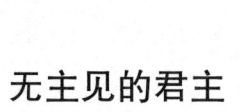

无主见的君主

宁宗遇事没有一点主见，尤其是对金朝的和战问题上，他总是摇摆不定，最终，只能受权臣的摆布。韩侂胄刚开始提倡北伐时，宁宗是不赞成的，但后来头脑一热，就允许了；韩侂胄北伐受挫后，宁宗又立马放弃了抗战的主张。嘉定初年，史弥远主张和议，金朝提出的和议条件，宁宗虽然觉得耻辱，但在大臣的劝说下还是与金朝签订了和约。他在位期间不是外戚专权就是大臣专权。

签署和议后的几年，金宋之间没有再发生战争，金朝忙于应付蒙古，宁宗更是没有要对金发动战争的意图。公元1214年，金朝在蒙古的步步逼迫下已经走投无路，不得已将都城从中都（今北京市）迁到汴京（今开封市），国土只剩下黄河以南的一部分，靠着黄河天险苟延残喘。在这样的形势下，金主完颜珣还多次派遣使者向南宋催促交纳岁币，这激怒了南宋的臣民。

金朝的疆土逐渐缩小，财政出现危机，而且得不到宋廷的岁币，一度陷入了困境。一直以来，金朝的统治者都看不起南宋，因此誓死也不向南宋低头。可究竟怎样做才能渡过眼前的危机呢？他们决定以扩充疆土的方式解决国内所面临的困境，对宋朝发起猛烈的攻击。

公元1217年，金军兵分几路大举进攻宋朝。刚刚开战，宁宗就陷入和与战的争论中，一直没有下诏反击，仅仅是下令让沿途镇守将领见机行事。边防将领孟宗政、赵方等人屡屡获胜之后，宁宗才下定决心讨伐金朝。史弥远见主和不成，采取了坐山观虎斗的中立态度，坐观成败。

宋金之间的这次战争前后共延续了六年，金宣宗趁蒙古军队的主力西征，暂时放松了对金朝进攻的时机，开始频频发动对南宋的进攻。在这场战争中宋军一直处于有利地位，金军损兵折将，无奈之下，金朝新君金哀宗在公元1224年派人同南宋和好，明令部下不许再进攻南宋。宋金双方进入了休战状态。

宁宗虽然在处理朝政大事上没有主见，但却非常重视台谏的意见。宋时台谏官们享有纠正帝王疏失、弹劾百官的权力，那时，台谏官们的讨论在很大程度上代表着百姓的舆论，因此，宋朝历代君王都十分注重台谏提出的建议。宁宗自然也是严格遵守祖宗之法，还曾对别人说："台谏官的意见，是出自大众，这就足以让人心畏惧。"可是，宁宗忘记了重要的一点，台谏的公正性需要建立在帝王知人善任的基础上，只有那些正直的人才可以在这个职位上发挥其拥有的才能，但是宁宗并不具备识人的能力，他在位期间，台谏官们都是当权者的党羽。这就导致了原本备受士大夫们尊重和百姓向往的台谏职务，变成了当权者的棋子，他们利用这枚棋子打击朝臣、排除异己，最终成为权臣们一把锋利的匕首。

宁宗不仅没有主见，而且身体也不好。据史书记载，宁宗在后宫中走动时，始终有两个小屏作前导，一屏上写"少饮酒，怕吐"，一屏上写"少食生冷，怕肚痛"，可见宁宗的身体非常虚弱。这样的身体也影响了他处理政务，他整日待在内宫，前朝之事根本传达不到，蒙蔽他也就非常容易了。

但不可否认的是，宁宗有善良的本性，十分关心百姓疾苦。在他还是嘉王的时候，有一次，他奉命护送宋高宗，在途中见到百姓们艰难农作的情景，不禁感慨万千："平日里在宫苑深帷之中，哪里会知道百姓的疾苦呢？"登基之后的他，几乎每一年都会颁布蠲免各种赋税的诏书。而且，他穿着朴素，没有太多讲究，饮食所用器皿也很一般，饮酒器皿大多是银制的。有一年元宵佳节，内侍们看到宁宗孤独地坐在清冷的烛光下，就忍不住上前问道："元宵之夜，皇上为什么不摆宴庆祝呢？"宁宗回答道："天下的百姓都吃不饱，穿不暖，我哪里有心思庆祝呢？"由此可见，宁宗与其他的帝王不同，他虽然无才，但是他有德行。可惜他在位的30年间，一直受权臣和后宫的控制，实际上就是坐在龙椅上的一具傀儡。

宋宁宗的身体状况极为不佳，所以杨皇后也开始为自己的命运担忧起来。杨皇后产过皇子，但是都夭折了。宋宁宗所扶养的皇子赵曮虽然不是杨皇后的亲生儿子，但是母子之间的关系维持得倒还不错。他们曾经一起对抗过韩侂胄，在赵曮被正式立为太子的过程中，杨皇后也给予了全力支持。为了答谢杨皇后，赵曮成为太子后，给宋宁宗上书，列举了杨皇后对自己的深厚恩情，并且不遗余力地大肆赞扬杨皇后的各种美德。对于赵曮的这种知恩图报的做法，杨皇后内心也非常满意。可是，赵曮却是一个短命的太子，当上太子没几年，便于公元1220年去世。宋宁宗只好又立皇子赵竑为皇储，赵竑对于杨皇后和史弥远的内外勾结早就已经心存不满，而杨皇后也对这个人没什么好感。

公元1224年9月17日，宋宁宗在福宁殿病逝，终年55岁。公元1225年正月二十八日己丑，上庙号为宁宗，谥号为仁文哲武恭孝皇帝；三月十三日癸酉，安葬在永茂陵（今浙江绍兴东南宝山）。

1228年9月，加谥号法天备道纯德茂功仁文哲武圣睿恭孝皇帝。嘉定十七年（1224）九月，史弥远发动宫廷政变，准备要废黜赵竑，立赵贵诚为皇帝，而这一决定必须要得到杨皇后的支持。宋宁宗刚刚驾崩，史弥远便立即指使杨次山的儿子杨谷、杨石进宫面见杨皇后，把废立的事情转告给她。杨皇后刚开始还想要遵守先皇的决定，不同意废黜皇储，但是却禁不住杨谷兄弟的再三请求，他们跪在杨皇后的面前，哭诉道："内外军民都已经归心，如果娘娘不同意的话，肯定会生起祸根，到那个时候，我杨氏一族可就会惨遭灭门了呀！"杨皇后想到自己以后在宫中的地位，最后只好向史弥远的废立阴谋屈服。如果说上一次诛杀韩太师是杨皇后与史弥远主动合作的话，那么这一次的宫廷政变，杨皇后答应的就不是那么干脆了，可谓是有些半推半就的味道。一方面，史弥远在杨皇后的纵容下，已经培养了一批不可小觑的势力，杨皇后已经不是他的对手，也只能服从史弥远的安排；另一方面，宋宁宗所选的继承人赵竑如果继承了皇位，那么对杨皇后和史弥远来说，是非常不利的。史弥远正是看准了这两点，最后说服了杨皇后，实施废黜计划。

宋理宗赵昀在史弥远的拥戴下登基之后，杨皇后在后宫的地位才算稳定下来。即便20岁的宋理宗早已经有了自理朝政的能力，但是史弥远依然让杨皇后垂帘听政。当然，杨皇后也不是省油的灯，在诸多合作中，她早已经对史弥远的为人了如指掌。她知道，史弥远是一个野心勃勃的人，将来一定会成为自己的政治敌手，但却苦于找不到除掉他的借口，所以造成今天这个权臣专政、尾大不掉的局面。心力交瘁的杨皇后已无心朝政，因此在垂帘不到一年的时间，就将政权还给了宋理宗，只可惜，杨皇后悔悟得太晚了。或许她并不知道，在韩侂胄之后，南宋又经过了25年的黑暗历史，在史弥远的把持下，宋朝的衰颓之势已经再无转圜的余地了。

第十三章

出身于贫民家庭的皇帝——宋理宗赵昀

帝王档案

☆姓名：赵昀

☆民族：汉族

☆出生日期：1205年1月26日

☆逝世日期：1264年11月16日

☆配偶：谢道清皇后

☆子女：1个儿子，1个女儿

☆在位：41年（公元1224年9月17日～公元1264年11月16日）

☆继位人：赵禥

☆庙号：理宗

☆谥号：安孝皇帝

☆享年：60岁

☆陵墓：永穆陵

☆生平简历：

公元1205年1月26日，出生于绍兴府山阴县虹桥里。

公元1221年，赐名贵诚。

公元1224年，立为宁宗皇子，赐名昀。

公元1233年，史弥远死后，理宗开始亲政。

公元1234年，南宋联蒙古国灭金。

公元1240年9月，宋理宗封阎氏为贵妃。

公元1264年，逝世于临安。

人物简评

赵昀，是宋朝的第十四位皇帝——宋理宗。赵昀出身寒门，但是幸运的他在18岁的时候被史弥远带入京城，并在其拥护之下登上帝位，他的人生经历可谓奇特。宋理宗在位41年之久，却无所作为，原因有二：一，理宗在位前期，朝廷权臣史弥远把持朝政，独揽大权，让心怀天下的理宗毫无施展余地；二，理宗统治后期，沉迷声色，不务朝政，生活奢侈无度，朝廷陷入混乱之中。也正是从这时开始，南宋一步步走向灭亡，最终被蒙古大军歼灭。

生平故事

贵人磨难多

公元1205年正月初五，这一天天色异常。相传，这一天在绍兴府山阴县虹桥里出现了这样一种极其神奇的现象：一个姓赵的农家院中意外飞来了数百只喜鹊，好奇的街坊邻居们纷纷前来观看。俗话说，"每有奇象，必有奇人"。宋理宗赵昀就是在此时此刻此地出生的，因此，大家都说，这孩子出生就带着富贵相，将来一定会成大器。赵昀出生之后，父母为其取名为赵与莒。赵与莒从小就是一个聪明伶俐的孩子，6岁的他就已经熟读《诗经》等。读书时，每一次考试都名列前茅，这让父母很是欣慰。在赵与莒7岁那一年，父亲暴病而亡，母亲王氏独自一人带着两个年幼的孩子，生活过得非常艰苦。而且王氏的身体羸弱，家里又失去了经济来源，在无可奈何的情况下，王氏只好带着两个孩子回娘家。但是时间久了，王氏的父母就开始抱怨王氏母子在家里蹭吃蹭喝。王氏心里十分清楚，但是她的身体这样不好，两个孩子又那么小，该怎样做才能解决经济来源问题呢。就在此时，王氏的弟弟（也就是赵与莒的舅舅）王保长的家中需要佣人，于是王氏就带着两个年幼的孩子前去帮忙。之后，赵与莒与母亲就一直在舅舅家里靠打工维持生活，一直到被史弥远选到宫中，登上皇帝的宝座。

赵与莒可以被选中，也算是一种幸运。

传说宁宗赵扩前前后后共有过八个孩子，但都不幸夭折了。赵扩觉得或许是因为上辈子罪孽深重，于是就下令修筑了一座寺庙，每天烧香三次，但是并没有收到任何效果，依旧没有子嗣。无奈之下，宁宗赵扩只好从近亲当中选择太子，大臣们商议过后，一致认为沂王赵抦的儿子赵贵和最为合适。公元1221年6月，赵贵和被正式册立为太子，改名为赵竑。从此之后，表面上是一团和气，但事情不像想象中那般顺利，而这一切祸事的起源就是史弥远。史弥远出身于宦官世家，因为从小受到家庭环境的熏陶，让他极具政治头脑。赵贵和立为太子之时，他已经端坐宰相的位置十几载，对于官场之事早已经了若指掌。他更是凭借着自己与杨皇后的关系，在朝廷中一头独大，把持整个朝政。

初生牛犊的赵竑对史弥远的行为十分不满，时常在一些公众场合辱骂史弥远，甚至还将杨皇后与史弥远的暧昧关系记录在册，说："史弥远调戏当朝皇后，应该发配八千里。如果有一天我当了皇上，我做的第一件事情就是将史弥远流放"。年轻气盛的赵竑并不知官场险恶，也从来没有真正见识过史弥远的"才能"。因此，单纯的赵竑是注定要为自己的豪言壮语付出代价的，他并不知道，死亡正在一步步向他逼近。很快，赵竑的诅咒之词就传到了史弥远的耳朵里，他因此十分愤恨，决定将赵竑铲除。就这样，一场阴谋正在慢慢酝酿，狂风暴雨马上就要来临了。

在历史上，如史弥远这样的官场高手屈指可数，他头脑灵活、心狠手辣，是一个如魔鬼一般的人物。他深知"英雄难过美人关"，于是，对赵竑施展了美人计。史弥远知道赵竑十分喜欢弹琴，他挑选了一位天生丽质的琴师赠与赵竑，并对赵竑说："微臣知道太子整日苦于无趣，夜不能寐，所以派人远赴江南为您挑选了这位惊艳绝伦，且善于弹琴的美人送给太子，常伴左右，为太子解闷。"这个赵竑一听是一位会弹琴的美女，便迫不及待地收下了史弥远送来的礼物。之后赵竑经常与美女弹琴赋诗，甚至将对方比作知己。自从这位美女来到赵竑身边之后，赵竑的一举一动都在史弥远的掌握之中。因此，赵竑逐渐在政治上失去了主动权。

史弥远的信条一直都是"顺我者昌，逆我者亡"，对于那些不服从自己的，只有杀掉才能永绝后患。同时，史弥远借鉴吕不韦拥立嬴政为太子的方法，让门客到全国各地寻找一位贤良的宗室子弟担任太子。

平民变皇帝

有时有些事就是一种巧合，嘉定十四年（1221）夏天的一个下午，余天锡回乡参加科举考试，经过绍兴时，突然天空乌云密布，下起了暴雨，于是，余天锡急忙跑进一户人家避雨，这便是王保长的家。余天锡介绍说他是史弥远的门客，王保长一听，就盛情款待。餐桌上的菜有十几种，可以与宫中的饭菜相比了，而且王保长将自己珍藏多年的一瓶酒拿了出来。余天锡这个大酒鬼，见酒就连命都不要了，但他的酒量有限，只喝了三杯就开始犯迷糊。人都说酒后吐真言，一点都不错，喝醉的余天锡说起自己一路寻太子人选的艰难，王保长这个人非常聪明，听了余天锡的话之后，就猜到了史弥远的阴谋。"一人得道，鸡犬升天"，王保长根本不甘心现在的这个职位，他认为升官发财的时机到了，因为他的两个外甥都是正宗的皇室子弟。王保长立即跪在余天锡身边，说："我十分愿意为您效劳，实不相瞒，我家中就有两个皇室血统的子弟。"余天锡听闻此话，醉意马上就消失了，他知道自己醉酒泄露了机密，但是现在已经无法挽回了，便说："此乃机密，万万不可泄露，否则是要引来杀身之祸的快让我见见你说的这两个孩子。"王保长立即唤来赵家两兄弟，拜见余天锡。余天锡懂得相术，看到其中一男孩，天庭饱满，双耳垂肩，目光如炬，极具帝王之相，这让他非常惊喜，这就是赵与莒。余天锡快马加鞭连夜赶回京城，告知史弥远。史弥远即刻派人把赵与莒接到临安，由他亲自过目。史弥远一见赵与莒，就哈哈大笑起来，大呼："此乃天意。"之后要赵与莒随便写几个字，看看他的字迹如何，结果

第十三章　出身于贫民家庭的皇帝——宋理宗赵昀

他写了"朕闻上古"四个遒劲大字,史弥远十分感慨。至此,赵与莒得到了通向帝王之路的第一张通行证。史弥远为了防止自己的计划泄露,于是将这兄弟二人送回了王保长家中,等待时机的到来。

一年后,史弥远又把赵与莒兄弟接到临安。因为赵氏兄弟从未接受过正规的教育,史弥远决定选取一位先生来系统地教授他们。但是选什么样的老师呢?这就要看史弥远要将兄弟二人培养成什么样的人了,史弥远还担心被人知道自己的计划,所以他认为,首先要选择的是一个不会拒绝的人;其次是选择的人职位不能太高,因为这样容易引起他人的注意;最后当然是要德才兼备,必须能够承担起培养太子的大任。就在此时,他脑海中出现了一个这样的人,这个人就是郑清之。

史弥远开始派人到处打听,得知名儒郑清之是当今非常有名的教师。于是他带着重礼前去拜访。郑清之看到宰相亲自来访,受宠若惊。酒席间,史弥远就与郑清之小声地说:"听说朝廷现在的皇子赵竑只顾与美女玩耍,根本不能担当大任。现有太祖后裔赵与莒非常聪明,您愿意做他的老师吗,我想请您前去好好教导他,日后他做皇帝了,我这个宰相之位就是你的了,但这件事千万不可泄露,否则会引来满门抄斩。"郑清之答应了。他为了培养赵与莒,费尽心血。还特意为赵与莒制作了一套方案。其中包括对琴棋书画、言谈举止的训练,而且训练的方式、内容、时间都制定得十分详细。同时,他还常常在史弥远面前夸赞赵与莒。这使得史弥远废立的意志更加坚定了。

赵与莒登上帝位还有至关重要的一步,就是1222年,经过史弥远推荐,赵与莒被立为沂王赵抦之后,改名为贵诚,从此就在沂王府生活。同时,史弥远还使用了离间计,挑拨赵竑与宁宗、杨皇后之间的关系,致使宁宗和杨皇后对赵竑非常不满。一段时间后,史弥远建议宁宗立赵贵诚为皇子。这让宁宗十分诧异,感觉此事有蹊跷。虽然宁宗对赵竑有所不满,但就血缘关系而言,赵竑才是自己的亲侄子,因而史弥远的建议并没有被宁宗采纳。史弥远只能等待时机。

在宁宗身体非常虚弱的时候,史弥远召亲信郑清之和直学士程珌入宫,他准备假传诏书。他在假诏书上写道:"将赵贵诚立为皇太子,赐名昀，授武泰军节度使、成国公。"这样赵昀与赵竑就可以平起平坐了，也就有了继承皇位的资本。

1224年闰8月3日，宁宗突然驾崩，死因未能查明，而且相关史料也没有宁宗死因的记载。可是纸包不住火，阴谋总会有被揭穿的那一天，《宋史》中引用了邓若水的奏本，明确指出宁宗的死并不是出于意外，而是遭人谋杀。《东南纪闻》记载，宁宗生病期间，史弥远曾经在无人之际交给宁宗几百粒药丸，说是长生不老丹，可是宁宗服用之后不仅没有长生不老，反倒很快猝死了。可见，史弥远就是谋害宁宗的最大嫌疑人。

宁宗去世之后，朝政大权应该交到谁的手中呢，杨皇后的决定非常重要。倘若她不认可新皇帝，那么新皇帝就不可能登基。于是，史弥远将杨皇后的侄子杨谷、杨石纷纷派去劝说杨皇后，他们并没有让史弥远失望，顺利地完成了任务，获得了杨皇后的认可。史弥远立刻派宫使前去接皇子，并且恐吓他们说："如今宣的是沂靖惠王府的皇子（指赵昀），并非万岁巷的皇子（指赵竑），倘若出现纰漏，你们的小命就不保了。"这时，赵竑已经知道了宁宗驾崩的消息，但是他并不关心，他只盼望着什么时候可以宣召他进宫。就在赵竑满怀欣喜等待之际，赵昀已经被大臣们拥护着进宫了。赵昀进宫之后，首先来到杨皇后的宫里跪拜，只听杨皇后说："从今天起，你就是我的儿子了。"赵昀立即喊了一声："母后。"这已经显而易见，杨皇后将赵昀视为子，那么赵昀变成了名正言顺的继承者。

接下来，赵昀被带到宋宁宗的灵柩前致哀。既然赵昀认杨皇后为母后，宁宗便是赵昀的父亲了，只是可怜的宁宗在临终之日也没有看到自己的儿子。

登基仪式开始了，自此，幸运儿赵昀从一介草民，摇身一变成为了宋朝的第十四代皇帝。

阴狠帝王

赵昀登上了皇位，与此同时史弥远废赵竑这件事，在朝野内外传开了。湖州的老百姓终于忍不住了，他们揭竿而起。在公元1225年正月，湖

第十三章 出身于贫民家庭的皇帝——宋理宗赵昀

州百姓潘丙、潘壬兄弟及其从兄潘甫在一起秘密商量，要把赵竑拥上帝位。他们选出代表前去与山东"忠义军"首领李全交涉，李全这个人被称为双面人，做事常常是明一套暗一套。这一次，他依然采用了惯用的计谋，表面上与湖州约定好了起义的时间地点，表示一定准时派兵与湖州方面接应。但是到了他们约定的时间，潘氏兄弟在约定的地点根本没见到李全的人马，他们担心事情被泄露，急忙召集当地的一些渔民，大约几百人，老少皆有，在正月初九的深夜，打着"忠义军"的旗号，闯入济王府，他们高呼自己是赵竑的人马，要把赵竑推向帝位。赵竑根本没有见过这样的阵势，吓得躲进水洞，浑身哆嗦。虽然赵竑藏得非常隐蔽，但还是被这些人找到了。潘氏一帮人把赵竑强行带入湖州知州衙门，让他穿上皇袍。但赵竑却哭着喊着说："我不穿！"他知道穿上这套皇袍一定会引来很多问题。但在潘壬等人的武力胁迫下，赵竑还是穿上了皇袍，同时他提出一个条件，就是不能伤害杨太后和理宗。由此可以看出，赵竑是一个老实善良之人，当初因为赵昀的存在，他才没能即位，但这个时候他还保护这个不知哪来的皇上。潘氏兄弟答应了他提出的条件。湖州知州谢周卿也亲自率领部属来恭贺新皇帝赵竑即位。这就是历史上有名的"湖州之变"，也叫"济王之变"。宋太祖陈桥兵变已过去两百年了，他的后代又一次上演了"黄袍加身"的闹剧，只是没能成功而已。

"湖州之变"让理宗和史弥远提高了警惕，他们认为赵竑是一颗不定时炸弹，只要赵竑活着，就会对皇位形成巨大的威胁，如果不铲除，日后必定会带来很多麻烦。经过考虑之后，史弥远认为让赵竑自缢是最佳的方法，但必须秘密进行。于是他派自己的亲信余天锡打着给赵竑治病的旗号前去给赵竑治病。余天锡来到赵竑家后，说："宰相看在你们过去的情分以及你年纪轻轻，给你留个全尸，饮鸩和自缢请你自选。"赵竑十分无奈，他深知人为刀俎，我为鱼肉，只能一死，别无选择。最后他选择了自缢。就在此时，赵竑的儿子喊其父亲，余天锡防患于未然，将其一并杀之。随后，朝廷向天下宣布赵竑得不治之病而死。理宗和史弥远掩饰得非常好，还特意亲自领朝廷上下的文武百官前去参加赵竑的葬礼，并追封赵竑为少师。赵竑虽然死了，但是死后都不得安宁，葬礼结束不久，史弥远就建议理宗将赵竑贬为巴陵县公，并打成朝廷的罪人。

赵竑这样的悲惨命运引起了人们的关注，而且也深表同情，再加上当时朝廷在处理湖州事变时不公正，致使一些正义之士，都纷纷批评皇帝处理不当。其中文笔比较出色的人有名臣真德秀、魏了翁、洪咨夔、邓若水等。因为这些人的檄文写得比较精彩，所以引来的祸患也就更深。这些为赵竑鸣冤的人纷纷被贬，一时间再没人敢议论此事。

渐渐地这件事似乎被人们忘记了，没有人再谈论此事，但是每当遇灾年、战事的时候，人们总会把灾难与赵竑的冤情相联系，直到恭帝时，谢太后主持朝政，在群臣的建议下才将赵竑的名号恢复，选宗子为其传宗接代。至此，这件事才告一段落。

从客观上说，赵竑在湖州之变中是有责任的。虽然他是受了胁迫，但他毕竟穿上了黄袍。单凭这条，理宗就可以将他治罪。当然，赵竑虽然有罪，但也不是死罪，理宗听信大臣们的建议，采取了那样的形式将赵竑处死，未免有些阴狠，也可以看出理宗和史弥远为了这个来之不易的皇位，不惜采用一切手段。

中兴大业

理宗这位帝王，有着极强的事业心。登上皇位之后，他准备施展身手，完成自己的中兴之梦。但现实总是那么残酷，当他身处在复杂的政治环境中时，便感觉自己力不从心，身不由己。很快就将他那中兴之梦收起来了，之前的远大政治理想都抛到了九霄云外，心甘情愿地当起了史弥远的傀儡。

理宗在位期间，南宋出现了三足鼎立的局面，即以理宗为代表的皇权派、杨太后为代表的后权派和史弥远为代表的相权派。当时，杨太后为了满足自己的虚荣心与权力欲，采取了垂帘听政的方式，一度引起了理宗的不满。就连民间百姓都戏称理宗为"小大皇帝"。理宗面对舆论的压力，颜面尽失，但是碍于权力的逼迫又不得不低头。可是，事情的发展总是出乎人的意料。不久之后，杨太后突然说要撤帘，对于朝政之事她不会再过问。原因究竟是什么呢？这件事还要从一次家宴开始。在宝庆元年上元节，理宗宴请杨太后，在吃饭的时候，一枚烟花钻到了杨太后的椅子下面，就在大家还没来得及反应的时候，烟花"砰"的一声炸开了。杨太后吓得面无血色，什么话也说不出来，踉踉跄跄地离开座位，回宫去了。理宗认为母后一定是生气了，于是立即前去道歉，还说要将内侍治罪。理宗原本以后杨太后一定会大发雷霆，然后狠狠地痛骂自己，哪知杨太后竟然一改往常凶悍的模样，非常温和地说："内侍有什么罪呢，烟花并不是谁可以控制得了的，还是算了吧。"虽然这件事表面上过去了，但是生性多疑的杨太后认为这件事并非意外，说不定是理宗刻意安排的，这仅仅是一个警告，如果再不撤帘，或许下次就不是烟花，炸到的也不仅是椅子了，很有可能就是自己，毕竟赵昀不是自己的亲生子。杨太后早已经见识到理宗与史弥远的残暴手段，为了保证自身的安全，她决定放弃垂帘听政，在后宫安度晚年。

杨太后撤帘之后，南宋三分天下的局面就剩下两派了，这两派之间的力量悬殊，理宗是皇权派的代表，虽然之前接受过史弥远的短期培训，在说话技巧、政治手段等方面都有一定的提高，但与史弥远相比，理宗还是远远不及，理宗也知道姜还是老的辣。于是，他想来想去，还是决定投靠史弥远。这样不仅能保全自己，还能多快活几年。他想不就是多等几年吗，无论如何史弥远都会死在自己之前。可谓功夫不负有心人，10年后的一天，终于传来了史弥远病危的消息。

在这场没有硝烟的战争中，拼的是耐性，理宗耐着性子等了整整10年，终于赢得了胜利。在公元1233年10月27日，史弥远因病去世。理宗亲自为他举办了盛大的葬礼，这到底是对史弥远的悼念还是庆祝呢！

史弥远死后，理宗便获得了自由。他大展宏图，让世人重新认识真正的他。首先他决定从全国各地选取一批有识之士，治理国家。他从客观上分析了目前朝中官员的编排之后，进行了调整，这些大刀阔斧的改革完成之后，朝廷上下都焕然一新了。现在朝中的精英就是当年被他贬下去的一些官员，如真德秀、魏了翁等人。他认为从现在开始他才是真正登上了帝位，他要从头开始，所有的一切都从新做起，理宗宣布："明年改元为端

平。"理宗要用这个年号将自己过去的那段不堪回首的历史一扫而光。从公元1234年到公元1252年的近20年间，他召集群臣，经过多次商议后，在政治、经济、文化、建筑、水利等方面一一进行改革，史称"端平更化"。

虽然史弥远已经死了，但朝廷中依然还有其党羽。这些遗老在史弥远死后还一直遵循史弥远的理念，恪守史弥远之前的规矩，在朝廷中只要有人不遵守史弥远的规矩，他们就会集体对其进行攻击、弹劾，致使大批官员落马。理宗听说之后十分恼火，很快就把史弥远的余党赶出了朝廷，他们分别是梁成大、莫泽、李知孝三人。从此之后，相权派就消失了，但是理宗还是担心相权派东山再起，于是他就不断地更换宰相，据《宋史·宰辅年表》记载，理宗在更化期间任用过37名宰执。

理宗的努力还是收到了一定的成效，朝廷一时间人才济济，而且在这些人才的主持下，南宋的政局相对较为稳定。时人将"端平更化"称为"小元祐"。当时，进谏成了一种风气，面对社会上出现的一些问题，官员们都大胆地提出自己的解决办法，其中也有一些科学合理之策，但是理宗从来都不执行，每次看到官员们上奏的奏折后，都会说这个提议不错，他会考虑的。这一考虑就没有了下文。因此当时虽然是人才济济，也没能扭转南宋走向没落的车轮。

梦想破灭

理宗一系列的改革之后，国内政局相对稳定，但是周边的环境就不像国内一样稳定了，周边后起的一个少数民族政权对宋朝构成巨大威胁，这就是蒙古。

理宗心中一直都藏着一个梦想，当然这也是整个南宋人的梦想，那就是一扫"靖康之耻"。而当时的局势恰好就是一个最佳时机。

蒙古政权自建立以来，领导者一直专注于领土的扩张，像大鱼吃小鱼般吞并了很多的小政权。此时，蒙古政权正好将目标锁定为金朝。

南宋朝廷内部在对外关系上，分成了两派。一派认为，应该与蒙古联合攻打金国，以洗"靖康之耻"。另一派认为，应该吸取当年联金灭辽的教训，采取按兵不动的政策。理宗在这两派之间犹豫不决。过了一段时间，金军接连不断的撤退，失败已成为一种定局。此时，理宗认为这样的机会不可失，一定要狠狠地痛打金国，为祖宗争回脸面。

公元1232年12月，蒙古遣使者带兵来到京湖，针对宋蒙合作之事进行商议，继而对金朝形成夹击之势。京湖的史嵩之即刻向朝廷报告，经过一番争论之后，多数官员同意。虽然少数人反对这件事情，但是并没有起到决定性的作用。最终形成了宋蒙联军抗金的局势。南宋政府虽然答应联合抗金，但是也是有条件的，那就是灭掉金朝之后，河南要归于南宋。对于南宋的条件，蒙军满口应允，但是没有签订书面协议，其实这就是蒙古政权的高明之处，也为宋廷后来的失败埋下了伏笔。当时金哀宗听说宋朝和蒙军联合起来攻打自己，十分惊恐，只需一个蒙古就足以将自己击败，如今又加上大宋，金国必败无疑了。所以金哀宗立刻派遣说客前往宋廷，规劝理宗放弃。金人说："宋和金唇齿相依，正所谓唇亡则齿寒，这个道理相信皇上应该懂得。"但是理宗一心想要替祖宗扫去"靖康之耻"，因此毅然拒绝了金人的请求。

金朝着实抵抗不住宋蒙联军的强大攻势，彻底瓦解，金哀宗自缢而亡，金朝也自此退出了历史舞台。南宋听到这个消息之后，激动不已，全朝上下欢呼雀跃。孟珙还在金朝的废墟中找到了金哀宗的尸首，早已经变成了黑炭，面目全非。孟珙装起尸骨，带回了临安。理宗把金哀宗的骨灰盒放到祖宗的牌位前，并说："今天我终于替大宋报仇雪恨，请祖宗一定要保佑我，在今后的道路上一帆风顺。"

人的欲望是无穷无尽的，洗刷靖康之耻后，理宗一心想要收复中原，将都城迁回河南。可是，中原这样一块风水宝地是多少人向往的地方，哪里是那么容易占领的。再者，与蒙古相比，南宋只算得上是一匹饥肠辘辘、骨瘦如柴的小狼。但是灭掉金朝的胜利早已经让理宗失去了理智，面对群臣的反对，他断然决定出兵收复中原。反对出兵的吴渊、吴潜和京湖制置使史嵩之被盛怒之下的理宗罢官。1234年5月，理宗任命赵葵为主帅，全子才为先锋，赵范节制江淮军马以为策应，正式下令出兵河南。

6月12日，宋军出兵攻打河南，全子才一举收复南京，然后向河南开封进发。开封蒙军都尉李琦、李伯渊、李贱奴由于长时间受到崔立等人的侮辱，此时，他们取下崔立的项上人头，举白旗宣布投降。7月5日，宋军正式向开封进军，战争摧残之后的开封狼藉一片。但是不管怎样，南宋最终实现了自"靖康之难"以来的无数将士们的梦想。

但好景不长，全子才率军占领开封之后，因为没有了粮草，没法继续进军，贻误了战机。士兵饿着肚子打仗，势必失败。半个月后，赵葵率兵分两路，在粮草还没有送来的情况下执著地向洛阳进军。但他们走进的是一个陷阱，宋军刚到洛阳就遭到了精力十足的蒙军伏击。宋军只能向南撤退。守在东京的全子才看到赵葵失败，也只能带兵南归。牵一线而动全局，其他各地的军队也都纷纷撤退。理宗收复中原的梦想，从此也就破灭了。

生活消沉

宋军这次出兵的溃败，意味着理宗收复中原梦想的破灭，这对理宗的打击很大，从此他再也不想征战沙场还都开封了。当理宗不再想实现自己的梦想之后，他所有的精力都转移到了声色犬马。

理宗后宫佳丽三千，但是阎妃是最受宠的一个。阎妃不但天生丽质，最重要的是她可以猜测理宗的心思，犹如肚子里的蛔虫一般，再加上她性情爽朗，不像其他妃子那样对理宗百依百顺。或许正是因为如此，理宗才会对她百般宠爱吧。在阎妃面前，理宗很有征服的欲望。公元1240年9月，理宗册立阎氏为贵妃。理宗为了满足阎妃奢侈的欲望，赏赐金银首饰无数，甚至将用于朝政的钱为阎妃修建功德寺。

虽然阎妃貌美，但是时间久了还是会腻，理宗的三千佳丽仍无法满足他的欲望。为了满足自身的需求，理宗开始引一些妓女进宫陪伴。就这样理宗成为了历史上唯一一个在宫中嫖妓的帝王。

起居郎牟子才知道这件事后，就写了一个提案说："理宗现在的这些行为可是把您多年的好习惯都破坏了呀！"理宗不以为然，还派人转告牟

207

子才，这是一些正常之事，为了保持皇帝的美好形象，千万别走漏了消息。当时的大臣姚勉拿唐玄宗、杨贵妃、高力士的例子暗示过理宗，他现在的行为有些不妥，理宗却说："虽然这些行为是不对，但是与唐明皇相比，还是差远了。"

由于理宗长期与补药和女色为伴，最终体力不支，卧床不起。在病重期间，理宗下诏，遍访全国名医，却无人应征。

公元1264年6月3日上午十时，理宗在宫内驾崩，葬于绍兴府会稽县永穆陵，庙号"理宗"。谁知，理宗到了地下还不得安宁。15年之后，理宗的陵墓就被一个名叫杨琏真迦的人盗掘了，当然还有南宋其他帝王与后妃的陵墓也一一被盗。不过，因为理宗的尸体当时用水银水浸泡过，所以15年之后也没有腐烂，可恶的盗墓者竟然将理宗的尸体挖出来，倒挂在树上沥取水银。然后将宋理宗的脑袋割下来送到朝廷，之后将尸体焚毁。之后，宋理宗的头颅被元朝的统治者制作成酒器，可怜的宋理宗哪里会想到自己死后还会遭受这样的待遇。一直到朱元璋进入元都之后，宋理宗的头颅才被找到，重新葬于宋陵遗址，并且重新修葺了已经被毁坏的坟墓。

第十四章

最后一个有葬身之地的皇帝——宋度宗赵禥

帝王档案

☆姓名：赵禥，原名赵孟启，又名孜、长源

☆民族：汉族

☆出生日期：公元1240年5月2日

☆逝世日期：公元1274年8月12日

☆配偶：全皇后，杨淑妃

☆子女：7个儿子，4个夭折；2个女儿

☆在位年数：10年（公元1264年11月16日~公元1274年8月12日）

☆继位人：赵㬎

☆庙号：度宗

☆谥号：端文明武景孝皇帝

☆陵墓：永绍陵（今浙江绍兴东南35里处宝山）

☆享年：35岁

☆生平简历：

公元1240年5月2日，出生。

公元1253，立为皇子，理宗赐名赵禥，赐字邦寿。

公元1260，被立为皇太子，赐字长源。

公元1264年，登基皇位。

公元1265年，改元"咸淳"。

公元1274年8月12日，病死，享年35岁。

人物简评

天生缺陷是赵禥的不幸,而幸运的是他仅凭借着跟理宗有血缘关系便登上了皇帝的宝座。虽然理宗一直想把他培养成一个知识渊博的人,但现实却并不如人意。度宗在位10年,整天沉溺于酒色之中,荒芜朝政;任用奸臣,政治腐败,一生无所作为。风流可能是他一生最大的作为吧,为此,他也付出了年轻的生命。当真是可怨可恨可惜啊,南宋也因此迅速没落。

生平故事

幸运和不幸的复合体

宋度宗,名禥,原名孟启,字长源,是太祖十一世孙,理宗赵与莒的养子。父亲赵与芮是理宗赵与莒的弟弟。

公元1240年5月2日,赵禥出生,取小名为德孙,他的母亲是黄氏。黄氏原本只是一个下人,其地位十分卑微。后来,一次偶然的机会,赵与芮看上了黄氏,并且没过多久,这两个人就有了夫妻之实。黄氏在知道自己怀了赵与芮孩子的消息后,担心自己卑微的出身会对孩子的未来产生不好的影响,所以不想要这个孩子。于是,黄氏便悄悄地喝了堕胎药,但是最终却没有成功,孩子还是生下来了。只不过可能是因为受到堕胎药的影响,赵禥从小就发育十分缓慢,手脚发软,到了7岁才学会说话,很晚才学会走路,就连他的智力也差正常孩子一大截。

关于赵禥的出生有很多传说,其中有一个是这样的:全氏,也就是赵与芮的母亲在一天晚上做了一个梦。在梦中,有一个神仙对全氏说:"帝命汝孙，然非汝家所有。"这句话的意思是说，尽管上天给你送来了一个孙子，但是却不能继承你本家的香火。其言外之意就是，全氏的这个孙子将会成为别人家的孩子。当然了，这只不过是骗人的把戏，因为赵与莒和赵与芮都是全氏的孩子，是亲兄弟，所以全氏梦中的那位神仙所说的问题根本不存在。

而赵与芮的夫人——钱氏在一天晚上也做了个梦，她梦到黄氏的屋子被日光照得相当明亮。而黄氏则声称自己看到一位彩衣神仙，那位神仙在自己怀中放了一条小龙，之后自己就怀孕了。黄氏在生赵禥的时候，屋子中时不时地发出红光。或许这些传说是赵禥在成为皇子之后才被人胡乱编造出来的，其目的就在于告诉世人：赵禥能继承皇帝之位是天命所为，是任何人都不能抗拒的，这也是历朝历代所尊崇的君权神授理念的必然结果。

之所以说宋度宗赵禥作为皇帝是个幸运与不幸的复合体，是因为他的母亲地位十分低下，在怀孕期间又曾服用过堕胎药，没想到度宗命硬，没被堕掉，但他也因此有了先天性的缺陷，这是他的不幸，若是没有这个原因，或许他的幸运会更多；幸运的是，这样一个有着先天缺陷的人，却仅凭着与理宗的血缘关系直接登上了无数人梦寐以求的皇帝宝座，这不得不说他确实是一位有福之人。作为一国之君，他却一直受制于权臣贾似道，被贾似道玩弄于股掌之间，这是他最大的悲哀和痛楚；而他虽然昏庸无能、荒淫无度，宋朝的灭亡在他统治期间已近在眼前，他却最终得以寿终正寝，并没有成为亡国之君，这是度宗作为皇帝的又一个幸运。

被立太子的风波

理宗赵与莒曾经有过永王赵缉与昭王赵绎两个儿子，但是非常不幸的是，这两个儿子先后都夭折了。从此之后，后宫之中再也没有妃子为理宗生下儿子，理宗赵与莒对此感觉非常无奈。担任吏部侍郎兼给事中的洪咨夔曾经给理宗赵与莒提出建议，让他从宗室子弟中进行挑选，将优秀的子弟养在宫中，日后再选最为优秀的人为皇子。但是，那个时候，理宗赵与莒刚刚过了中年，他觉得自己以后肯定会有儿子，所以就拒绝了洪咨夔的这个建议。

然而，世间之事是难以预料的，公元1246年，理宗赵与莒已经年过40岁了，还没有自己的亲生儿子，但是册立皇太子的事情也不能一直这么拖下去，所以在万般无奈之下，他才同意从宗室子弟中挑选适合做皇子的人选。赵与芮是理宗赵与莒的亲弟弟，与他感情最好，血缘最近，所以赵与芮的儿子很自然地就成为了理宗赵与莒挑选太子人选的目标。于是，理宗赵与莒便有了立弟弟赵与芮的儿子德孙为皇太子的想法。1246年10月，理宗赵与莒将德孙接到了皇宫中，并且找专门的人对他进行教育辅导。1253年正月，理宗赵与莒册封德孙为皇子，并且赐名禥。从此，赵禥的皇储之位正式确立了。10月，理宗赵与莒册封赵禥为忠王。

然而先天缺陷的赵禥，在当朝大臣看来并不是储君的最好人选，很多大臣都反对把他立为皇储。理宗为了说服大臣，甚至编造谎言说自己梦里有神人给他托梦，告诉他"此（指度宗）十年太平天子也"。理宗立赵禥为皇储之事很不顺利，无奈之下只能如此欺骗群臣。但理宗却万万没有料到，自己编造的谎言在若干年后竟然真的成为现实，度宗后来确实是做了10年皇帝，只是天下乱象重生，兵荒马乱，民不聊生，完全没有梦中所说的太平气象。

理宗赵与莒曾经将自己想要册立赵禥为皇储的想法告诉过担任宰相之职的吴潜，吴潜听了之后，说道："臣的才能远远比不上史弥远，而忠王的福源恐怕也与陛下差很多。"当年，理宗赵与莒并不是皇太子，他是在史弥远的扶持之下夺了皇子赵竑的皇帝之位。吴潜这番话可以说是一语双关，不仅表达了自己对册立赵禥为皇储的反对意见，而且还提到了理宗赵与莒与史弥远篡位的不当行为。理宗赵与莒听到吴潜的话之后，十分尴尬，不知道该说些什么，因为吴潜所说的都是事实。册立皇太子是关乎江山社稷的大事，理宗赵与莒即使是皇帝，也不能不管宰相的意见，面对宰相吴潜如此不识趣，理宗赵与莒心中就有了将他的宰相之职罢免的想法。

其实，在很早的时候，理宗赵与莒和宰相吴潜之间就已经有了隔阂。当年，宋朝在与蒙古交战的过程中，由于前线的军情相当紧急，吴潜在处

第十四章　最后一个有葬身之地的皇帝——宋度宗赵禥

213

理军务的时候往往是先斩后奏,这让理宗赵与莒相当不满。公元1259年,蒙古大军渡过长江,向鄂州逼近,理宗赵与莒将吴潜召来,共同商量对抗敌人的策略,吴潜根据实际情况大力主张避开敌人的锋芒,请求理宗赵与莒将都城迁走,而自己则留在临安等待敌人的到来,誓死抗击敌人。谁知,理宗赵与莒听了这话,居然大哭着质问吴潜是不是想要效仿张邦昌阴谋篡位,另外设立朝廷。蒙古大军撤退后,理宗赵与莒在朝堂上直言不讳地对各位大臣说:"吴潜好几次误导朕。"理宗赵与莒这么说就将他与吴潜之间君臣不和直接公布于众了。

在朝中,右丞相贾似道与吴潜存在矛盾。当蒙古大军渡过长江,向鄂州进逼的时候,吴潜应担任监察御史之职的饶应子的建议,让贾似道率领大军在军事重地黄州驻守。而贾似道却认为吴潜之所以会这样安排,是想将自己置于死地,所以对吴潜怀恨在心。如今,贾似道知道理宗赵与莒和吴潜在册立皇储的问题上存在分歧,而且理宗心中很不待见吴潜,于是,就趁着这个机会向理宗赵与莒上奏,表示自己愿意拥护忠王赵禥为皇太子,理宗赵与莒听了之后非常高兴,立即命令担任侍御史之职的沈炎列举吴潜在作战过程中指挥不当、在册立太子的问题上"奸谋不测"等根本不存在的罪名。没过多长时间,理宗赵与莒就将宰相吴潜罢免,为日后册立赵禥为皇太子除去了一个最大的障碍。公元1260年6月,理宗赵与莒颁下圣旨,正式册立忠王赵禥为皇太子。

这次立皇储的举动,好像还关联着错杂的宫廷斗争。据宋人周密《癸辛杂识》记载,当时民间广为流传"魏紫姚黄"的传说。有一个名叫关孙的人,是理宗的亲姐姐四郡主与魏峻之子。理宗母亲全氏非常宠溺关孙,经常在理宗面前提及关孙,并要求理宗给关孙册封官职。理宗见状,便想召关孙到宫中观察,之后考量是否授予其官职。按宋朝律例,除赵姓宗室子弟外其他异姓入皇宫必须佩带腰牌。而此次召见乃是理宗临时起意,便命关孙假用(赵)孟关之名,冒充赵姓宗室进宫面见理宗。赵禥却不知从哪里得知关孙要进宫面见理宗的消息,心中很是不安,打算和关孙一同进宫。

史书没有详细描述当时的情形,但可假设,理宗见了关孙后可能非常喜欢，而赵禥对此十分担心，不知理宗召见关孙并赐其赵姓宗室名字的用意。关孙给赵禥带来了巨大的精神压力，赵禥以为理宗要立关孙为太子，便四处散布"魏太子"的传言，说理宗要立外姓之人关孙为储君了。赵禥此举摆明是要将关孙置于死地，不得不说此举非常狠毒。

吴潜和时任宰相的王伯大闻之急忙上疏求证于理宗，理宗告诉二人绝无此事，可民间依然盛传"四方遂有魏紫姚黄之传"。魏紫、姚黄都是上品牡丹花，魏紫传言是宋初宰相魏仁浦家中所种植，便用魏紫意喻关孙，表示关孙之母身份为郡主，万般高贵；而姚黄则相传出自寻常百姓家，意喻赵禥，暗示赵禥的母亲原本只是一名侍女，地位十分卑微。虽事后理宗的太子人选并没有更改，但关孙却依然十分"巧合"地溺亡在赵与芮府邸瑶圃池中，后人一想此中恐大有玄机，很可能是赵禥父子合谋杀害了理宗姐姐的儿子，以确保赵禥太子的位置。然而事实究竟是怎样的，后人只能臆想了。

补救先天缺陷

原以为当了皇太子，好日子就会随之而来，但对于生性愚钝的赵禥来说，却并不是什么容易的事。在对待赵禥的教育问题上，理宗可以说是十分严格的。在赵禥刚刚满7岁的时候，理宗就让他进入皇宫中学习，立为太子后，又建造了"资善堂"，专供赵禥学习，且亲自书写了一篇《资善堂记》以勉励赵禥。与此同时，理宗还遍选名家给赵禥当老师，例如叶梦鼎、汤汉、杨栋等名闻一时的大儒学士。可以想象，理宗对赵禥是有多么的关心和疼爱。虽然赵禥的资质先天不如常人，但理宗仍然想尽各种办法，用后天的努力弥补赵禥先天的缺陷。或许是理宗对赵禥的期望实在是太大，所以才会如此严格。同时也是希望他将来能够堵住当初反对他当皇太子的悠悠众口。

赵禥还没有登基前，理宗对其每天的作息都有详细的规定，每日鸡叫一遍的时候，他就要匆忙赶到理宗那里问安。鸡叫二遍的时候就回宫吃早膳，顺便休息一会。鸡叫三遍的时候，就要前往会议所参决政事，以锻炼

第十四章　最后一个有葬身之地的皇帝——宋度宗赵禥

其理政的能力。从朝中议所出来之后，便去"资善堂"向各位老师学习经史，整日卷不离手。每天都没有一点闲暇的时间，赵禥感到这样的生活非常乏味。

傍晚时，他还要再到理宗面前问安，对他要求严格的理宗，经常借机考问他当天所学的内容，偶尔也会抽查其他的学业。若是答对了，赐座赐茶；若是没有答对，理宗会耐心地为他反复解析；讲完以后，若是赵禥还没有弄明白，就只能乖乖地站在那里听候理宗的斥责。今天没学好，明天继续学，直到弄明白为止。

由于赵禥存在着先天的缺陷，这对他的学业造成很大的困难，为此他也没少受训。虽然理宗也知道赵禥有先天缺陷，不能把他跟常人相比。然而，当他知道赵禥的学业始终都没有取得太大的进步时，总抑制不住内心的情绪而勃然大怒。要不是看他是自己的侄子，恐怕早就对他没有任何耐心了。但是恨归恨，训归训，赵禥毕竟还是理宗血缘关系最近的侄子，不管他再如何的不成器，理宗也只能尽力而为。

既然赵禥资质不好，难以有什么大的作为，理宗觉得最好的办法就是帮他找一个聪明的妻子，辅助赵禥。有了目标后，事情就好办多了，在精挑细选后，理宗觉得母亲全太后的侄孙女全玖是最合适的人选。全玖是一位非常聪明，懂得顾全大局的名门女子，其父亲是一位地方官员。全玖从小便跟随父亲游历各地，因此言语伶俐，对时局有着比较清醒的认识，她与赵禥又是表兄妹。赵禥看到全玖长得非常漂亮，很有气质，也非常赞同这场婚事。

在全玖刚入宫时，她的父亲已经为国殉职。理宗安慰她说："你的父亲在宝祐年间为国家尽忠而亡，每当我想到这件事情，就感到非常哀痛。"让理宗意外的是，全玖在听完他的话后，并没有像其他女子一样哭诉父亲的去世，反而对理宗说："妾身的父亲固然值得去思念，但是淮、湖地区的老百姓更加值得陛下去挂念。"一听此言，理宗倍感开心，觉得全玖才能与智慧都很出众，可以辅助赵禥。公元1261年12月，将她册封为皇太子妃，让她辅助赵禥，倒也是一个不错的补救措施。

沉迷于酒色　荒弛朝政

公元1264年10月26日，理宗去世，赵禥即位，是为度宗，妻子全氏被封为皇后，理宗皇后谢氏被尊为太后。朝中众臣对赵禥的能力都心知肚明，尽管赵禥现在已经25岁了，但仍有大臣上书请求谢太后可以垂帘听政，最终因为不合祖宗法规制度而不了了之。

度宗在刚刚登基成为一国之君的时候，也实施了一些措施，并且表示自己绝对不会辜负理宗对他的苦心栽培。他让马廷鸾与留梦炎担任侍读之职，李伯玉、范东叟与陈宗礼为侍讲之职，何基与徐几兼担任崇政殿说书，这样一来，自己就能随时让这些大臣将治国之道讲解给他听。度宗又颁下诏书要求各个大臣都要直言不讳地奏事，特别是对先朝的一些旧臣，比如谢方叔、程元凤、赵葵、马光祖等人，让他们将朝中的弊端指出来，然后改正不好的，继续延用好的。刚开始的时候，朝廷的各位大臣对度宗还是抱着些许希望的，但是没有过多长时间，度宗就让他们彻底的失望，甚至是绝望了。

度宗刚刚将那些措施颁布没多长时间，就开始沉迷在糜烂淫乐的生活中了，很少有时间去处理朝廷政务。其实，他之前的做法完全是在装样子，走走过场罢了。根据史书的记载，度宗还是太子的时候，就相当好色，现在成为皇帝，就变得更加放纵自己、肆意享乐了。据说，他曾经一夜宠幸了30多名嫔妃，就连负责记录皇帝临幸嫔妃档案的主管官员都震惊了。

或许赵禥觉得，自己终于当上皇帝，可以轻松轻松了，不愿意再像当太子的时候那样劳累和辛苦。于是度宗整天都沉溺于酒色之中，很少临朝听政，甚至连公文也懒得批复，交给他最宠爱的妃子会稽郡夫人王秋儿等人处理，国事方面的问题也都交给贾似道料理。

对于度宗喜新厌旧、贪图酒色、不理朝政，妻子全皇后也是心急如焚，但却爱莫能助，整天在忧愁中度过。侍御史程无岳也曾经规劝过度宗："帝王长寿的方法在于修德，清心、寡欲、崇俭都是长寿的根本。"如此看来，外朝官员也都知道后宫的事情了，只是这些做臣子的不敢直接指责皇帝的"家事"，而是以十分委婉的方式来加以规劝。虽然度宗当面表示"嘉纳"，但事实上仍旧是我行我素，根本不予理会，那些规劝早就被抛到九霄云外去了。

　　理宗还活着的时候，对于理学十分推崇，他给赵禥选择的授业老师大多都是理学名家。在理学老师的影响下，度宗也对理学非常偏爱。在赵禥还是太子的时候，在一次去太学参拜孔子的时候，他就提出任命张栻与吕祖谦为从祀，并且因此得到过理宗的赞赏。赵禥做了皇帝之后，对何基、江万里等理学名士进行提拔，录用张九成、朱熹、陆九渊等理学大家的后代为官，从中央官员到地方官员，有很多都是理学门徒。但是，令人怎么也想不通的是，尽管度宗对理学十分推崇，但是却一点儿也不遵从理学家"存天理，灭人欲"的信条，他仍然整天肆无忌惮地沉迷在美酒与美女当中而不能自拔，过着醉生梦死的生活。

任用奸佞　政治腐败

　　在理宗时就很嚣张的贾似道在度宗把所有的国事都交给他料理后，变得更加专横跋扈。因为他在立赵禥为太子的问题上力排众议，有功于赵禥。所以赵禥也算知恩图报，每次上朝都会答拜贾似道，还称他为"师臣"而不叫其名。朝臣惧于贾似道显赫的声势，都称他为"周公"。

　　度宗把大小政务都交给贾似道，自己在那逍遥自在。贾似道借此更加专权，稍微有点什么不满意的，便装病告老还乡，度宗每次都被吓得心惊胆战，以为自己逍遥的日子就这样没了。

　　公元1272年，度宗祀景灵宫，不巧碰上天降大雨，胡贵嫔的父亲显祖随驾，看见雨一直没有停，就请度宗先乘逍遥辇回宫。度宗犹豫不决，没有得到贾似道的同意不敢擅作主张。显祖不得不骗他说："贾太师已允许还宫。"度宗听后这才敢放心地回去。后来贾似道听说了此事，便大发雷霆，度宗赶忙罢免了显祖的官职，贾似道仍不满意，后来把胡贵嫔也赶出宫做尼姑，才平息了贾似道的怒气。

自度宗登基以后，蒙古兵的进攻一天比一天厉害。被长期围困的襄阳岌岌可危。对此，度宗并没有表示出多大的关心。公元1273年，蒙古猛攻襄阳，同时有窥视下游的动向，南宋此时正处于存亡的紧要关头。狡猾的贾似道假装为平民愤，在那里故作姿态，自我推荐要求上前线指挥，大力挽救襄阳，暗地里却悄悄地指使人进谏，让度宗把他留下保卫京城。对贾似道非常依赖的度宗，生怕贾似道走了，自己没了依靠，便下诏竭力留他，另派高达前去。贾似道却故意一拖再拖，以示自己的忠诚和勇敢。

当道知道度宗要派高达来挽救襄阳时，又要起了坏心眼。原来贾似道向来都嫉妒高达，怕他又抢得功劳，到时功高的他很有可能会危及自己的地位。对于这个挡自己财路的绊脚石，贾似道必然是除之而后快。贾似道也知道自己不如高达，打不过人家，不能明目张胆地除掉这个眼中钉，只好借自己手中的王牌来处理他。这张王牌虽然不聪明，但也不是傻子，无缘无故要除掉大将高达，他还真是做不出来。于是贾似道便想方设法阻止度宗派高达上前线，只要抢不到功劳，威胁不到自己的地位就行了。但是他却没有想到，如果国都没有了，还有什么地位呢？

在这千军万马攻向襄阳的时候，度宗仍然是非常信任贾似道。贾似道身边的走狗宇文焕歪曲事实隔天就向临安报捷，把度宗哄得合不拢嘴了，然而，就在度宗自以为天下已经太平的时候，宇文焕几乎没怎么抵抗就把襄阳拱手授敌，蒙古士兵信心倍涨，势如破竹，直接顺江而下，此时的南宋已经再也无法挽救了。度宗对此也是两眼发昏，脑袋一片空白，终于开始有所醒悟了，但自己的身体状况却一日不如一日。公元1274年，度宗遗诏年幼的赵㬎为太子。

蒙古铁骑趁热打铁，直逼临安，就在蒙古骑兵到达临安之时，公元1274年8月12日，度宗因病去世，享年35岁。他是南宋最后一个有葬身之地的皇帝，死后葬于永绍陵。他年仅4岁的儿子赵㬎接过了皇位，后来在蒙古兵的狂追猛打下逃向了大海。上大行皇帝谥号为"端文明武景孝皇帝"，庙号"度宗"。

第十五章

不是好皇帝的好和尚——宋恭帝赵㬎

帝王档案

☆姓名：赵㬎

☆民族：汉族

☆出生日期：公元1271年7月2日

☆逝世日期：公元1323年

☆配偶：妻孛儿只斤氏、妾迈来迪

☆子女：1个儿子

☆在位时间：2年（公元1274年8月12日~公元1276年2月4日）

☆继位人：赵昰

☆谥号：孝恭懿圣皇帝、恭皇帝、韩林儿上谥法宗章文敬武睿孝皇帝

☆庙号：恭宗

☆享年：53岁

☆生平简历：

公元1271年，在南宋的京城临安出生。

公元1274年，宋度宗驾崩，赵㬎登基，改年号为德祐。

公元1276年，向元朝投降，将传国玉玺交出，从皇帝宝座上退位，前往元朝的大都。

公元1288年，动身前往吐蕃学习佛法。

公元1323年，死于河西，享年53岁。

人物简评

宋恭帝赵㬎在很小的时候当上皇帝，根本什么都不懂，权力全都落在大臣的手中。而且他做皇帝的时间又那么短，以至于长大以后他都不知道自己曾经当过皇帝。他从一个皇帝变成元朝的囚犯，再由一个囚犯变成和尚，而且还是一位高僧，为佛教做出很大的贡献。最后据说是因为一首诗触犯了文字狱，被元朝的皇帝莫名其妙地赐死了。但是对于他的死还有很多种说法，也有人认为他并不是被赐死的。不过不管怎么说，他很小的时候就做了俘虏，并且一直到死的时候仍然是俘虏，日子过得肯定不怎么好受。

生平故事

权臣误国

宋恭帝赵㬎，也叫作宋恭宗，是宋度宗的第二个儿子，母亲是全皇后，他是南宋的第七个皇帝。宋恭帝的称呼有很多，也叫作幼帝、少帝，因为他在位的时候年号是德祐，所以也有人把他叫作德祐皇帝。

咸淳十年（1274），宋度宗得了一场大病，眼看就要死了，于是他传下遗诏，让太子赵㬎继承皇位。这个时候赵㬎还只是一个 4 岁的孩子，根本什么也不懂，甚至连人还认不全呢，于是大臣们就奏请太皇太后谢氏和皇太后全氏垂帘听政。

宋恭帝那么小的时候就闯入了政治漩涡的中心，而且在他刚当上皇帝的时候，南宋的江山已经快要崩溃了。这时候蒙古的铁血军团一直在蹂躏着宋朝的子民，不停向南推进，局势已经根本无法扭转，江山的倾倒只是早晚的事。

在咸淳十年的前半年，元军成功将襄樊攻陷了，忽必烈立即决定将军队调集起来，抓住这个绝佳的机会，把南宋的残余势力一举歼灭，并消灭南宋这个小朝廷。忽必烈将伯颜任命为最高统帅，指挥着元朝的大军由水、陆两路进发，给南宋最后一击。

元朝的军队一路上毫无顾忌地横冲直撞，但是南宋这时候正被贾似道掌握着军政大权，由于这个人根本就没有什么才能，因此南宋军队基本上没有多少战斗力，对于元朝的虎狼之师来说，简直不值一提。因此，元军一路上势如破竹，一座城接一座城地攻占，如入无人之境。

自从重镇鄂州被元军攻占之后，整个长江防线便瞬间瓦解了，南宋朝廷上下全都感到非常害怕，人们全都把抗击元军的希望放在了贾似道身上，请求他这个"师臣"可以亲临前线去指挥战斗，盼望着他可以将元军挡住，挽狂澜于既倒，创下伟大的功绩。在朝野内外的强烈呼吁下，贾似道才极不情愿地在临安设立了都督府，为领兵出战做准备。

元军有一路军队的统帅叫刘整，他本来是南宋的一员大将，很会带兵打仗，但是却被贾似道当作威胁自己地位的人，百般排挤和迫害，最后只好向元朝投降。由于刘整有很好的军事才能，因此在归降了元朝以后，又让他领兵打仗。贾似道非常了解自己不是他的对手，因此他怎么也不肯领兵出战，怕自己被刘整打败。但是后来他听说刘整在打仗的时候受了箭伤，并因为箭伤复发去世了，感到非常高兴，还说真是上天也来帮助我啊。然后他就向皇帝上折子，请求让他领兵出战。

皇帝当然同意了他的请求，然后贾似道就从各路调集兵力，选出精兵10多万人，带着数不清的金银、武器装备和粮食物资，甚至还领着自己的妻妾，从京城出发了。由于他携带的东西太多，军队的人数也多，队伍一直延伸了一百多里地。二月的时候，贾似道领着大军到达了芜湖，和在此等他的夏贵会合到一处。夏贵和贾似道见面以后，马上从袖子里拿出一张准备好的纸条，上面非常简单地写着："宋历三百二十年。"贾似道在官场上摸爬滚打这么多年，立即就明白了他的意思，知道他是说宋朝统治天下已经有320年这么久了，是该改朝换代的时候了，不要为了保护一个国势已尽的政权，白白把命搭进去。在心照不宣的情况下，两个人互相点了点头。

在贾似道来到抗元的主战场以后，便开始部署防御的阵型，率后军在鲁港一带驻扎，让大将孙虎臣率前军于丁家洲一带驻扎，并让夏贵领战舰3500艘在长江之上排列开来。这个阵势看起来好像很强大的样子，但是贾似道却知道元朝的军队打起仗来简直就像是魔鬼一样，虽然自己的军队看起来像模像样，真打起来的时候却不堪一击。他根本没打算和元军正面硬拼，而是想要和忽必烈进行和平谈判，只要能让南宋继续偏安一隅，他什么条件都能答应。首先他传下命令，把那些元朝的俘虏全都放了，然后让人给伯颜送去很多果品器物贿赂他，并请求他同意让南宋俯首称臣，并且每年缴纳一定的银两。

虽然贾似道极尽谄媚之态，然而这次元朝的目标并不是让南宋臣服就完事了，而是要把南宋的政权彻底铲除掉，因此这种称臣交钱的方式并不能让他们感到满足，于是坚决地拒绝了贾似道的议和请求。接着元朝的军队就向南宋的驻军杀了过来，将孙虎臣和夏贵布置的两条防线轻松击垮，一直打到了鲁港，南宋的军队大败，士兵们死伤无数，整条长江都被鲜血染红了。贾似道吓得差点没晕过去，赶紧没命似的逃跑了，一直跑到扬州才停了下来。

贾似道如丧家之犬一路奔至扬州，之后却不准备积极对抗元军，而是向皇上上书请求将都城迁移。但是他的这个提议遭到了其他大臣的反对，太皇太后便将他的建议否决了。

贾似道掌管着朝廷的军政大权，名义上虽是大臣，实际上却操纵着朝纲，还被尊称为"师臣"，而那些大臣们则将他看作"周公"。但是这个承载着所有人希望的重臣，到了该发挥能力的时候，竟然这么不堪一击，于是马上就有人写诗讽刺他：

　　丁家洲上一声锣，惊走当年贾八哥。
　　寄语满朝谀佞者，周公今变作周婆。

在贾似道当权的时候，有个叫陈宜中的人依附在他的身边，借着他的提

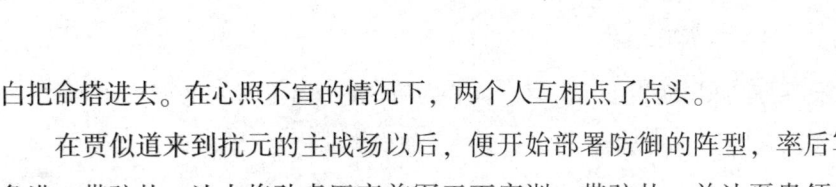

第十五章　不是好皇帝的好和尚——宋恭帝赵㬎

拔，很短的时间里就当上了大官。陈宜中听说这次贾似道打败仗的事情以后，觉得这是一个极好的机会，可以趁机把贾似道赶下台去，自己掌握大权。

于是陈宜中马上向太皇太后上书，请求将贾似道治罪，因为他误了国家的大事，让国家陷于危难之中。同时，因为贾似道被元军打得狼狈逃窜，马上就变成了所有人攻击的目标，朝廷内外都强烈要求把他处死，以平息全天下老百姓们心中的怒火。但是谢太后并不这样想，她觉得怎么说贾似道也是三朝元老了，怎么可以因为打了一次败仗，就将他处死呢，这样做不符合以前定下的宽容对待臣子的规矩。考虑再三之后，谢太后只是把贾似道贬成了高州的团练使，循州安置，同时把他所有的财产都抄没充公了。由于贾似道平时做过太多祸国殃民的事，很多人都对他恨之入骨，在押送他去循州途经木棉庵时，贾似道被人锤杀，这个曾经权倾朝野、误国误民的人终于受到了应有的惩罚。

经过这场惨烈的败仗，南宋本来就弱的军队受到了严重的打击，变得更弱小了，而且士气也更加低沉。九月的时候，伯颜将元朝的20万大军分成两路：一路让博罗欢和刘整指挥，向淮南猛攻，然后杀向扬州；另一路他自己亲自带领，是元朝的主力部队，由吕文焕带领着水军充当先头部队，从襄阳那里发兵，然后顺着长江向东前进，一直攻下了杭州。

众叛亲离

伯颜不停地沿着长江向东打过来，德祐元年（1275）十月的时候，元军从建康那里出发，将部队分成三路，一直扑向南宋的临安城。而最高统帅伯颜亲自指挥着中军向常州发起进攻。

常州这个地方位于一条交通要道之间，是守卫临安城的门户，是兵家必争之地，有特别重要的战略地位。因此伯颜就派出了20万大军进行攻打，在这里遇到了常州知州姚訔和通判陈炤等人所率部队的顽强抵抗。伯颜一开始没有占到便宜，于是让常州城外面的老百姓们将土石运送过来，把护城河填满，甚至直接把那些百姓堆积起来当作填充的物件，最后建出一道环绕常州城的土堤。

第十五章 不是好皇帝的好和尚——宋恭帝赵㬎

十一月十八日的时候，一切准备就绪，元军便向常州城发动了最后的攻击，过了两天常州城的守军就吃不消了，被元军攻破城池。为了表达对这次南宋军民拼死抵抗的愤怒之情，元军在攻破常州城以后，在这里进行了一次惨无人道的屠城，很多人死在他们的利刃之下，只有一小部分人侥幸躲了过去。这次常州大屠杀对南宋人民产生了足够的震慑力。当元军继续前进，到了平江时，平江的守将根本没有组织抵抗，直接将城池献出，向元军投降了。

随着元朝的大军离京城越来越近，临安府内人心惶惶，许多人试图从这里逃走，不然等元军打过来的时候肯定就无法逃脱了。这些人中表现最突出的就是那些朝廷的官员了，他们为了能保住自己的性命，领着家里的人率先逃出城去。同知枢密院事曾渊子等几十个大臣连夜从京城中仓皇逃出。接着文及翁和同签书枢密院事倪普等人，居然暗中指使人弹劾自己，让皇帝罢免他们的官职，这样就可以名正言顺地卸任逃跑了。但是他们的胆子实在太小了，还没等御史把奏章送到皇上那里，他们就已经先行一步，从京城逃走了。谢太后对他们这群不忠不义的大臣进行了十分严厉的谴责，并下诏说："自从我们大宋王朝建国到现在，已经有三百多年的时间了，在这段时间里，我们皇家对士大夫从来都是客客气气的，没有加过重刑。但是现在朝廷处在多事之秋，我和皇上正遭受前所未有的灾难，这些拿着朝廷俸禄的大小官员，居然没有一个站出来号召努力救国家于危难之中的，反而纷纷背叛朝廷逃走了。现在朝廷中的官员跑了一部分，那些在外面守城的官员则向元军献城投降，真让国家蒙羞。你们平日里读那么多的圣贤之书有什么用，在这种时候做出这样的无耻之事来，有什么脸面活在这个世上，就算死了又有什么脸面去见先帝！"

尽管谢太后慷慨陈词听起来很悲愤，但是根本起不了什么作用，这一纸空文不可能抵挡得住元朝的数十万大军，也不会因为这些说辞就重新燃起官员们为南宋而战的想法。那些大臣们还是该投降的投降，该逃跑的逃跑。到了德祐二年正月的时候，元军暂时延缓了对南宋的进攻，但是这时候朝堂上的大臣却只剩下了6个。官员们一个个都跑了，这让本来就没有信心的南宋王朝变得更加消极，军心和民心早已经瓦解到一定的程度，朝

227

廷已经陷入了极端孤立的境地，根本不能对来犯的元军组织有效的抵抗了。

用人不淑

虽然局势对南宋王朝极端不利，但是这个时候擅权误国的贾似道已经死了，假如这个时候朝廷可以重新振作，重用那些正直贤能的大臣的话，或许还有扭转局势的机会。但是在这种时候，南宋的朝廷又犯下了一个致命的错误，就是让陈宜中当了宰相。

陈宜中除了会说一些大话空话之外，根本没有什么别的本事，而且为人奸诈、胆小怕事。让这样的阴险小人掌管朝政，造成了南宋王朝最终亡国的悲剧命运。这个陈宜中是一个不折不扣的小人，他不仅说话做事非常嚣张，而且还是一个两面三刀的阴险角色，根本不讲什么情面和道义，只要是对自己有好处的事情，没有什么是他不敢做的。

陈宜中经常说一些听起来义正词严、大义凛然的高调言论，他对那些想要向元朝投降的人进行强烈的谴责，并表示要坚决抵抗元朝的进攻。本来他是在贾似道的提拔下才当上大官的，但是他却在贾似道打了败仗以后落井下石，首先向皇上建议将误国的贾似道处死。陈宜中这么做当然不是出于对国家和社稷的忠心，完全是为了在朝廷中提高自己的威望，对他有知遇之恩的人他都如此进行攻击，这种无耻的行为已经到了令人发指的程度。

殿前指挥使韩震看到南宋已经无法抵挡元军的入侵了，于是向皇帝提出了迁都的意见。这样一来就犯了陈宜中的大忌，于是他设法将韩震骗到自己的家里，然后残忍地将他杀死了。陈宜中没有接到任何旨意，就私自将一员朝廷将领杀害了，这种无视国法的行为让殿前禁军非常不满，在失去了首领的悲痛情绪中，这些南宋最精锐的部队差点发动了叛乱。这时候多亏谢太后紧急应变，把江万载调过来补上韩震的位置，统领殿前禁军，这才将一场危机消除。

陈宜中整天叫嚷着要抗击元军，坚决反对议和投降，因此人们从表面上看，把他当作是一个可以依靠的抗击侵略的中坚力量，他在朝廷中的威望也随着他的口号声不断提高。但是实际情况却并非如此，陈宜中天生就是一个优柔寡断、胆小如鼠的人。当南宋和元军的战斗打到最激烈的时刻，朝廷上下都希望他可以到前线去指挥战斗，顺便鼓舞士气，但是他却害怕去了以后死在阵前，不敢离开京城半步。

到了七月份的时候，陈宜中甚至连京城也不敢待下去了，而是跑到离战争前线更远的南方，还请求皇上在这个地方给他一个职位，他要在这里大干一番。朝廷想把他召回来继续在京城委以重任，却遭到了陈宜中的拒绝，他接到圣旨以后并不奉旨回京，而是继续在那里徘徊。谢太后对他没有办法，万般无奈之下给他的母亲写了一封信，希望他母亲能劝劝他。在母亲的劝导之下，陈宜中这才极不情愿地回到了京城担任职务。尽管朝廷对陈宜中的逃跑行为无动于衷，但是其他人可眼里不揉沙子，尤其是那些太学生们，更是对他的这种行为感到难以忍受。太学生们对陈宜中进行了十分强烈的谴责，并批判他只顾自己不管国家、自私自利、没有责任心，是一个只说话不办事的吹牛大王，和贾似道一样，都是危害国家的败类。

但是太学生们的话并不能起到什么作用，陈宜中依旧当着大官。陈宜中办事总是犹犹豫豫的，而且思想在抗战与议和之间摇摆不定，懦弱的他根本做不出一个明确的决定。尽管他嘴上喊着各种抵抗元军的口号，但是心里面却害怕得要命，根本不敢和元军交战，实际上就算他有勇气，却也没有指挥军队打仗的能力。

德祐元年年底的时候，南宋的朝政在陈宜中的操控下，形势变得更加糟糕，南宋朝廷现在只有投降一条路可以走了，再也没有一丝一毫的力量去抵抗。不过在这个时候，文天祥、张世杰提出了一个建议，想要把京城迁移到东南方向去，这样说不定还有转机，可以背水一战。陈宜中因为害怕，马上将这个想法否决了，他认为无论如何都打不过强大的元朝军队，因此全心全意地向元朝求和。

德祐二年（1276）正月十八日那天，谢太后命大臣带着传国玉玺以及降表去见元朝的领袖，乞求他们可以对南宋的皇室人员宽大处理，不要赶尽杀绝。元朝那边提出要和南宋的宰相见一面，然后好好商量一下细节上

第十五章 不是好皇帝的好和尚——宋恭帝赵㬎

的问题。陈宜中一听元朝有这样的要求，吓得魂飞魄散，赶紧抛下小皇帝和皇太后，一刻也不停留，连夜从临安逃走了。

在陈宜中仓皇从京城逃跑以后，元朝的军队已经到达了临安城外，除了投降之外，南宋已经别无选择了。谢太后将江万载秘密叫到身边，叮嘱他掌管一切军中的事务，并领着军队秘密将一些皇族人员护送出临安城，逃到安全的地方去。然后又将文天祥任命为右丞相兼枢密使，前往元朝的军营之中和他们进行最后的谈判。由于文天祥不愿意向元朝低头，元朝的统帅伯颜就把他扣留起来。无奈之下，谢太后又派贾余庆去和元朝谈判。

二月初五，一场由伯颜精心安排的受降仪式在临安的皇城之中举行。在受降仪式上，南宋的小皇帝将黄袍脱了下来，并领着那些南宋的文武大臣们一起向元朝投降，宣布自己正式退位，然后派出使者将圣旨下发到各个州县，让他们也向元朝投降。接着，伯颜命令元朝的将领张弘范和唆都等人接收京城临安，并将南宋的皇家禁卫军和官府衙门全都撤销，仓库之类全都查封，文史档案和官府印信全部收缴。

三月份的时候，伯颜以胜利者的姿态，昂首阔步进驻南宋的京城，谢太后本来想着与小皇帝一起去拜见他，却遭到了伯颜的拒绝。过了一天，元世祖下达的诏书到了，说让少帝立即动身前往大都拜见元朝的皇帝。于是才刚刚5岁，还不太懂事的少帝赵㬎便跟着他的母亲全氏，带着为数不多的侍从自临安出发，一路向北前往大都。谢太后因为当时生病了，并没有和他们一起出发，不过时间不长也被元军押送到大都去了。至此，在江南偏安一隅的南宋王朝灭亡了。

任人摆布

德祐二年（1276）三月的时候，宋恭帝赵㬎被元军押着向北而行。一路上过着非常凄惨的生活，在宋恭帝去往大都的这一路上，那些残余的宋朝军队曾经进行过很多次的营救，但是却没有成功。等宋恭帝到达大都的时候已经是五月二日了，元朝的皇帝将他封为瀛国公。

在赵㬎八岁的时候，忽必烈突然派给他一件事。元军将南宋的著名将领文天祥活捉了，忽必烈想让赵㬎对他进行劝降，赵㬎于是前去劝说。文天祥见到以前的皇帝现在竟落到和他一样做人囚徒的地步，感觉非常伤心，跪在地上给赵㬎磕头，然后大哭着说："请您回去吧，我死也不会投降的！"赵㬎看着文天祥，根本不知道对他说什么好，最后干脆什么也没说。后来文天祥因为坚决不投降，被忽必烈杀了，而赵㬎依旧做着他的瀛国公。

到了元十九年（1282）底，元朝的皇帝忽必烈突然下了一道圣旨，说瀛国公赵㬎不适合在大都继续住下去了，让他马上到上都那里去。过了一年，正月的时候，赵㬎的母亲全氏接到忽必烈的命令，将头发剃除当了尼姑，于大都的正智寺出家，最后在那里去世。

这样又过了几年，到元二十五年（1288）冬天的时候，忽必烈忽然赏了赵㬎很多的银子，这时候赵㬎已经19岁了，一下子受到赏赐，让他感到莫名其妙，不知道是福是祸。这次赏赐之后过了几天，忽必烈又传下旨意，派他到吐蕃去修习佛法，而且要求他一刻也不许停留，必须立即动身。于是，赵㬎只好奉旨前往吐蕃，一个曾经在万人之上的皇帝，竟然出家做了和尚，真是让人意想不到。

一代高僧

宋恭帝赵㬎后来被元朝的皇帝忽必烈派到吐蕃去学习佛法，吐蕃也就是西藏。在那些汉文的史料当中就没有关于赵㬎的记载了，不过藏文的史料中却经常会发现关于他的事迹。赵㬎来到吐蕃以后，居住于吐蕃的萨迦大寺，并将名字改成合尊法宝。他为了把以前那些让人难过的往事全都忘记，便全副身心地投入到佛法的研究当中，还认真学习了藏文。

经过他的一番不懈努力，最终取得了不错的成果。没过几年，赵㬎就在吐蕃那里的佛学界非常有名气了，他不仅将那些汉文写成的佛家典籍翻译成藏文，而且还当过萨迦大寺的住持，成为那个时期西藏非常有名的佛学大师。他到处讲经说法，传播佛学文化，还静下心来钻研佛法，把自己的一辈子都交给了佛学。

231

后来赵㬎还将《百法明门论》以及特别深奥的《因明入正理论》翻译出来，并且在扉页上面题了字，称"大汉王出家僧人合尊法宝"。因为赵㬎翻译佛学著作的成就很高，因此那些藏族的史学家们把他列为著名的翻译大师之一，他的故事也像一段传奇一样被人们讲述着。

相传，宋恭帝在西藏为僧的时候，有一次，元朝皇族赵王经过寺院，看到他年龄已经很大，还孤独一人，生了同情之心，便赐予他一名女子和他作陪。公元1320年，这名女子生下了一个儿子，正巧元明宗从这经过，对这个刚出生的男婴很是喜爱，于是便要了去，收为养子，取名为妥欢帖睦尔，也就是日后的元顺帝。也有人说，明成祖朱棣在观看历代帝王像的时候，看到元顺帝的画像时，惊异地说："元顺帝长得倒不像元朝的各位皇帝，和宋朝的列帝倒是很相似？"当然也有很多历史学家认为，这种说法并不可信。

诗文惹来横祸

说起因为写诗而死的皇帝，人们首先想到的应该是南唐后主李煜，公元978年七月初七，李煜因为做了一首《虞美人》（春花秋月何时了）而被宋太宗赵光义赐了毒酒。其实，在历史上，还有因为写诗而惹来杀身之祸的皇帝，他就是宋恭帝赵㬎。

公元1276年1月，元朝大将伯颜带领蒙古大军把南宋的都城临安团团围住，南宋气数已尽，派人求和，可是遭到了拒绝，最后只能举兵投降。当时，小皇帝宋恭帝只有5岁，便被人押往北京面见忽必烈。

赵㬎长大后，忽必烈给了他一笔钱，并且让人送他去西藏的萨迦大寺出家。忽必烈原本想让赵㬎远离内地，前往雪域高原，在那里了却一生。这样一来，赵㬎既不能对皇权造成什么威胁，又能够保全性命，可谓是一举两得的事情。从这里也可以看出，忽必烈对于赵㬎还是心存善意的。

不过，事情的发展却远远出乎忽必烈的想象。赵㬎这个人和宋徽宗赵佶一样，都有很好的艺术细胞，喜欢看书学习，喜欢写诗读文。赵㬎每天在寺庙中苦学藏文和经法，不久便已经能够熟读藏文了，而且对经法的造诣也非常高，还做了寺里的住持，这样一来，赵㬎所拥有的信徒也是日渐增多。而自古以来，不管哪个朝代的起义，都是以传教开始的。随着赵㬎的名声越来越大，他的信徒也越来越多，北京政权那里可就要担心了。这个时候，忽必烈已经去世了，在位的是元英宗孛儿只斤硕德八剌。

公元1323年，赵㬎诗性大发，随即写了一首诗："寄语林和靖，梅花几度开？黄金台下客，应是不归来。"这首诗的大概意思是：好想问一问林和靖，梅花到底开多少回了？当初在黄金台下的那些仁人志士，应该是回不来了。当有心人将这首诗告诉给孛儿只斤硕德八剌的时候，他当即大怒，随后下令将赵㬎处死。

平心而论，赵㬎写这首诗的目的，主要是对故国山河的一种思念，从中倒是读不出什么野心来。他只是一个前朝废君，当时年龄也已经过半百（53岁）了，在远离内地的西藏，又出家做了那么久的和尚，早就已经没有什么威胁了。不过统治者似乎对他拥有众多信徒这件事情心有不满，想要除之而后快。所以，继南唐后主李煜之后，又有了一位因写诗而死的皇帝，成了文字狱的牺牲品。

第十六章

集合抗元军队的象征——宋端宗赵昰

帝王档案

☆姓名：赵昰

☆民族：汉

☆出生日期：公元 1269 年

☆逝世日期：公元 1278 年

☆在位时间：2 年（公元 1276 年~公元 1278 年）

☆继位人：赵昺

☆谥号：裕文昭武愍孝皇帝

☆庙号：端宗

☆享年：9 岁

☆陵墓：永福陵

☆生平简历：

公元 1269 年，赵昰出生。

公元 1276 年，年仅 7 岁的赵昰继承皇位。

公元 1279 年，赵昰病死，年仅 9 岁。

人物简评

赵昰只是个不谙世事的孩子，在南宋危亡之际被推上皇帝的位置，带领南宋军民继续抗元的斗争。其实，他只是集合抗元军队的象征。赵昰身边集合了陆秀夫、张世杰、文天祥等抗元名将，保护他的安危。但是在漂泊的海上生活中，他受尽惊吓、恐惧，生病而死，年仅9岁。

生平故事

第十六章 集合抗元军队的象征——宋端宗赵昰

端宗继位

宋端宗，名昰，度宗的庶长子，母亲为淑妃杨氏。德祐二年（1276），元兵攻陷杭州，恭帝、太皇太后谢氏和许多官僚宗室都被元兵掳走，但是南宋并没有灭亡，度宗的两个儿子赵昰和赵昺逃了出去，以他们为中心的南宋军民继续坚持着抗元斗争。没有被俘虏的大臣们在五月初一拥立了年仅7岁的益王赵昰为皇帝，即宋端宗。

宋度宗驾崩后，留下了三个年幼的儿子，谢太后召宰相贾似道等人入宫商议立嗣，群臣分为两派，一派认为应该立度宗的嫡子赵㬎为皇帝；一派认为现在是多事之秋，战乱时节，应该抛弃旧规，立度宗的长子赵昰为皇帝。但是，宰相贾似道是当时的权臣，把持着朝政，他主张立嫡。所以，嫡子赵㬎被立为帝，赵昰被封为吉王。在宋度宗朝，南宋的统治已经处于风雨飘零之中，元军已经快要攻打到南宋的都城临安。

德祐二年（1276）正月，吉王赵昰被晋封为益王，出判福州。信王赵昺晋封为广王，出判泉州。朝廷用意是让益王和广王二人前往经略闽、广，集结军队，希望有朝一日能赶走元朝军队，恢复统治。益王时年仅8

237

岁，广王5岁，虽然被封王，但是毕竟是孩子，尚不谙人事，何况是处理军国大事、经略闽广了。辅佐在两位小王身边的是杨亮节与俞如珪，两人是二王的母舅，也就是代行其事。二王出判闽广，幸运地避开了杭州城被元军攻破、被俘虏的厄运。后来众位大臣护佑两位小王组成了流亡的抗元政权，集合了民众抗元的力量和决心。

元军攻破临安之前，谢太后已经命令驸马都尉杨镇等人护送广王和益王离京，赵昰的母亲杨淑妃也一起同行。元朝的丞相伯颜占领临安，获悉广王和益王离京之后，迅速派部将范文虎领兵将这两位小王追回来，范文虎追至婺州（今浙江金华），要杨镇交出二王。杨镇知道追兵已至，思忖道："皇上已降，二王是度宗仅存的两个儿子，不能落入元人之手。"于是他决定自己返回临安，好让二王快速逃走。杨镇回临安之前跟二王说道："我前往就死，以缓和追兵。两位殿下迅速离开此地，不可滞留。"途中遇到范文虎，杨镇就骗他说，二王已至任所，范文虎心想追不上了，只好押着杨镇回去交差。这个时候，杨亮节等人背负益王、广王一直在山中隐藏了七天，才脱离危险，逃到了暂时安全的温州。

临安沦陷后，南宋还有很多文臣武将不愿意投降元朝。他们知道益王、广王已经抵达温州，组织军队准备抗击元军。大臣们都怀着东山再起的心情前去投奔两王。一直坚持抗元的陆秀夫此刻也已经辗转来到温州。随后，张世杰率领的一支水军也扬帆赶到，陈宜中出逃带来的船队，恰好又停泊在温州附近的清澳，于是昔日宋室的这批重臣，如今又重新聚集在二王的麾下。陈宜中、张世杰、陆秀夫等大臣马上拥戴赵昰为天下兵马都元帅，广王为副元帅，同时发布抗元檄文，诏示各地忠臣义士紧急勤王，光复宋朝。众人商议之后，元军随时可能打到温州，所以众人决定将元帅迁往远离元军威胁的福州。因为宋恭宗被掳北上，陈宜中、张世杰、陆秀夫等人就在德祐二年（1276）五月初一，拥立益王赵昰为帝，改元景炎，册立杨淑妃为杨太妃，垂帘听政。赵昺被进封为卫王。陈宜中是恭宗时的宰相，曾经被太后派往元营求和，两次逃跑，现在被任命为左丞相兼枢密使，都督诸路军马，张世杰为枢密副使，陆秀夫为签书枢密院事。在南宋危亡之际，陈、张、陆三人都被委以重职，组成行朝的权力中枢，企图重整旗鼓，抗元兴宋。福州小朝廷暂且建立并运行起来。

建立流亡政权

　　流亡政权刚刚建立，根基不稳，对外面临着强大的元军，他们誓要消灭这个与他们对立的小政权。但是小朝廷内部却不团结，官员之间的争斗倾轧很厉害，争权夺利，导致孱弱的朝廷力量更加分化。当时杨淑妃的弟弟杨亮节手握小朝廷的大权，秀王赵与檡以赵氏宗亲的身份多次劝谏杨亮节的所作所为，杨亮节心中对他怀有忌恨。杨亮节于是把赵与檡派往浙东。朝臣有人说秀王忠孝两全，应该留下来辅佐朝廷，杨亮节听了更加担心秀王与自己争夺权力，所以想要把赵与檡赶走的心意更加坚决。赵与檡后来在处州与元军交战，被俘虏后不屈而死。

　　宰相陈宜中与陆秀夫也有矛盾，陈宜中又使出擅长的党同伐异手段，排斥异己，指使依附他的言官将陆秀夫弹劾出朝廷。在小朝廷处于风雨飘摇的关键时刻，陈宜中的这种行为引起众人对他的普遍不满，张世杰责备陈宜中说："现在是什么时候？还在动不动就以台谏论人！"陈宜中感到无奈，只好将陆秀夫召回。

　　小皇帝赵昰即位以后，各地将领和军民对抗元斗争增加了信心。扬州城由抗元名将李庭芝和姜才防守，元将阿术久攻不下。于是，阿术派李虎到扬州劝降，李庭芝义正词严地斥责了元军一番，为了表示誓死抗元的决心，他将李虎杀死。阿术又派使者拿来太皇太后谢氏的手诏招降，李庭芝对使者说："奉诏守城，没听说过以诏谕降。"

　　全太后和恭帝赵㬎被元军俘虏北上，经过瓜州的时候，姜才率领数千人出战，想夺回恭帝和全氏。作战时，元军主帅阿术派人劝姜才投降，姜才大气凛然地回答道："我宁愿死，怎么能够投降敌军！"阿术看劝降不成，于是派兵据守高邮、宝应，断绝李庭芝军队的粮道，想要困死李庭芝和姜才。元军攻占泰州新城，又将夏贵的淮西降卒赶到城下，用以劝降李庭芝。手下幕僚也劝李庭芝早想退路，李庭芝早已将生死置之度外，并没有考虑自己的退路，说："我只求一死而已！"

阿术几次劝降不成，元世祖也曾多次听到李庭芝的名声，于是亲自下诏招降。李庭芝毫不动心，杀了来使，烧了劝降的诏书。当时，扬州已经被元军围困成一座孤城，粮食早已吃尽，们就煮牛皮充饥，有的士兵甚至杀死自己的儿子充饥，但李庭芝和姜才仍然率军继续抗战。端宗即位之后，派使者召李庭芝和姜才赶赴福州，但是元军的威胁仍未解除，李庭芝就让淮东制置副使朱焕守扬州，自己准备和姜才从海路南下到福州。没有想到，李庭芝刚刚离开扬州，朱焕就投降了元朝，不战而败。

元将得到情报后，率军急进，将李庭芝、姜才包围在泰州。泰州主将也投降了元朝，李庭芝和姜才被元军抓住。元军派来阿术三番五次劝降李庭芝和姜才，但是都遭到二人的拒绝，于是将他们两位同时杀害。扬州百姓听到李庭芝和姜才被杀的消息，非常伤心。李庭芝在国家危难之际，为抗击元军，保卫大宋江山费尽心思，奋勇杀敌，但还是落入奸臣之手，不仅丢了城池，还献出了生命。

流亡中的抗争

虽然南宋投降了元朝，但是宋室遗民依然掌握着许多地区。流亡小朝廷仍然控制着福建、两广的大片地区。

景炎元年（1276）十一月，元军已经慢慢逼近福州，此时小朝廷拥有正规军17万，民兵30万，淮兵万人，拥有的兵力要远远比元军多，完全可以与元军一较高下。但是由于朝政由陈宜中、张世杰二人主持，陈宜中对元军很是畏惧，看到元军逼近，心先怯了，只想着要逃跑。张世杰也认为不要被元军抓住，走为上策。因此，小朝廷还没有在福州安顿下来，就又开始了逃亡。十一月十五日，端宗赵昰、卫王赵昺及杨太妃在陈宜中、张世杰等人的护送下乘海船逃跑，谁知，一行人刚刚登船入海，就遇到了元朝水军。但是因为天气不好，大雾弥漫，端宗等人才侥幸脱身。离开福州之后，小朝廷已经失去了最后一个根据地，只能在海上四处流亡。

景炎二年三四月间，元朝内部发生了骚乱，元世祖召还南方两军阵前将领平定内部的骚乱，暂且放松了对南宋军民的征伐。宋朝军队得到了喘

息的机会，得以收复一些失地。但是，在元朝内乱平定之后，元世祖再次发动了强劲的攻势。

端宗在福州称帝之后，诏令文天祥前往。文天祥应召前往，被端宗任命为同都督赴南剑州。文天祥招兵买马，准备再举义旗，计划以闽赣为基地抗击元军。不久，文天祥接到命令移驻汀州。随后南剑州、福安府相继落入元军之手，端宗皇帝在陆秀夫等人保护下随船入海，文天祥率领的督府军在闽赣抗击元军遇到了挫折，面对一系列的不利局势，军心动摇。文天祥果断处决了叛徒吴俊等人，严厉整顿军纪，先将局势稳定下来，督府军的战斗力得到提高。

景炎二年二月，文天祥的军队收复了梅州（今广东梅县）；五月，文天祥率领军队再次入赣，收复了赣南十县、吉州四县，军事形势为之一振，史称赣南大捷。文天祥的胜利引起了元军的重视，元军调江西宣慰使李恒猛扑督府军，给督府军一个致命的打击。八月，元军在永丰县的空坑突袭了督府军，督府军损失惨重。元军俘虏了文天祥的家属，而他本人在军队和百姓的掩护下得以脱险。

空坑兵败使得宋军的元气大伤，但是却并不能消灭文天祥的抗元斗志和信心。文天祥收拾残部，转战闽粤赣地区。景炎三年（1278），朝廷封文天祥为少保信国公以示嘉奖，但并不赞成文天祥的军事计划。

当年十二月，文天祥从俘虏的元军口中得知元军重兵将由闽南进攻粤东督府军；元朝的水军将由秀州、明州南下，进攻南宋行朝。文天祥一面命令手下将此消息快速报告行朝，一面率领督府军撤往南岭山脉。十二月二十日，元军在当地奸盗陈懿的引导下，对正在海丰五坡岭吃饭的督府军进行了突袭。督府军毫无准备，大败，文天祥也被俘虏。文天祥早就想到兵败被俘时以身殉国，所以当场吞下了早已准备好的二两冰片，但是却因为药力失效所以没有成功。他随军的母亲、长子、三女、四女先后死于病乱之中。文天祥苦苦支撑着危弱的行朝，但是却在汉奸叛徒的出卖下被俘。

元世祖的南下计划屡屡受到南宋军民的抵抗，元世祖认为只有消灭了海上的流亡朝廷，才能彻底平息南宋军民的抵抗。他迅速命令塔出、李

241

恒、吕师夔等大将率大军进军大庚岭，忙兀台、唆都、蒲寿庚、刘深率舟师下海，双管齐下，剿灭海上小朝廷。

在元军的强势攻击之前，端宗一行人已经在泉州、潮州、惠州等地辗转。景炎三年（1278）春，端宗等人来到雷州附近。逃亡途中，宰相陈宜中借口联络占城，趁机逃跑，这是他第三次逃跑了。

元将唆都的军队不久就攻打到了泉州，正在攻打蒲寿庚的宋将张世杰被迫还师浅湾，元将刘深尾随追来，张世杰迎战失利，护卫赵昰逃亡秀山，又转往珠江口外的井澳。

景炎三年（1278）3月，宋端宗为了躲开元朝将领刘深的追捕，上船逃入了广州湾。有一天夜里，宋端宗的船不幸遇到了台风，被卷入海中，后来被江万载救起。宋端宗喝了一肚子的海水，再加上这场惊吓，他从此一病不起，几天都讲不出一句话来。再加上元军的步步紧逼，宋端宗又不得不浮海逃往冈州（今广东省江门市新会区），经过这段路程的颠簸，又惊病交加，于同年4月病死。

端宗去世后，朝臣江万载、陆秀夫等人拥护赵昺为卫王。公元1272年，赵昺出生，公元1278年登基为帝，公元1279年去了皇位。兵败之后，宋军被元兵逼迫，丞相陆秀夫背着卫王投海自尽。卫王赵昺当时只有8岁。在位时间为1年，是宋朝的最后一位帝王。

南宋最后一位帝王

赵昺，曾经先后被册封为信王、广王、卫王。临安危急的时候，他和母亲杨淑妃在谢道清暗中诏令摄行军中事江万载为首的江氏"三古"家族将领所带领的义军和殿前禁军的保护下，偷偷出城。先是逃到了婺州（今浙江金华），后来又辗转到达了温州、福州，随后又到了泉州（今福建省泉州市）。景炎三年（1278）4月，宋端宗溺海受到了很大的惊吓，后又亲眼看着一直保护自己的亲密大臣江万载为了营救自己而被台风海浪吞没，惊病交加致死。赵昺被陆秀夫、张世杰、江万载的儿子江钲于同月在冈州拥立为帝。5月，改年号为"祥兴"，6月，将都城迁到了崖山（今广东省新会县南）。与此同时，元军统帅张弘范的弟弟张弘正在五坡岭（广东海丰）俘虏了南宋右丞相文天祥，而他所率领的督府军也就此瓦解。祥兴二年（1279）正月，元朝大将张弘范带领水陆两军直奔崖山。崖山背面为山，临近大海，地势险要，张世杰下令将岛上的行宫军屋全部烧毁，人马全部登船，然后依山面海，把1000多条战船列成长蛇阵，然后用绳子捆绑在一起，船的周边筑起了城楼，船上还刷了一层厚厚的湿泥，绑上一根根的长木。把帝昺的座船安置于中间，诏示着将士和舰船共存亡。

张弘范看到宋军战船密集，行动不便，于是便在小船里面装满了柴草，然后浇上油，点火后乘风攻打宋朝的水军。宋朝船上的湿泥阻止了火势的蔓延，长木又将火船远远地推离，这使得元军的火攻失败而归。后来，张弘范又截断了宋军的水源，封住了海口。宋兵饥饿交加，处境日渐困难。张弘范派遣使臣前去劝降，被张世杰拒绝了。2月6日，双方进行了最后的决战，张弘范兵分四路，对宋军发起了猛烈的进攻。宋军正在拼死抵抗的时候，忽然听到张弘范所在的指挥船上响起了乐器声。宋军认为这是元朝的将领正在举办宴会，于是也就放松了警惕。让他们想不到的是，这悦耳的声音正是元军发动总攻的讯号，张弘范的指挥船朝着宋军直扑而来，箭如雨下。元军在乱箭的掩护下，将宋军的七艘战船全部夺走。接着，各路元军又一起猛扑过来，从中午杀到了傍晚，这场战争进行得尤为激烈。突然，张世杰看到宋船降下了旗帜，停止了反抗，其他战船知道大势已去，也都降下旗帜。有些人看此情景，急忙派人将精兵集中到中军，一边又派出一只小船和十几名士兵前去接帝昺，准备做最后的突围。

这时候，帝昺正由左丞相陆秀夫保护着，在一艘大船上待着。小船来接帝昺，陆秀夫见并不是三年来一直由江万载、江钲父子所率领的护随亲兵，猜不透是真是假，他又害怕如果突围不成功，帝昺会被元军所截获，于是便拒绝登船。陆秀夫知道，这个时候，君臣都难以逃脱了，于是，他踏上自己的座船，用剑逼着妻子投海自尽。随后，他又换上了朝服，走到大船上，对帝昺行了君臣之礼，并且哭着说："陛下，国家现在已经一败涂地，没有一点转圜的余地了，陛下应该为国殉身。德祐皇帝（恭帝）当

第十六章 集合抗元军队的象征——宋端宗赵昰

初被元军俘虏，带回了北京，这已经让南朝受了极大的侮辱。如今，陛下万万不能再重走恭帝的老路了！"帝昺看到这种情况，吓得哇哇大哭。陆秀夫说完，把玉玺系在腰间，背着8岁的小皇帝赵昺奋身跳入大海，以身殉国了。一瞬间的工夫，君臣二人便不见了踪影。

其他船上的大臣、宫眷、将士听说了这个噩耗，顿时哭声震天，几万人都投海自尽，以身殉国。张世杰带领水军余部突围出来到海陵山脚下，没多久，便有人告诉他陆秀夫背负帝昺一同赴难的噩耗。张世杰内心悲痛不已，这个时候，台风再一次来袭，部下都劝他赶快上岸躲避一下。张世杰看着在风雨中飘摇的宋军残船，拒绝暂避。他绝望地说："现在做什么都无济于事了，还是和诸位大臣们同甘共苦吧。"接着又说道："我为赵氏做的事情也算是尽力了，一个国君死了，又立了另一个国君，如今又死了。我之所以没有在崖山上殉身，主要是希望元军退后，还能够另立新君，可是，国家已经发展到这个地步，或许这就是天意吧。"说完，便纵身跳入海中。南宋就此灭亡。

以身殉情的施娘娘

匋山的娘娘墓葬的便是南宋末期宋端宗赵昰的未婚妃——施娘娘。施娘娘是芜湖县善瑞乡施家村人。南宋小朝廷逃亡丧乱中，赵昰被立为皇帝，11岁便在潮州病逝。还没有出嫁的施氏女听到这个消息后，当下便以死殉节了。赵昰死后，他的弟弟赵昺成为了南宋的末代皇帝。为了纪念这位贞洁烈女，帝昺追封她为"天花圣姥娘娘"。

施氏女殉节后，也没能安葬在皇家陵墓中。只是在匋山留下了一丘青冢。那个时候的人还在白马山建立了娘娘殿，以礼天花圣姥娘娘。民间附会，天花圣姥主要掌管孩子出天花的事情。每年三月十九日，附近的村民都会前往娘娘殿敬香，到匋山扫墓，以此来祝颂神明，祈求保佑。随着人民群众的文化水平日渐提高，移风易俗，才破除了这种迷信。娘娘墓的祭扫活动也慢慢地冷落了。不过，这一件事情至今还是传说众多。诗以志之：

甸山青冢寄芳踪，一样龙蛇宿草中。

圣姥皇封空寂寞，天花零落吊秋风。

根据宋史后妃传，赵昰、赵昺两朝都没有提及立施妃的事情，况且赵昰在潮州病逝的时候，年仅11岁，施女只不过才几岁，又怎可能明白殉节的事宜呢？帝昺8岁的时候，兵困圭山，后又投海殉国，又哪有时间去追封赵昰的未婚妃呢？所以，乡间人的迷信，大多都是无稽之谈，不能引以为故实。至于甸山之墓到底安葬的是谁？白马、天城这两座宫殿，又是奉祀的谁？这还需要有识之士的进一步考证。

爱国名将文天祥

文天祥被俘之后，被押送到海上，他亲眼看到了南宋行朝的覆灭。元军统帅张弘范令人给文天祥送去纸笔，要他修书劝降张世杰。文天祥心潮起伏，抄录了自己所作的《过零丁洋》诗以明其志："辛苦遭逢起一经，干戈寥落四周星。山河破碎风飘絮，身世浮沉雨打萍。惶恐滩头说惶恐，零丁洋里叹零丁。人生自古谁无死，留取丹心照汗青。"文天祥以此诗表明了自己的心志。当日陆秀夫被元军逼到了绝境，他背负着九岁的小皇帝赵昺跳海而死。张世杰、杨太后此时已经突围出去，但是几天后杨太后、张世杰得知消息后纷纷投海殉国。到此，宋朝彻底覆灭。

1279年至1282年底，文天祥被关进监狱达3年之久。时年47岁的文天祥在大都柴市慷慨就义。元朝统治者为什么迟迟没有杀死文天祥呢？因为元朝统治者不仅感慨他的节烈，更爱惜他的才华，想要收为己用。当时宋朝虽亡，但元朝的统治并不稳固，如果文天祥能够投降元朝，那么凭借他的威望，必能收服人心。因此，元朝君臣用尽了各种手段，想要逼文天祥就范。但是，文天祥已经抱定了以死殉国的决心，显示了高尚的民族气节，不为富贵所动。元朝统治者面对坚贞不屈的文天祥无可奈何！

在大都被囚禁的3年多时间里，元朝统治者不断地派来劝文天祥投降的人。这些人可以分作三类：降元的南宋君臣、文天祥的亲属和元朝统治者。当南宋衰亡之际，不少大臣贪生怕死，觊觎功名富贵，投降了元朝。文天祥对他们深恶痛绝，对来劝降的同僚根本就没有好脸色。这些人受人驱遣，即使不愿意来，也不敢不来，他们对文天祥动之以情晓之以理的劝说，也不能令文天祥回心转意。

宋朝左丞相留梦炎投降了元朝，他曾经与文天祥一样是状元宰相，被派来作文天祥的第一个说客。文天祥不等他说话，就对着留梦炎一阵唾骂，留梦炎自知理亏，连忙逃走了。后来文天祥作诗"龙首黄扉真一梦，梦回何面见江东"，讥讽留梦炎将来有何脸面见江东父老。

元朝看留梦炎劝降受挫，于是又派出降元并被封为瀛国公的宋恭帝，当时的宋恭帝只有9岁，什么都不懂。文天祥看到这个9岁的孩子，就明白了元朝统治者的用心。他先是"北面拜号"以表示对南宋的忠诚，然后又不卑不亢地说出"乞回圣驾"4个字。显然，"北面拜号"是出于君臣之义，"乞回圣驾"则是明确表示自己决心殉国，并不会投降元朝。

第三个前来劝文天祥投降的人是王积翁，他是福建制置使，元军压境的时候，他弃城而逃，给元军做内应，并献上城池讨好元军。文天祥看不起王积翁这个贪生怕死的叛徒，并不理会王积翁的劝降。

元朝统治者又拿出亲情劝降文天祥，很多官员投降也是为自己的家人着想，毕竟有父母妻儿需要养活。文天祥的弟弟文璧已经在元朝为官，文天祥的女儿柳娘、环娘和两妾一齐劝文天祥投降元朝。但是文天祥不为亲情所动，写诗讽刺文璧："去年我别旋出岭，今年汝来亦至燕。弟兄一囚一乘马，同父同母不同天。"随后他又拒绝了文璧送来的400贯元钞。他对妻妾子女说："汝非我妻妾子女也，果曰真我妻妾子女，宁肯叛我而从贼耶？"又说："人谁无妻儿骨肉之情，但今事到这里，于义当死，乃是命也。"文天祥已经视死如归，不为所动！

面对元朝统治者的威胁利诱，文天祥大义凛然，毫不屈服。俘虏文天祥的元将张弘范对他劝降不成，只得把他押解大都，交给元世祖忽必烈发落。忽必烈先后派出平章政事（副宰相）阿合马、丞相孛罗谕降。文天祥面对两人的利诱，侃侃而谈，言辞犀利，在气势上就完全压倒了两位元朝重臣。阿合马强行要他下跪，他说："南朝宰相见北朝宰相，何跪？"阿合马一时说不出话来。当孛罗诘问他：明知拥立赵昰、赵昺二王也保不住社稷，又何必拼死抵抗时，文天祥答："父母有疾，虽不可为，无不下药之理，尽吾心焉，不救则天命也。天祥今日至此，有死而已，何必多言！"

后来，元朝统治者对文天祥实在是无计可施，忽必烈亲自出马。他诚恳地对文天祥说："汝以事宋者事我，当以汝为中书宰相。"文天祥仍然不为所动，只求一死。忽必烈不得不下令杀他。忽必烈对他的死感到惋惜，曾说："好男子，不为吾用，杀之诚可惜也。"